"十三五"产业新增长点

打造经济发展新引擎

姜 江 洪群联 等◎著

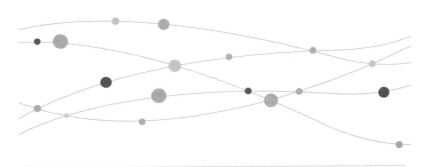

NEW GROWTH POINTS FROM INDUSTRIES
IN THE 13TH FIVE-YEAR PLAN
CREATING NEW ENGINES FOR ECONOMIC DEVELOPMENT

中国市场出版社
China Market Press

图书在版编目（CIP）数据

"十三五"产业新增长点：打造经济发展新引擎／
姜江等著. —北京：中国市场出版社，2016.2
  ISBN 978－7－5092－1467－1

Ⅰ.①十…　Ⅱ.①姜…　Ⅲ.①产业经济－经济发展－
研究－中国－2016~2020　Ⅳ.①F121.3

中国版本图书馆 CIP 数据核字（2016）第 019806 号

"十三五"产业新增长点
——打造经济发展新引擎
"SHISANWU" CHANYE XIN ZENGZHANGDIAN

著　　者：姜　江　洪群联　等
责任编辑：许　慧
编辑邮箱：xu_hui 1985@126.com
出版发行：中国市场出版社
地　　址：北京市西城区月坛北小街 2 号院 3 号楼（100837）
电　　话：编辑部（010）68012468　读者服务部（010）68022950
　　　　　发行部（010）68021338　68020340　68053489
　　　　　　　　　　68024335　68033577　68033539
印　　刷：河北鑫宏源印刷包装有限责任公司
规　　格：185 毫米×260 毫米　1/16　13.50 印张　260 千字
版　　次：2016 年 2 月第 1 版
印　　次：2016 年 2 月第 1 次印刷
书　　号：ISBN 978－7－5092－1467－1
定　　价：68.00 元

课题组成员名单

课题组长： 姜　江　　洪群联

课题组成员： 李淑华　　盛朝迅　　邱　灵　　杨　威

韩　祺　　任继球　　邵子蔚

序
PREFACE

　　这是一篇命题作文。缘起于2014年12月11日中央经济工作会议上，习近平总书记提出："我国存在大量新的增长点，潜力巨大。发现和培育新的增长点，一是市场要活，主要靠市场发现和培育新的增长点。二是创新要实，创新必须落实到创造新的增长点上，把创新成果变成实实在在的产业活动。三是政策要宽，营造有利于大众创业、市场主体创新的政策环境和制度环境。"基于这一命题的重要性、紧迫性和重大现实意义，国家发展改革委宏观经济研究院于2015年2月确定《"十三五"时期培育产业新增长点的对策研究》为年度重点课题，落实产业所为课题承担单位。当月，我与洪群联博士作为正副主持，成立了由一群生龙活虎、勃勃生机的年轻同志组成的研究团队，围绕这一命题，开始了一场形如不知目的地在何方的攀援探险般的研究工作。

　　回顾过去一年的研究历程，主要分为五个阶段：

　　第一个阶段主要进行文献收集分析工作。事实上，这一工作贯穿于整项研究工作的始终，3月份是其中最为密集的一个时期。我和群联主要是从研究方法和命题相关性这两个方向去收集整理相关文献。在研究方法方面，我们比较多地借鉴了以下两篇报告，一是麦肯锡公司于 2013 年发布的《影响生活、商业模式和全球经济的颠覆性技术》，二是埃森哲公司、牛津经济学院于 2011 年公布的《增长新浪潮：开启多极世界的机遇》。这两篇报告都是在综述大量来自经济部门、学者、企业家、技术专家等观点的基础上，按照罗列备选清单、明确甄别标准、运用标准进行甄别和判断的方法，明确了未来 5 ~ 10 年间可能影响全球经济以及生产生活的重大技术、产业方向。在命题相关性方面，我们主要围绕产业新增长点的理论基础、内涵、特征、影响因素以及国内外专家、学者、部门、机构等对未来 5 年最有可能成为我国产业新增长点的有关研究进行。这一阶段的研究主要由群联执笔，有关成果见本书综述报告。

第二个阶段主要是确立主报告、专题报告和调研报告的框架结构和分工。现在看来，这一阶段最为艰难，一是因为"万事开头难"，二是因为这样一项不知道研究对象范围的研究，往往不写不知道，写了才知道之前的思路可能完全不对，必须推倒重来。例如，关于"产业新增长点"的内涵界定，我们就经历了一次颠覆性变化。最初是希望可以通过内涵界定尽量聚焦研究范围，把"十三五"时期产业新增长点的鲜明特征描述到概念中，即必须是那些在"十二五"时期已具备一定基础条件、表现出较高增速水平、有望通过未来 5 年时间发展成为新兴支柱产业的行业门类总称。然而院指导专家们犀利地指出，这样界定有失偏颇，所谓新增长点必然是有大有小、有快有慢的形形色色的新兴行业，范围确实相当广，既有已经脍炙人口的节能环保、生物技术产业等"战略性新兴产业"，也有刚刚萌芽的"滴滴打车"、"人人快递"等新业态新商业模式，很难统一标准，必须分类分阶段研究。于是在后来的修正中，我们仍然赋予产业新增长点最广义的概念，在后文中则分门别类阐述，并在甄别标准中，充分考虑了"十三五"时期产业新增长点应具备的增速和规模特征。

在确立研究框架、研究方法、分析视角等关键问题的过程中，宏观经济研究院王昌林副院长、产业所王岳平研究员给予我们大量无私的帮助。他们不仅与我们充分讨论，在框架设计上更是亲力亲为。他们反馈给我们的框架稿手稿，往往"处处花脸"、"面目全非"。王昌林副院长坚持建议我们充分借鉴麦肯锡公司甄别"颠覆性技术"的方法，并于研究初期就高瞻远瞩地指出"十三五"时期产业新增长点的主要方向必然是战略性新兴产业和服务业两大领域，为我们在人手安排、确定分工方面节约了大量宝贵时间。王岳平研究员指出，必须从"供给—需求—解决重大问题应用"这三个维度明确"十三五"时期产业新增长点的甄别标准，为我们尽快明确分析视角、确定甄别标准奠定了扎实的理论依据。在这一时期，我们还从白和金（前）院长、马晓河副院长、胡春力研究员、姜长云副所长、余东明副所长、杨合湘研究员以及中国社会科学院工业经济研究所吕铁研究员等师长那里得到了大量宝贵意见和悉心指导。没有他们，我们这个年轻的研究团队很难把握住这样一个诡谲多变、"公说公有理"的研究课题，更不可能在短短2个月的时间里就确定了研究框架、分析方法和分工安排。

第三个阶段是"十三五"产业新增长点的甄别阶段。在这一阶段，我们的研究团队"兵分两路"形成两个研究组，一组为理论组，由我、群联、盛朝迅博士组成，主攻主报告一、二部分和"产业新增长点的影响因素"专题报告；另一组为行业组，由李淑华副研究员、邱灵副研究员、韩祺博士、杨威博士、任继球博士组成，主攻新能源、健康服务、新一代信息技术、轨道交通装备制造、医疗器械等初步确定为在"十三五"时期产业新增长点范围内的这些重点行业领域。理论组在梳理大量文献、召开系列座谈会的基础上，明确了产业新增长点的内涵以及"十三五"时期产业新增长点的分类、特征、影响因素，在此基础上，总结了甄别未来5年产业新增长点的四项标准：增速和规模标准、影响力标准、供给需求条件变化标准、国际动态比较优势标准。按照前述罗列备选清单、甄别、分类的方法，首先，整理了过去5年专家学者、政府部门、投资机构提出的各类产业新增长点，按照关注度进行整理并归类，形成了健康、装备制造、信息等14个行业门类构成的备选清单；其次，将备选清单行业按照产值规模、专家学者、政府部门、投资领域、社会关注度五个纬度，绘制雷达图，筛选出面积较大的9个行业；再次，别除掉已经是国民经济支柱产业的部分行业，包括信息、装备制造、海洋产业中的传统行业后，对前述9个行业按照四项甄别标准、每个标准5分制进行打分，按照分制高低绘制雷达图,进行合并同类项处理,得出结论,认为以下6个行业是"十三五"时期产业新增长点,具体包括新一代信息技术、健康、高端装备制造、节能环保与新能源、文化、旅游等。此阶段中,行业组的成员们一面积极开展案头工作,收集大量数据、案例,一面与理论组时时互动,以各自分工负责的行业为案例,共同讨论总结一般规律,帮助理论组修正甄别标准。

第四个阶段是围绕重点行业开展大量实地调研,发现问题、解决问题并形成初稿。实地调研是弥补新兴产业领域统计数据不完整、不连贯,理论支撑和文献材料相对缺乏的最佳手段。课题组一方面与相关行业的专家、从业人员座谈,了解行业发展的进展、面临的主要问题与制约及对策建议,并请其对未来5年发展增速进行预判;另一方面,充分借助国家发展改革委"战略性新兴产业部际协调小组办公室"这一平台以及宏观经济研究院"国情调研基地"年度调研这一契机,到相关企业进行大量实地考察,了解行业发展中遇到的实际问题。调研中,我们感觉到,虽然新增长点涉及的各行各业都有其自身发展面临的特殊问题,比如光伏发电产业补贴不到位问题,比如医药行业审批周期长、难以进入医保目录等问题,但是大多数问题还是共性的、有规律可循的。例如,"新常态"背景下普遍面临的严峻形势,核心共性技术、关键人才支撑不足,投融资制度不利于新兴行业领域的中小微企业发展,行业监管和法律法规建设滞后等。基于此,主报告第三部分撰写没有分行业展开,而是在大量调研及调研报告工作的基础上,归纳了产业新增长点发展壮大面临的四方面共性问题和制约,以直接服务于第四部分的对策建议。

第五个阶段主要是补充、修改和完善。我们于2015年9月底完成了一个主报告、一个综述报告、三个专题报告和四个调研报告的初稿,后来在院学术委员专家们的指导下,在随后几个月又对初稿进行了大量更正、补充、修改和完善。一是进一步分解了甄别标准中的供需条件变化标准,二是重新归纳了"十三五"时期产业新增长点发展壮大面临的挑战、问题和制约,三是补充了"十三五"时期培育壮大产业新增长点的思路,四是重新撰写了对策建议部分,五是补充了两个调研报告。尽管如此,主报告的三四部分仍然是我至今不甚满意的两个部分。制约这6个行业发展壮大的最关键问题是什么？"十三五"时期破解这些问题的关键是什么？这两个问题仍时时困扰我、群联和可爱的课题组成员们。经过一年的努力，我们真切地体会到了"产业新增长点"这项研究命题的魅力，也深深震慑于这项命题的难度，更为仍没有破解的那些难题感到深深的遗憾。我相信，关于这项命题的补充、修改和完善工作是没有尽头的，匆匆出版现有的研究成果，把这些"不完美"、"遗憾"公布于众，正是鞭策我们这个年轻的研究团队继续努力学习、投身相关领域研究工作的巨大动力。

在此，我对群联以及我们这个研究团队的每位同仁致以真心的敬意和谢意。他们在本课题中的贡献分别如下：我、洪群联执笔主报告、调研报告一、调研报告二、综述报告，李淑华执笔调研报告四，盛朝迅执笔专题报告一、调研报告三，邱灵执笔专题报告三，杨威执笔调研报告五，韩祺执笔专题报告二，任继球执笔调研报告六，邵子蔚负责本课题所有图表的制作。没有他们这一年来忘我的工作、不懈的努力、面对质疑孜孜不倦的勇气和决心，就没有这样一份最终获得较高肯定和评价的研究成果。感谢王昌林、王岳平、白和金、马晓河、胡春力、姜长云、余东明、杨合湘、吕铁等师长前辈们的苦心栽培、悉心指导，还要感谢陈东琪常务副院长、毕吉耀研究员、刘立峰研究员、俞建国研究员等宏观院学术委员会专家们以及黄汉权所长、李金峰研究员、王云平研究员、曾智泽主任等所学术委员们的真知灼见和评议点拨。此外，中国市场出版社的杨玉英社长对本课题的出版也给出了有价值的修改意见，许慧老师做了大量繁琐细致又高效精确的编辑加工工作，在此也一并感谢。是为序。

姜 江

2016年1月2日北京

目 录
CONTENTS

·主 报 告·

·专题报告·

·调研报告·

· 综述报告 ·

主 报 告

"十三五"培育产业新增长点对策研究

当前，各界对"十三五"时期产业新增长点在哪里、如何培育壮大存在众多争论。报告按照具有一定产业规模和增速水平、影响力较大、符合供给需求变化趋势和具备国际动态比较优势等标准，从十余项备选清单中，甄别出健康、文化、节能环保与新能源、新一代信息技术、高端装备制造和旅游业等六大领域是"十三五"时期最有可能发展成为新兴支柱产业的新增长点，预计到 2020 年产值规模可达 60 万亿~80 万亿元。此外，新型金融服务、新材料以及"互联网+"相关交叉融合领域的新业态也值得高度关注。在此基础上，分析了新增长点发展中面临的共性问题与制约，提出要深化对各重点产业领域发展规律的认识，明确未来 5 年要加快培育壮大产业新增长点、构筑经济增长新动力，政策建议的重点应为理清政府和市场边界、坚持市场主体发现培育产业新增长点，强化产业新增长点供需两端支持政策，因"业"制宜绘制"产业改革路线图"，营造有利于产业新增长点涌现更迭的制度环境。

当前，我国经济发展进入新阶段，支撑产业发展的供需条件正在经历重大趋势性甚至转折性变化。从供给方面看，信息、能源、材料、生物及其交叉融合领域持续取得重大技术突破，新技术、新产品和新服务在各产业领域的应用不断催生大批新的商业模式和新业态，同时，人力资本比较优势弱化和土地能源资源环境约束趋紧等"倒逼"传统产业加快淘汰或转型升级。从需求方面看，伴随城乡居民收入水平提升，个性化、多样化消费渐成主流，消费者更加追求高质量、多元化、体验式的产品和服务，此外，事关经济社会可持续发展的健康、能源、资源等若干重大问题也亟待解决。这些都深刻影响产业结构变化，工业、农业、服务业及其交叉融合领域正在孕育一批新的增长点，一些新增长点的巨大发展潜力已显端倪。但是，这些新增长点是"昙花一现"还是"后劲十足"？规模究竟能发展到多大？能否成长为新的主导产业？其发展模式和路径是什么？如何尽快释放其发展潜力？这一系列问题都需要深入探讨研究。鉴于此，本课题拟在明确产业新增长点的内涵、特征和影响因素的基础上，归纳能够甄别"十三五"时期最有发展潜力的新增长点的若干标准，并对其发展潜力进行判断，逐一分析这些新增长点发展壮大中面临的共性、个性问题及制约，为相关政策制定提供参考。

一、产业新增长点的内涵和甄别标准

（一）内涵、分类与特征

所谓产业新增长点，主要指在经济发展和产业结构演变过程中，新涌现的能够支撑经济增长或带动经济社会发展、产业结构优化升级的新兴产业或行业。其范围十分宽泛，表现形式也比较多样，演进路径各有不同。以我国改革开放至今产业结构的变迁为例，相较于之前较长一段时期内第二产业增加值占国内生产总值（GDP）比重及其对 GDP 增长贡献率持续居首位的情况而言，2013 年之后，第三产业占 GDP 比重超过第二产业，其增速及贡献率指标也早于 2001 年开始与第二产业相比表现出此消彼长的势头，那么，第三产业在进入 21 世纪以来就可以被视为我国产业发展的新增长点。进一步分析细分行业新增长点的演进历程，20 世纪 80 年代初期轻工、纺织等行业表现出明显的高成长性和高影响力特征，是这一时期的产业新增长点；90 年代以来带有重化工业特征的冶金、运输及专用设备制造、电气机械制造等行业和与人民生活水平提高密切相关的家电、农副食品加工、皮革羽绒及其制品、木材加工、家具制造等行业成为新的增长点；2000 年后装备制造和电子信息、制药等技术密集型产业又成为这段时期的产业新增长点。再以信息产业为例，20 世纪 90 年代以来计算机及电子信息产品制造、通信设备制造等行业是信息产业的主要新增长点，近年来，伴随全球信息技术快速演进、新的产业分工格局乃至产业生态系统加速形成，我国信息领域设备制造环节的增速和影响力逐渐弱化，互联网、新兴软件、云计算、物联网等新一代信息技术领域取而代之成为这段时期的产业新增长点。

近期，各界对未来一段时期尤其是"十三五"时期产业新增长点的方向和趋势也有较多判断，具体见表1。概述之，主要集中在战略性新兴产业和服务业两大领域，前者包括新能源、节能环保、生物产业、新一代信息产业、高端装备制造、海洋产业等，后者包括文化创意、健康服务、养老服务、人力资源培训、新型金融服务、旅游业等。此外，有研究也强调，与居民消费、公共基础设施、城镇化和工业转型升级密切相关的传统产业、农业等也可能蕴含和产生新的经济增长点，等等。由于不同视角、方法推导出的产业新增长点的范围判断门类不一、差异较大，按照不同分类标准，"十三五"时期产业新增长点的类型有不同特征表现，例如，按照国际标准产业分类惯例，"十三五"时期的产业新增长点可能部分属于"制造业"、部分属于"信息传输、软件和信息技术"、部分属于"科学研究和技术服务业"等大类项目，部分产业新增长点涉及的行业门类可能跨大类项目，部分新增长点涉及的行业也有可能超出现有国民经济行业分类和统计范围；按照产业生命周期理论的标准划分，部分产业新增长点属于"孕育期"或"成长期"，部分属于"成熟期"等；按照不同产业在生产过程中对要素需求情况标准划分，部分产业新增长点属于资本密集型产业，部分属于技术、知识密集型产业等；按照产业新增长点的影响因素划分，有的产业新增长点主要受重大技术进步和创新、资源禀赋条件变化、劳动力规模和结构构成变化等供给方面的条件变化影响产生，有的产业新增长点的孕育兴起主要是受消费者需求升级拉动、能源资源环境健康等涉及人类可持续发展的重大需求影响，等等。

表1　近期各界关于产业新增长点方向的判断和依据

学者或研究机构（年份）	采用方法或判别思路	提出的产业新增长点
张建华（2009）	全球产业发展方向、中国经济长期可持续发展的需要	新能源开发、节能环保产品推广、智能电网建设、以3G为代表的新兴通讯产业
吴垠（2009）	低碳经济发展模式的要求、现有技术条件	生物产业、太阳能产业、核能产业、风能和潮汐能产业、海水氢能源产业
陈希伟（2009）	中国经济结构调整和可持续发展的需要	新能源和节能环保
埃森哲、牛津经济学研究院（2011）	邀请企业界、学术界、政府部门与非营利组织的专家，列举推动经济增长关键领域；采用全球经济模型，从"供应面"视角，描绘产业发展趋势	银发经济、资源经济（智能能源、生态伦理产品等）、多样化的技术（与生命相关的科技、新材料、移动技术等）、新兴市场（新型金融服务、国际教育培训等）
梁国强（2012）	美、欧、日、韩、新加坡等主要国家和经济体确定的新增长点	知识、咨询和生物科技，高新技术、绿色环保产业、人才培养等人力资源储备

续表

学者或研究机构（年份）	采用方法或判别思路	提出的产业新增长点
刘松柏（2012）	中国海洋资源条件、现有技术条件	海洋产业
麦肯锡（2013）	通过学术期刊、风险投资报告、专家访谈等多种方式确定候选技术，结合"技术快速推进或突破、潜在影响范围广泛、产生显著经济价值、经济影响巨大"的判断标准，加以确定	移动互联网、知识工作自动化、物联网、云计算、先进机器人、自动汽车、下一代基因组学、储能技术、3D打印、先进油气勘探及开采、先进材料、可再生能源
李佐军（2013）	需求动力、结构动力、要素投入、要素升级、制度变革等	节能环保产业、生态产业、海洋产业、信息产业、绿色制造业、文化产业、健康产业、生产性服务业、现代农业、与城镇化有关的行业
李稻葵（2014）	中国居民生活和消费的迫切需求、产业结构转型升级的迫切需求	民生性、公共消费型基础建设投资，已有生产能力的绿化和升级，居民消费相关产业
王莉莉（2014）	人口老龄化形势的必然要求	老龄产业（银发产业）
国家发展改革委（2014）	产业转型升级、技术突破、国家政策支持	工业机器人、轨道交通装备、高端船舶和海洋工程装备、新能源汽车、现代农业机械、高端医疗器械和药品，云计算与物联网、移动互联网、工业设计、融资租赁等生产性服务业
王昌林（2014）	收入水平不断提升和快速性老龄化，环境需求和产业转型升级的迫切要求	健康产业，节能环保产业，以移动互联网、电子商务为代表的新型信息服务业，以高铁、通用行业为代表的高端装备制造业，通用航空、装备行业
宗良（2015）	技术驱动、产业转型、人口老龄化和生活水平不断提高	战略性新兴产业、现代服务业、医药制造业、废弃资源综合利用业、非金属矿、互联网金融、移动互联网
李金早（2015）	万元产值能耗低、消费"永动机"、国际经验数据	旅游业

可见，产业新增长点的涵盖范围既表现出动态变化的特征，又存在行业门类大小不一等问题，难以获得公认的范围认定和分类标准。值得注意的是，近期各界高度关注的"十三五"时期产业新增长点相关领域，主要是基于当前我国经济进入新常态这一背景，即与"十二五"时期相比，当前更加迫切地需要有新的增长点能够支撑新旧增长动力转换、经济可持续发展。基于此，本课题

关注的产业新增长点更聚焦于那些具备潜力和条件、能够在未来 5 年发展壮大成为国民经济新兴支柱产业的新增长点。具体而言，这些新增长点应具备以下特征：①规模特征，即已经度过了早期的萌芽孕育阶段，具备一定的技术、人才储备和规模体量，正处于快速扩张阶段的一类行业。②增速特征，即在过去一段时间内（主要是"十二五"时期），产业增速持续高于同期国民经济平均增速。③潜力特征，即在未来 5 到 10 年将对经济增长发挥较大支撑作用，具备成为国民经济主导产业的潜力，有可能发展成为影响全局的、能够带动国民经济其他产业部门成长的主导产业。此外，由于产业新增长点的行业范围往往表现出动态变化的特征，有些行业一度表现出强劲的发展势头，但是由于各种原因可能仅是"昙花一现"而淹没于新一波产业更迭交替的浪潮中，有些行业开始仅仅是"星星之火"，尔后也可能迅速发展壮大呈"燎原之势"。因此，一些目前规模仍然微不足道的新业态、新服务、新商业模式等，也值得高度关注。

（二）影响因素

影响产业新增长点形成和变迁的因素很多，一般从供给、需求两个角度对产业新增长点的众多影响因素进行归类。从供给角度看，包括自然条件和资源禀赋、劳动力人口数量及其结构、投资（包括国内资金供应和外来投资）、技术进步、商品供应、进口以及国内外政治、经济、社会、文化等环境因素等。从需求角度看，包括影响消费需求的人均收入水平、个人消费结构、中间需求和最终需求的比例、消费和投资的比例等，以及投资需求、国际贸易、国际投资等（杨治，1985 年；杨公朴、夏大慰，1998 年）。近年来，伴随资源能源约束趋紧、人类对健康和环境等可持续发展的需求日益迫切，一些研究也提出，影响未来产业新增长点演进方向的因素将与能够解决人类社会生产力水平持续提高以及长远发展的紧迫需求等因素直接关联（王昌林，2010 年、2014 年；王岳平、徐建伟，2014 年）。值得注意的是，处于产业生命周期不同阶段、不同行业类别和性质的产业新增长点，受各类因素的影响程度也有所不同。此外，供需条件变化等各类因素在影响大批产业新增长点孕育、兴起或衰落的同时，新的产业也反过来改变供需条件，可能推动更多的技术进步和创新、可能创造更多的需求等等，反之亦然，产业新增长点的变迁和供需条件等影响因素的变化相辅相成、交织演进。

上述"供给、需求以及面向重大问题应用"等三维度影响因素的视角，为我们归纳"十三五"时期产业新增长点的各类影响因素提供了较好的分析框架，见图 1。具体而言，供给条件变化影响产业新增长点主要表现为以下四个

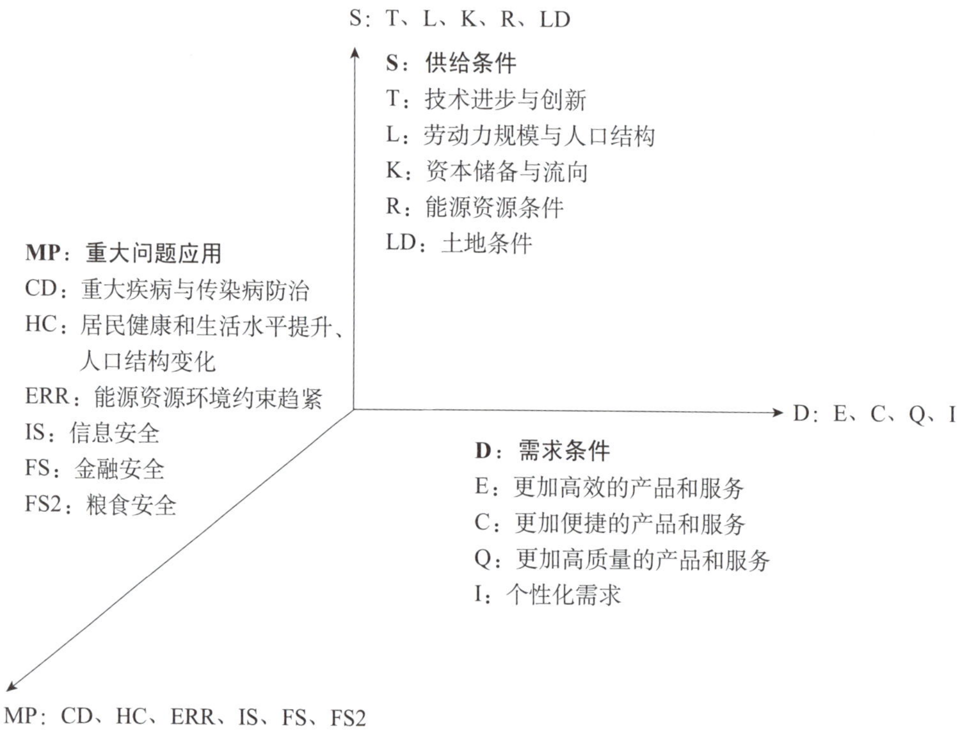

S：T、L、K、R、LD

S：供给条件
T：技术进步与创新
L：劳动力规模与人口结构
K：资本储备与流向
R：能源资源条件
LD：土地条件

MP：重大问题应用
CD：重大疾病与传染病防治
HC：居民健康和生活水平提升、
　　人口结构变化
ERR：能源资源环境约束趋紧
IS：信息安全
FS：金融安全
FS2：粮食安全

D：E、C、Q、I

D：需求条件
E：更加高效的产品和服务
C：更加便捷的产品和服务
Q：更加高质量的产品和服务
I：个性化需求

MP：CD、HC、ERR、IS、FS、FS2

图1　"十三五"时期产业新增长点影响因素分析
——"供给、需求以及面向重大问题应用"三维度视角

方面：一是重大技术突破和创新可能影响的新增长点。当前，全球新一轮技术革命孕育在即，未来5到10年将产生重大技术突破和创新的领域主要聚焦于移动互联网、物联网、云计算、先进机器人、下一代基因、储能、3D打印、先进材料、可再生能源等领域[1]，这些领域涉及新一代信息技术、智能制造、生命健康、新能源、新材料及其交叉融合等若干产业新增长点。二是资本流向以及频繁发生资本构成变化的产业领域。从过去5年各行业投资量指标看，水利、环境保护和公共设施管理等基础设施、基本建设类行业吸引了大量资金，信息服务、高技术服务、卫生和公共管理等涉及信息基础设施建设、公共卫生事业支出的行业也是资本流向集中的领域。此外，从各行业发生上市、并购、风险投资（VC）/私募股权投资（PE）投资的情况看，信息产业、装备制造等有关行业的投资活动比较活跃。三是国内人力资源供给和人口结构变化可能产生的产业新增长点。伴随我国人口老龄化进程加快、"80、90后"思想观念变化，

---

[1] McKinsey Global Institute, Disruptive technologies：Advances that will transform life，business，and the global economy. May 2013.

以往的劳动力比较优势将进一步削弱，这意味着，人力资源密集型行业将不再是未来产业的发展方向，取而代之，机器人、智能制造等行业成为新的增长点。四是土地能源资源等要素条件变化对产业新增长点的影响。近年来，我国部分地区土地成本上升趋势明显，同时资源能源约束日益强化，倒逼资源密集型产业缩小规模或加快转型升级，反之，将催生节能环保、可再生能源、节能与新能源汽车以及大量知识、技术密集型产业快速发展。

需求条件变化以及面向解决重大问题应用这两个维度对产业新增长点的影响与此类似。其中，需求方面的影响因素主要表现为：消费需求升级换代带来的个人、企业等对更加高效、便捷的服务和产品，高质量生活和产品、服务的需求，需求个性化趋势等。例如，消费者对个性化需求、体验性需求、精神文化消费和品牌产品需求日益增加，客观上促进了文化、娱乐、教育等相关服务消费需求的扩大，文化旅游、教育培训、养老健康、休闲娱乐、电子商务、信息服务等将产生大量新的增长点。着眼于解决我国未来 5～10 年经济社会发展面临的系列重大问题包括重大疾病与传染病防治、居民健康和生活水平提升、老年人口和婴幼儿数量增加带来的人口结构变化、能源资源环境约束趋紧引发的能源安全以及信息安全、金融安全等国家战略问题。例如，随着我国资源环境约束趋紧、节能减排要求加大，倒逼产业发展和能源利用向高效、绿色、安全的方向转型，节能环保和新能源产业将快速发展。我国是全球老年人口最多的国家，也是人口老龄化发展速度最快的国家之一，人口老龄化将带来老年健康医疗用品、老年食品保健、老年生活用品、老年复健及辅助用品、老年休闲娱乐用品等健康行业快速发展。计划生育政策调整将催生"婴儿经济"，对母婴医药、奶粉、尿不湿等初生婴儿用品产生巨大需求，儿童服饰、玩具、婴幼儿教育等行业也将迎来新的发展机遇。

值得关注的情况是，根据上述三维度影响因素视角推导出的"十三五"时期我国产业新增长点方向呈现出高度趋同的态势。例如，从供给方面的技术进步与创新这一因素看，未来 5～10 年将产生重大技术突破和创新的领域主要聚焦于移动互联网、物联网、云计算、先进机器人、下一代基因、储能、3D 打印、先进材料、可再生能源等领域[1]，这些领域涵盖新一代信息技术、智能制造、生命健康、新能源、新材料及其交叉融合产业等，恰恰正是便捷化、高效化、智能化、绿色化等需求变化的方向，同时也有助于解决经济社会可持续发展所亟须需要面对的健康以及能源资源环境等重大问题（见图 2）。

---

[1] McKinsey Global Institute, Disruptive technologies: Advances that will transform life, business, and the global economy. May 2013.

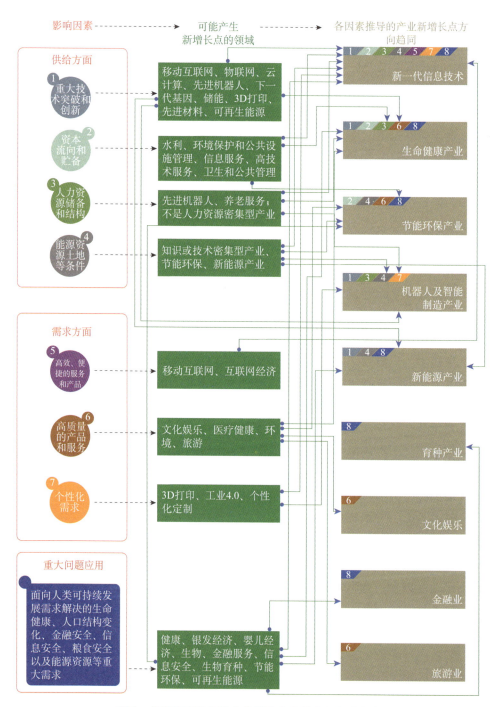

图 2　各影响因素条件变化可能产生的产业新增长点

（三）甄别标准

现有关于产业新增长点甄别标准的研究，大多基于日本学者筱原三代平的主导产业选择基准理论，即生产率上升率基准、收入弹性基准和关联效果基准等三项甄别标准。后有研究根据主导产业的高技术渗透和扩散特点对其他产业部门产生的带动效应及其国际竞争力动态变化等特征，提出主导产业筛选还应考虑技术扩散与带动标准、动态比较优势标准，并按照该五项标准对我国现有国民经济行业分类统计体系下可能是主导产业的若干备选部门打分排序，按照未来一段时期可能形成的规模，筛选出电子及电气、机械工业、交通运输设备制造、化学工业（含化纤）等为近中期我国主导产业（王岳平，2001）。如前述，由于本课题关注的"十三五"时期产业新增长点涉及的行业门类和可获得的统计数据部分超出了现有国民经济行业分类范围，或其细分门类分散于统计分类体系的不同类别中，导致基于主导产业选择基准方法难以对这些新增长点量化分析。因此，"十三五"时期产业新增长点甄别标准的确定主要源于以下两方面：一是"十三五"时期产业新增长点内在特征赋予其在增速水平、预期规模及其对经济社会发展可能产生的影响等，也即增速和规模标准、影响力标准；二是要符合供给需求条件变化趋势或面向解决国民经济社会发展中的重大问题，也即供给和需求条件变化标准。此外，由于本研究尤其关注"十三五"时期最有条件和潜力发展壮大的那些新增长点，因此，主导产业选择理论中的"国际动态比较优势"也是一项重要的甄别标准。

1. 增速和规模标准

即具有较高增速、未来5～10年将对经济增长发挥较大支撑作用。例如，"十二五"时期，钢铁、建材、船舶及交通运输设备制造等传统行业增速普遍下滑，与此形成鲜明对比的是，节能环保、新一代信息技术、生物、智能制造、新能源等行业增速却连续几年保持两位数增长势头，2011—2014年间节能环保、生物、健康服务、文化创意等产业销售收入增速均在20%左右。在智能制造领域，近年来工业机器人、3D打印产业收入规模分别以年均20%和30%左右的速度增长。新一代信息技术领域，2014年电子商务交易额增速约30%，移动互联网产值自2011年起连续2年增速超过70%，云计算产业连续3年超过60%，物联网增速也保持在30%以上的水平。尽管这些行业目前规模并不可观，但再经过5年左右的快速发展，到"十三五"末期完全有可能替代传统支柱产业成为支撑经济增长的新亮点。

2. 影响力标准

即将对经济社会发展产生较大影响，具体表现为：产业关联度高，能够显著扩大就业规模、提高就业质量,可能带来新的生产方式、商业模式变革,可能极大程度提高生产效率和生活质量,或能够催生一批新兴业态,可能对经济社会发展以及全球产业、能源分工格局产生影响等。以新一代信息技术产业为例,尽管目前其产值规模与汽车、冶金、建材等主导产业相比仍微不足道,但是借其高渗透性、融合性特征可能对经济社会发展带来革命性影响。在移动互联网、云计算、物联网等新技术的推动下,食品、餐饮、娱乐、航空、汽车、银行、家电等传统行业更多通过移动终端平台推广有关业务,医疗、教育、旅游、交通、传媒等领域业务改造方向进一步对接移动终端用户习惯,远程教育和医疗、智能交通、分布式能源、个体化医疗等新兴服务模式持续涌现,促使人们学习、工作和生活更加便捷,污染物排放大幅减少,癌症等重大疾病防治能力大幅提高。此外,清洁能源的开发利用可能改变当前以石化资源为基础的国际能源资源版图,智能制造的发展将弱化发展中国家低成本制造优势,这些都可能对现有全球经济科技分布格局带来潜移默化的影响。

3. 供需条件变化标准

即符合近期全球科学技术进步和创新的演进方向,符合近期资本、人力、土地、能源资源等产业供给要素条件的变化趋势,符合消费结构升级引发的消费需求更加高效、便捷、个性、高端、多样等趋势,或者直接面向人类可持续发展所迫切需要解决的生命健康、金融安全、信息安全、粮食安全以及能源资源等重大需求。从新一轮科技革命和产业变革的发展方向和趋势看,"十三五"时期产业新增长点应该分布于新一代信息技术、智能制造、生物、节能与清洁能源、新材料等领域范围内。鉴于近年来我国劳动力、土地、能源资源等要素比较优势持续弱化、人口老龄化进程加快等情况,新增长点的范围可以剔除资源密集型、劳动力密集型等有关行业部门,确定其更具备知识密集型产业的基本特征。从"十二五"时期我国固定资产投资情况看,水利、环境保护和公共设施管理、信息服务、高技术服务、卫生和公共管理等部门是吸引投资比较多的行业领域,也是近期比较受风险投资等资本市场关注的热点领域。节能与环境技术确保我们能够"呼吸更清洁的空气、喝更干净的水",基因等生物医疗技术让我们更加长寿、更高质量地生活,应用更先进手段提高工作效率和服务水平的金融行业确保居民和国家金融安全,育种技术为解决粮食安全问题提供支撑,这些领域都可能催生若干产业新增长点,需要高度关注。

4. 国际动态比较优势标准

即基于全球视角观察这些可能是新增长点的备选行业是否具备独特的竞争优势。例如,尽管我国互联网和移动通信领域用户数量巨大,发展新一代信息技术产业具有比较好的市场优势,但多年来信息技术领域"缺心少肺"的问题仍未解决，也没有形成类似于美国 Wintel 联盟（微软＋英特尔联盟）、GooArm 联盟（谷歌＋Arm 公司）那样有利于软硬件上下游及同行企业和全球优秀的程序员共同参与设计研发生产和体验、应用的产业生态系统。在以美国为核心的全球信息产业分工格局下，"十三五"时期我国新一代信息技术产业能否成为支撑经济发展的新增长点还面临诸多制约。再如，我国拥有发展节能环保产业的广阔市场空间，但是与发达国家高性价比的设备产品和服务、发达灵活多元的商业模式、拥有若干先发优势明显的大型企业、健全的法律法规等相比，我国节能环保产业龙头企业规模小、产品国际竞争力弱等劣势十分突出，"十二五"末节能环保产业成为新支柱产业还有困难[1]。此外，伴随支撑产业发展的供需条件不断变化，产业的国际比较优势也呈现动态变化的特征，由于本研究主要聚焦未来 5 年，因此甄别产业新增长点所具备的国际比较优势也主要集中于"十三五"时期。

本研究关于产业新增长点甄别标准分析如图 3 所示。

二、"十三五"时期我国产业新增长点的甄别

本课题甄别"十三五"时期我国产业新增长点有三个步骤：通过大量文献研究和投资案例整理形成备选清单→利用雷达图对备选清单行业筛选"十三五"可能的新兴支柱产业→按照 4 项标准逐一打分甄别产业新增长点。具体如图 4 所示。

（一）备选清单罗列

国际金融危机以后，国内外政府部门、专家学者和研究机构纷纷提出促进经济复苏和推动未来可持续发展的产业新增长点。例如，美国推出《重整美国制造业框架》、日本制定《面向光辉日本的新成长战略》、韩国提出《新增长动力规划及发展战略》等，这些方案明确了一批支撑未来经济增长的重点产业和技术方向，重点集中在新能源、新能源汽车、生物产业、健康医疗、信息技术、机器人等领域。我们对近年来国内外新兴产业发展趋势，以及专家学者、政府部门和专业投资领域对我国产业新增长点的研究和关注重点进行系统梳理，总的来看，这些产业新增长点与前文关于影响因素条件变化蕴藏的产业新增长点的主要领域表现高度趋同。相关研究的角度，既有从国际和主要发达国家产业

---

[1] 贠天一. 节能环保产业距离"支柱"还差一点 [J]. 中国战略新兴产业，2015（7）（总第 39 期）.

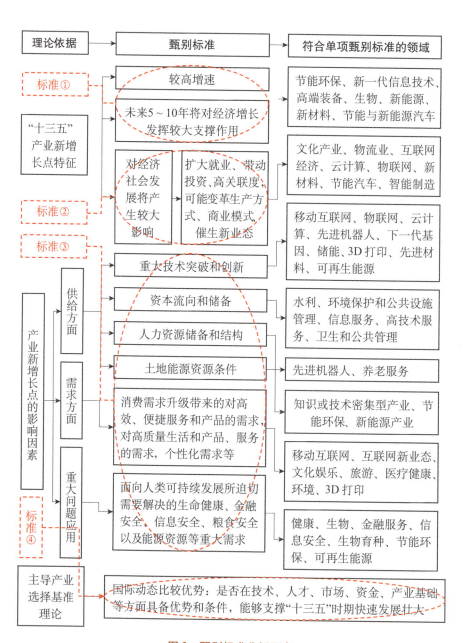

图3 甄别标准分析示意

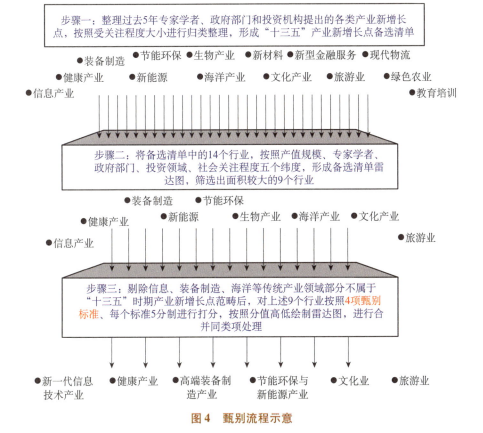

图4　甄别流程示意

发展的趋势出发，如张建华（2009）、梁国强（2012）；也有从技术突破带来的新产业发展的角度，如吴垠（2009）、麦肯锡（2012）；还有从我国产业结构和消费结构升级、人口结构变化等实际需要出发，如陈希伟（2009）、王昌林（2012）、王莉莉（2014），具体见表1。这些新增长点的产业层次有大有小，既有信息产业、健康产业这类横跨一、二、三产业的新增长点，也有移动互联网、老年无障碍式消费品这类细分行业的新增长点。许多新增长点可以归为同一产业，如移动互联和智能终端、物联网、云计算、电子商务等新增长点，都属于信息产业范畴；太阳能产业、核能产业、智能能源等新增长点，同属新能源产业范畴；远程医疗、基因筛查、健康咨询、生物医药等新增长点，均属于健康产业范畴。据此，我们将专家学者、政府部门和投资机构提出的产业新增长点按上述思路进行归类，结合"十二五"时期行业规模和增速情况，形成了我国"十三五"时期可能成为产业新增长点的备选清单，包括信息产业、健康产业、装备制造业、新能源产业、节能环保产业、海洋产业、生物产业、文化产业、旅游业等，具体见表2。

表2 产业新增长点备选清单罗列及其关注程度

各界高度关注的产业新增长点清单罗列		关注程度			
合并大类	热点行业门类	专家学者	政府部门	投资领域	社会关注
信息产业	移动互联和智能终端、物联网、云计算、移动电子商务、大数据、互联网＋等	21804	373	1729	397
健康产业	生物医药及医疗器械、养老、康复保健、保险等	16724	485	232	243
装备制造业	机器人、智能制造、海工装备制造、轨道交通设备制造、航空航天设备制造等	8856	120	725	4570
新能源产业	风电、太阳能发电发热、核电、智能电网、节能与新能源汽车等	7572	343	157	407
节能环保产业	节能服务、节能环保设备制造、资源循环利用、合同能源管理等	6183	292	255	65.5
海洋产业	海洋渔业、海洋船舶工业、海洋生物医药、海洋电力、海洋工程建筑、海洋化工、海水利用、海洋旅游等	4811	397	4	3020
生物产业	生物医药、医疗器械、生物育种、生物制造、生物环保、生物材料、生物服务等	2249	508	364	2350
文化产业	文化创意、数字内容、网络游戏、影视、出版等	45112	175	351	275
旅游业	游览、酒店、旅游交通、餐饮、休闲娱乐、旅游购物等	48807	181	87	1920
新材料产业	电子信息材料、建筑新材料、化工新材料、复合材料、智能材料、生物基材料、绿色材料、高性能材料等	5889	349	281	338
新型金融服务	互联网金融、众筹、融资租赁、小额贷款、风险投资等	10055	432	144	537
教育培训	远程教育、职业技术学校、成人再教育培训等	23764	487	75	832
绿色农业	育种、有机无公害农产品种植、休闲农业等	4824	7	101	66
现代物流	快递、仓储、物流信息处理、装卸、加工配送、包装等	16678	45	40	2030

说明：关注程度中，专家学者的统计数据，是指在中国知网上以相关产业为主题词和关键词进行检索的发表文章次数（篇）；政府部门的统计数据，是指在中央政府网（国务院文件、国务院公报）中，以相关产业为主题进行检索出现的次数（次）；投资领域的统计数据，是指清科研究中心数据库，相关行业发生的上市、并购、VC/PE投资的数量（个）；社会关注的统计数据，是指在百度中以相关产业为主题词进行搜索的结果数量（万个）。其中，专家学者、投资领域检索和统计时间为2009年至2015年4月15日，政府部门和社会关注检索和统计时间截至2015年5月31日。

将上述14个备受关注的行业领域，按照现有产值规模，以及专家学者、政府部门、投资领域、社会关注程度5个纬度，形成产业增长点备选清单雷达图，见图5。从雷达图的面积看，信息产业、健康产业、装备制造业、新能源产业、节能环保产业、海洋产业、生物产业、文化产业、旅游业等9个行业更受关注，更有可能成为"十三五"支柱产业的新增长点，将在下文进行逐一分析。

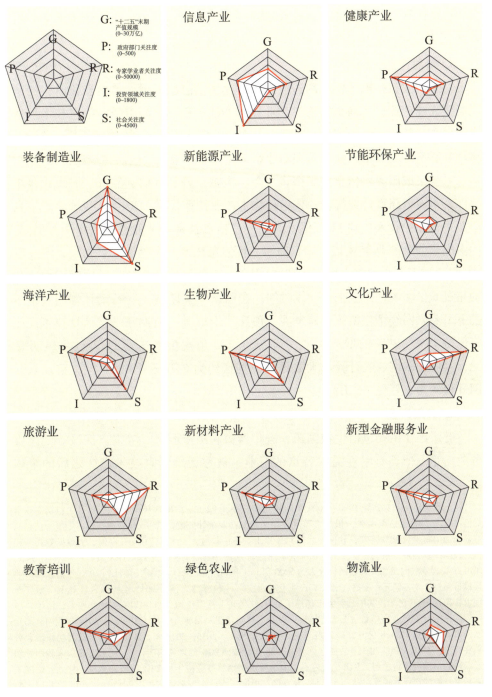

图 5　备选产业清单"十二五"末期产业规模和受关注度情况排序示意图

(二) 备选清单甄别

按照前述甄别标准的增速和规模标准,我们逐一分析备选清单中的 9 个行业的"十二五"发展基础和"十三五"增长潜力。

1. 信息产业

信息产业包括电子信息制造业、软件业和信息服务业,是信息化时代的国民经济支柱产业。当前全球信息产业技术变迁和创新日新月异,信息技术加速渗透融合,新技术、新产品、新业态、新商业模式不断涌现。物联网、云计算、移动互联网、大数据等新技术和新业态迅速兴起,带动了通信终端设备制造业、信息系统集成服务、信息技术咨询服务、数据处理和存储类服务、嵌入式系统软件、集成电路设计业等新一代信息技术产业快速发展,2014 年我国电子信息产业主营业务收入达到 14 万亿元,新一代信息技术产业业务收入 4.9 万亿元,约占电子信息产业 35% 以上。目前新一代信息技术产业处于发展初期,增长迅速,"十二五"时期年均增速在 30% 以上,全国互联网和移动互联网用户已分别超过 6 亿和 8 亿户。未来一段时间,在国家"互联网 +"行动计划的政策激励下,互联网经济将继续快速发展,预计"十三五"时期新一代信息技术产业将保持 15% ~20% 的增速水平,到 2020 年产值规模将达到 11 万亿~14 万亿元,其中物联网、云计算和大数据行业规模约为 6 万亿~8 万亿元,移动互联网规模约为 5 万亿~6 万亿元。[1]

2. 健康产业

健康产业主要包括生物医药、医疗器械和医疗服务、养老、保险等健康服务业,是一个具有刚性需求特点的行业,被称为继信息技术产业之后的全球

---

[1] 我国电子信息产业 1990—2009 年间年均增长率约 22.6%,2005 年电子信息制造业和软件业增加值占 GDP 的比重达 4.42%。根据《2014 年电子信息产业统计公报》,2015 年我国规模以上电子信息制造业增加值将增长 10% 左右,软件业增长 15% 以上。在物联网、云计算、移动互联网、大数据等新一代信息技术产业领域,根据工业和信息化部电子信息研究院《物联网及传感器产业发展白皮书(2015)》,2014 年我国物联网及相关行业销售收入达 6000 亿元,年均增速 20% ~30%,预计到 2020 年物联网产业规模将超过 2.8 万亿元;根据《云计算产业发展白皮书(2015)》,预计 2015 年我国云计算上下游产业规模将超过 3500 亿元,其中云服务市场规模超过 90 亿元,并以年均 20% ~30% 的速度增长,预计"十三五"末云计算产业规模将达 1.2 万亿元;根据《移动互联网发展白皮书(2015)》,2014 年我国移动互联网市场规模达 2134.8 亿元,是 2011 年的 7 倍。据测算,2015—2018 年,我国移动互联网年均增速分别在 77%、58%、46% 和 31% 左右,2019—2020 年也按照 20% 的增长速度计算,"十三五"末我国移动互联网的市场规模将达到 1.9 万亿元左右,加上智能终端制造业按年均 20% 的增速测算,移动互联网及其相关行业的产业总规模将达到 5 万亿~6 万亿;根据《大数据发展白皮书(2015)》,2014 年我国大数据产业市场规模达 75.5 亿元,按照 20% ~30% 的年增长率测算,"十三五"末我国大数据产业市场规模将达到 360 亿元左右。

"财富第五波"。近年来，在市场需求快速增长的带动下，我国健康产业快速发展，2011—2014 年医药工业年均复合增长率达 16%，医疗器械销售额年均增速约为 19%，全国卫生总费用支出年均增速超过 16%，健康保险收入年均增长超过 30%，2014 年全国健康产业产值规模约为 6.6 万亿元[1]。综合考虑未来一段时期我国人口老龄化进程加快、城乡居民收入水平不断提升等因素，国内市场将快速释放出来，我国将成为全球最大的健康市场。预计 "十三五" 时期我国健康产业保持年均 20% 以上的增速，到 2020 年产值规模将达到 14 万亿～16 万亿元，其中健康服务业约为 8 万亿元。

3. 装备制造业

装备制造业是国民经济发展特别是工业发展的基础，是推动工业转型升级的引擎。装备制造业是我国国民经济中重要的支柱产业，近年来增速总体呈现下降态势，但航空航天、轨道交通装备、海洋工程装备、智能制造等高端装备制造业快速发展，这些行业 "十二五" 期间年均增速超过 25%，其中航空航天设备、轨道交通装备、智能制造增速分别在 20% 以上、30% 和 25% 左右，"十二五" 末期高端装备产业总产值将达 3.2 万亿元[2]。未来 5 年，随着低空空域开放范围进一步扩大、空天技术民用进程加快、高铁 "走出去" 加速推进、先进机器人应用范围大幅拓展，以及《中国制造 2025》战略实施，将带动高端装备产业快速发展。预计 "十三五" 时期我国高端装备制造业的增速保持约 20%

---

[1] 根据工业和信息化部发布的医药工业经济运行分析报告，2014 年我国规模以上医药工业企业实现主营业务收入 2.5 万亿元，"十二五" 时期年均增速达 16%。医疗器械市场销售额从 2011 年的 1480 亿元增加到 2014 年的 2500 亿元，年均增长 19%。根据《全国医疗卫生服务体系规划纲要（2015—2020 年）》提供的数据，2013 年全国卫生总费用达 3.2 万亿元，2009 年以来年均增速超过 16%；医疗卫生机构总诊疗人次由 2004 年的 39.9 亿人次增加到 2013 年的 73.1 亿人次，年均增长 7%。2014 年全国商业健康保险收入达到 1587 亿元，同比增长 41%。

[2] 根据国民经济统计行业分类，装备制造业包括通用设备制造业、专用设备制造业、汽车制造业、铁路、船舶、航空航天和其他运输设备制造业、电气机械和器材制造业、计算机、通信和其他电子设备制造业、仪器仪表制造业等行业。2013 年规模以上装备制造工业企业主营业务收入规模总量接近 30 万亿元。根据行业协会和《2014 年中国高技术产业统计年鉴》提供的数据估算，2014 年包括航空航天、轨道交通装备、海洋工程装备制造、智能制造等在内的高端装备制造业销售收入约 2.6 万亿元，"十二五" 期间年均增速超过 25%。其中，航空、航天器及设备制造业主营业务收入 2011—2013 年年均增速超过 20%，2014 年收入规模约 3400 亿元；根据工业和信息化部《轨道交通装备产业 "十二五" 发展规划》和行业专家调研提供的数据，"十二五" 期间轨道交通装备制造业销售收入年均增长超过 30%，2014 年销售收入预计达 5000 亿元；根据工业和信息化部《海洋工程装备制造业中长期发展规划》有关数据估算，海洋工程装备制造业总收入年均增速超过 12%，2014 年总收入约 1700 亿元；根据 2011—2014 年国家海洋局《中国海洋经济统计公报》有关数据计算，海洋工程建筑业 2011—2014 年年均增速均在 9% 以上，2014 年产值规模约 8000 亿元。根据工业和信息化部《智能制造装备产业 "十二五" 发展规划》、《2013 年中国战略性新兴产业发展报告》以及中国机械工业仪器仪表综合技术经济研究所有关专家提供的数据估算，"十二五" 时期智能制造装备产业年均增速约 25%，2014 年销售收入规模超过 8000 亿元。

的水平（其中航空航天及设备、轨道交通装备、海洋工程装备、海洋工程建筑、智能制造的增速分别为15%、20%、10%、7%、30%），到2020年产业规模在8万亿~10万亿元。

4. 新能源产业

新能源产业通常指从事风能、太阳能、生物质能、地热能、海洋能、核能以及页岩气等各类非常规能源技术开发、设备与产品制造并提供相应服务的行业部门。有关数据显示，到"十二五"末期我国新能源行业销售产值将超过1.2万亿元，其中风电产业占比约为35%、光伏产业占比约为30%。"十三五"时期，我国能源资源压力趋紧，新能源技术水平提升和应用范围普及将推动可再生能源电力性价比稳步提升，同时为实现2020年我国单位GDP二氧化碳排放量比2005年下降40%~45%的约束性目标，新能源消费需求将持续增长，新能源产业将继续保持较高增速。预计"十三五"时期我国新能源产业年均增长约25%，到2020年风能、太阳能等新能源的销售产值将达到3.6万亿元左右[1]。此外，节能与新能源汽车符合绿色发展和汽车产业转型方向，是当前各界关注和政策扶持的热点，未来5年有望实现快速增长，预计到2020年新能源车整车产值约为1600亿元。综上所述，预计到2020年新能源产业产值规模可以达到3.8万亿元左右。

5. 节能环保产业

节能环保产业是指为节约能源资源、发展循环经济、保护生态环境提供物质基础、技术保障和服务的产业，涉及节能环保的技术装备、产品和服务等，主要包括节能产业、环保产业和资源循环利用产业。大力发展节能环保产业，是我国建设生态文明、实现可持续发展的必然要求。"十一五"以来，随着我国对生态环保要求的不断强化，我国节能环保产业保持以15%~20%的速度增长，2014年节能环保产业产值规模达到3.8万亿元。未来5年，在资源压力趋紧、能源形势严峻的倒逼机制作用下，政府将继续加大对节能环保产业的投资和政策扶持，重大节能技术和装备自主化步伐将明显加快，节能环保产业发展空间巨大。预计"十三五"时期，节能环保产业仍将保持15%~20%的增速水平，到2020年产值规模8.5万亿~10万亿元，其中节能产业2万亿~2.5万亿元、环保产

---

[1] 根据行业协会、宏观院能源所有关数据估算，预计到2020年，我国总发电装机规模将超过17亿千瓦，其中煤电约10亿千瓦、燃气发电5900万千瓦、核电8000万千瓦、常规水电3.4亿千瓦、抽水蓄能5400万千瓦、风电1.5亿千瓦、太阳能发电2400万千瓦、生物质发电1500万千瓦；非常规能源发电装机规模达到7亿千瓦，占比为41%。初步估算风能、太阳能等新能源的当年新增投资1万亿元，增加值将达1.87万亿元，就业人口达到1400万人，新增就业人数600万人。按照《节能与新能源汽车产业发展规划（2012—2020年）》，预计2020年新能源车销量可达120万辆，按2020年新能源车产值占汽车总产值的3%计算，2020年新能源车整车产值约为1600亿元。

业 4 万亿~5 万亿元、资源循环利用产业 2.5 万亿元左右。[1]

6. 海洋产业

海洋产业主要指开发、利用和保护海洋所进行的生产和服务活动，包括海洋捕捞业、海水养殖业、海水灌溉农业等第一产业，海洋盐业、海洋石油和天然气、滨海砂矿和海洋船舶、海洋电力和海洋生物医药等第二产业，以及海洋交通运输、滨海旅游等第三产业[2]。"十二五"期间，海洋渔业、海洋船舶工业等海洋传统产业增速明显下降，海洋生物医药、海洋电力、海洋工程建筑、海洋化工、海水利用以及海洋旅游等行业表现出较好的发展潜力，除海水利用行业以外，其余行业"十二五"时期年均复合增速均高于海洋产业年均复合增速平均水平。2014 年，上述六个细分行业增加值总计约为 1.23 万亿元，占同期 GDP 比重约为 1.9%。[3]我国海域辽阔，资源丰富，随着"一带一路"战略、海洋强国战略的实施，海洋产业将迎来难得发展机遇。预计"十三五"时期，我国海洋新兴产业年均增长 18% 左右，到 2020 年上述海洋新兴产业增加值总额约为 3.6 万亿元。

7. 生物产业

生物产业是指以生命科学和生物技术为基础，结合信息、系统工程等技术和手段，通过对生物体及其细胞开展研究并制造产品，为社会提供商品和服务的行业的统称，包括生物医药、生物农业、生物制造、生物能源、生物环保和生物服务等[4]。经过近 30 余年的发展，目前生物产业已经成为世界经济中规模较大、最具增长潜力的行业之一，正在为解决人类社会发展面临的健康、食品、资源与环境等问题发挥越来越重要的作用。"十一五"以来，在政府的大力推

---

[1] 根据《2015 年中国战略性新兴产业发展报告》和行业协会、业内专家提供的数据分析，"十二五"时期，节能产业细分行业增速均在 20% 以上，其中，节能技术和装备行业、节能服务行业产值规模分别由 2010 年的不到 1000 亿元增长到 2014 年翻一倍以上，节能产品行业约 5000 亿元，预计到"十二五"末期节能产业产值规模达到 1 万亿元以上。"十三五"时期，节能技术和装备、节能产品等行业产值将超过 1.6 万亿元，节能服务业保持 20% ~30% 的增速水平，到"十三五"末期节能服务产业规模超 7000 亿元，基于此，节能产业总产值可达 2 万亿~2.5 万亿元。过去 10 余年环保产业产值年均增速保持在 15% ~20%，预计 2015 年产值约 2.3 万亿元，其中包括大气、水污染治理产品和固体废物处理处置产品在内的环境保护产品生产行业占比约 3/4 以上，预计"十三五"时期环保产业年均增长 10% ~15%，"十三五"末产值规模 4 万亿~5 万亿元，其中环境服务业占比 30% 以上。资源循环利用产业"十二五"末期产值约为 1.2 万亿元，按年均增速 15% 计算，"十三五"末产值达 2.5 万亿元左右。

[2] 国家质检总局和国家标准化委员会. 海洋及相关产业分类 [S]. 2006 年 12 月.

[3] 《中国海洋经济统计年鉴》数据显示，海洋产业自 2000 年以来一直表现出良好的发展态势，2001—2014 年间年均复合增长率约为 15.2%，高于同期 GDP 增速。2014 年海洋产业生产总值占 GDP 比重达到 9.4%，剔除海洋相关产业后增加值约为 3.56 万亿，占 GDP 比重约为 5.59%，是国民经济的支柱产业。

[4] 根据《国务院关于印发生物产业发展规划的通知》（国发〔2012〕65 号）。

动和市场需求快速增长的带动下，我国生物产业呈现加速发展的态势，产值年均增长20%以上。2014年全国生物产业产值约3.8万亿元，其中，生物医药及医疗器械行业约占90%，以发酵产业为主的生物制造占8%~9%，以动植物育种为主的生物农业销售产值不到千亿元规模[1]。我国拥有全球最大的人口规模，随着居民收入水平提升和人口老龄化进程加快，人民群众的健康需求将带动生物产业快速发展，未来5~10年是我国生物产业发展的"黄金十年"[2]。预计"十三五"时期，我国生物产业仍将保持18%左右的增速水平，到2020年销售收入达到10万亿元左右。

8. 文化产业

文化产业是指为社会公众提供文化产品和文化相关产品的生产活动的集合，包括文化服务业和文化制造业[3]。近年来，我国文化产业发展势头迅猛，文化产业增加值年均增速在15%以上，其中2010—2014年全国电影票房收入年均增长30%以上，以互联网广告、网络游戏和手机出版为主要内容的数字出版在2006—2012年间实现营业收入年均复合增长率44.46%[4]。2013年我国文化产业增加值约2.1万亿元。[5]未来一段时期，随着消费结构升级加快、公共文化体系不断完善、文化体制改革深入推进，特别是适应互联网时代的数字出版、数字音乐、文化创意和设计服务等迅猛发展，文化产业将快速发展。预计"十三五"时期，文化产业增加值年均增速将保持12%~15%，到2020年增加值约5.5万亿元，文化产业总规模在11万亿~16万亿元。

9. 旅游业

旅游业是指为旅游消费者提供相关产品的行业，除包括旅行社业、景区点

---

[1] 根据2012—2014年《中国高技术统计年鉴》和中国生物产业协会提供的数据计算，预计2015年我国生物产业产值规模达4.5万亿元。

[2] 王昌林. 生物产业：最具可能的新兴支柱产业[J]. 中国投资，2009（9）：47—51.

[3] 根据国家统计局2012年关于文化及相关产业分类标准，文化产业包括文化产品的生产、文化相关产品的生产两大类，前者包括的具体行业有：新闻出版发行服务、广播电视电影服务、文化艺术服务、文化信息传输服务、文化创意和设计服务、文化休闲娱乐服务、工艺美术品的生产；后者包括：文化产品生产的辅助生产、文化用品的制造、文化专用设备的生产。2011年开始，国家统计局专门发布我国文化产业的统计数据。在此之前，《中国统计年鉴》最直接反映文化产业的行业为教育、文化艺术及广播电影电视业，2004年国民经济行业分类调整后，为教育与文化体育和娱乐业分别设立，文化、体育和娱乐业为反映文化产业最直接的行业。由于文化产业的专门统计包括了文化用品的制造，故规模比教育文化艺术及广播电影电视业、文化体育和娱乐业来的大得多。

[4] 中国出版协会. 2014年度中国出版业发展报告[R]. 2015－02－12.

[5] 1991—2003年，教育、文化艺术及广播电影电视业年均增速为10.2%。2004—2012年，文化、体育和娱乐业现价年均增速为16.1%。2005—2011年，我国文化及相关产业法人单位增加值现价年均增速为23%，法人单位增加值占GDP的比重由2004年的1.94%提高到2011年的2.85%、2013年的3.63%。其中，文化服务业（含文化批发零售业）占文化产业增加值的比重约60%，文化制造业约占40%。

业（游览业）、酒店业等基本产业类型外，还包括直接为旅游消费者提供相关产品的旅游交通、餐饮、休闲娱乐、旅游购物等行业[1]。旅游是人民生活水平提高的重要指标，旅游休闲消费是居民消费结构升级的重要方向。改革开放以来，我国旅游业发展迅速，国内旅游和入境旅游人数 1984—2014 年间分别增长了 17 倍和 9 倍，2014 年我国旅游总收入为 3.25 万亿元，相当于社会消费品零售总额的 11.8%。随着人民生活水平不断提高、带薪休假制度的深入推进，以及交通、民航、金融、信息化和移动互联等与旅游业联系紧密的相关产业不断发展，旅游业发展潜力将持续释放。预计"十三五"时期，旅游业将保持年均 10% ~15% 的增长水平，到 2020 年，旅游总收入在 7 万亿~8 万亿元，其中国内旅游收入达到 6 万亿元左右，国际旅游外汇收入 850 亿~1000 亿美元。[2]

（三）甄别结果

按照前述四项标准对所列备选清单行业进行甄别，依据"十三五"末期可能达到的产值规模大小进行排序，其中：健康产业涵盖生物医药和医疗器械产业、健康服务业等，产值规模在 14 万亿 ~16 万亿元；文化产业收入规模在 11 万亿~16 万亿元；节能环保产业与新能源产业合并归类计算，产值规模在 12 万亿 ~14 万亿元；新一代信息技术产业包括物联网、云计算、移动互联网和大数据等细分行业，产值规模在 11 万亿 ~14 万亿元；高端装备制造业包括航空航天器及设备制造业、轨道交通装备制造业、海洋工程装备制造和海洋工程建筑业、智能制造业等，产值规模在 8 万亿 ~10 万亿元；旅游行业总收入规模在 7 万亿 ~8 万亿元。对主要备选行业 2014 年规模、"十二五"时期增速与"十三五"末期规模估算情况见表 3。海洋新兴产业各细分领域分别合并到高端装备制造、新能源、旅游、健康等产业中[3]，生物产业归并到健康产业中，均不再单列。按照四项标准甄别"十三五"时期产业新增长点见图 6，"十三五"末期产业新增长点主要行业领域发展潜力排序见图 7。此外，还有一些新增长点

---

[1] 目前，尚未有对旅游业的统一门类划分，在《国民经济行业分类》（GB/T 4754—2002）中，旅游业包括：住宿业（代码 66）下的旅游饭店（代码 6610）、商务服务业（代码 74）下的旅行社（代码 7480），景区点业（游览业）分散在环境管理业（代码 80）、公共设施管理业（代码 81）、文化艺术业（代码 90）中，旅游交通属于铁路运输业（代码 51）、道路运输业（代码 52）、城市公交业（代码 53）、水上运输业（代码 54）、航空运输业（代码 55）的一部分，旅游购物业属于零售业（代码 65）的一部分，餐饮业（代码 67）、娱乐业（代码 92）是独立设置的国民经济行业分类。

[2] 根据国家旅游局、中国旅游旅游研究院相关研究，预计到 2020 年，我国城乡居民年人均出游 4.5 次以上，年度旅游投资总额超过 2 万亿元，旅游就业占全部就业的比重超过 13.3%，旅游业发展消除贫困人口超过 1508 万人，旅游装备制造业产值将达 1.6 万亿元。

[3] 具体如：海洋工程装备制造和海洋工程建筑业归并到③高端装备制造业，海洋电力归并到④节能环保与新能源产业，海洋生物医药归并到②健康产业，滨海旅游业归并到⑥旅游业，等等。

由于技术进步、商业模式创新和市场管制放松,"十三五"时期可能快速发展,对经济社会发展产生重要影响,如图7中形似于"长尾"的新型金融服务、新材料、教育培训、现代物流、绿色农业等,虽其产值规模尚未达到支柱产业的标准,但也具有较大增长潜力,值得关注。

表3 主要备选行业2014年规模、"十二五"时期增速与"十三五"末期规模估算

备选清单	2014年产业规模	"十二五"时期增速估算	"十三五"时期增速预测	"十三五"末期产业规模预测
信息	14万亿元。其中,物联网、云计算、移动互联网、大数据等新一代信息技术产业约4.9万亿元	16%。其中,物联网、云计算、大数据20%~30%,移动互联网80%~90%	10%~15%。其中,新一代信息技术产业15%~20%	24万亿~28万亿元。其中,新一代信息技术产业11万亿~14万亿元
健康	6.6万亿元。其中,规模以上医药工业2.5万亿元,医疗器械4500亿元,卫生总费用3.5万亿元,商业健康保险1587亿元	医药工业16%,医疗器械19%,卫生费用16%,商业健康保险约30%	20%以上	14万亿~16万亿元。其中,医药和医疗器械6万亿~8万亿元,健康服务业约8万亿元
装备	规模以上企业主营业务收入约30万亿元。其中,高端装备约2.6万亿元(航空航天器及设备3400亿元,轨道交通装备5000亿元,海洋工程装备1700亿元,海洋工程建筑8000亿元,智能制造8000亿元)	约12%。其中,高端装备约25%(航空航天器及设备、轨道交通装备、海洋工程装备、海洋工程建筑、智能制造分别超过20%、30%、12%、9%、25%)	约8%。其中,高端装备约20%(航空航天制造、轨道交通装备制造、海洋工程装备制造、海洋工程建筑、智能制造装备增速分别为15%、20%、10%、7%、30%)	45万亿元。其中,高端装备8万亿~10万亿元
新能源	约1万亿元。其中,风电设备制造销售产值约800亿元,光伏发电设备约400亿元。新能源汽车销售产值约200亿元	约15%。其中,风电设备约6%,光伏发电设备约55%	约25%	约3.8万亿元

续表

备选清单	2014 年产业规模	"十二五"时期增速估算	"十三五"时期增速预测	"十三五"末期产业规模预测
节能环保	约 3.8 万亿元。其中，节能产业 8000 万元以上，环保产业 2 万亿元，资源循环利用产业 1 万亿元	约 20%。其中，节能产业 20% 以上，环保产业 15%～20%，资源循环利用 15%	15%～20%	8.5 万亿～10 万亿元。其中，节能产业 2 万亿～2.5 万亿，环保产业 4 万亿～5 万亿元，资源循环利用产业约 2.5 万亿元
海洋	增加值 3.56 万亿元。其中，海洋生物医药、海洋电力、海洋工程建筑、海洋化工、海洋利用、海洋旅游等 6 个细分海洋新兴行业增加值约 1.23 万亿元	增加值增速约 11.7%。其中，上述 6 个细分行业增加值增速约 18%	约 18%	海洋新兴产业增加值约 3.6 万亿元
生物	约 3.8 万亿元。其中，生物医药及医疗器械行业约占 90%，生物制造占 8%～9%，生物农业销售产值近千亿元	约 20%	约 18%	约 10 万亿元
文化	2013 年增加值约 2.1 万亿元。	约 15%	12%～15%	增加值约 5.5 万亿元，产值总规模 11 万亿～16 万亿元
旅游	总收入 3.25 万亿元	约 18%	10%～15%	7 万亿～8 万亿元。其中，国内旅游收入约 6 万亿元，国际旅游外汇收入 850 亿～1000 亿美元

说明：2014 年及"十二五"以来行业产值规模和增速数据来自于中国统计年鉴、相关产业统计年鉴和统计公报、相关行业协会数据等。"十三五"时期增速和 2020 年行业产值规模，是在参考"十二五"时期产业增速水平、相关产业发展规划目标以及发达国家产业发展情况的基础上，主要根据代表性企业、行业协会及专家访谈所提供等数据测算所得。

甄别标准 / 备选清单行业	标准① 增速和规模标准	标准② 影响力标准	标准③ 3.1供给条件变化标准	3.2需求条件变化标准	标准④ 动态比较优势标准	甄别结果
信息产业	信息产业于2005年已经成为国民经济支柱产业,不是"十三五"时期的新增长点					
新一代信息技术产业						
健康产业						
装备制造产业	装备制造产业于2000年后已经成为国民经济的高增长行业,2013年收入规模近30万亿元,是国民经济的支柱产业,不是新增长点					
高端装备制造业						
新能源产业						
节能环保产业						
海洋产业	2014年海洋产业生产总值占GDP比重达到9.4%,是国民经济支柱产业,不是新增长点					
海洋新兴产业						
生物产业						
文化产业						
旅游产业						

图6　按照四项标准甄别"十三五"时期产业新增长点

　　说明:课题组请相关领域专家、政府主管部门相关工作人员等,对备选清单排序靠前的信息、健康、装备制造、新能源、节能环保、海洋、生物、文化、旅游等9个行业,按照四项甄别标准、每个标准5分制进行打分。剔除信息、装备制造、海洋产业的传统产业领域部分等不属于"十三五"时期产业新增长点范畴后,对新一代信息技术、健康、高端装备制造、新能源、节能环保、海洋新兴、生物、文化、旅游等行业按照各项甄别标准的分值高低绘制雷达图。将雷达图面积明显小于其他新增长点行业领域的新能源与节能环保产业合并;将生物产业中的生物医药、医疗器械行业与健康产业合并同类项;将海洋新兴产业中的海工装备制造和海洋工程建筑业归并至高端装备制造业、海洋电力归并到节能环保与新能源产业、海洋生物医药归并到健康产业、滨海旅游业归并到旅游业等。得出结论:"十三五"时期最具基础和条件发展壮大成为新兴支柱产业的领域分别是新一代信息技术、健康、高端装备制造、节能环保与新能源、文化、旅游等6大行业。

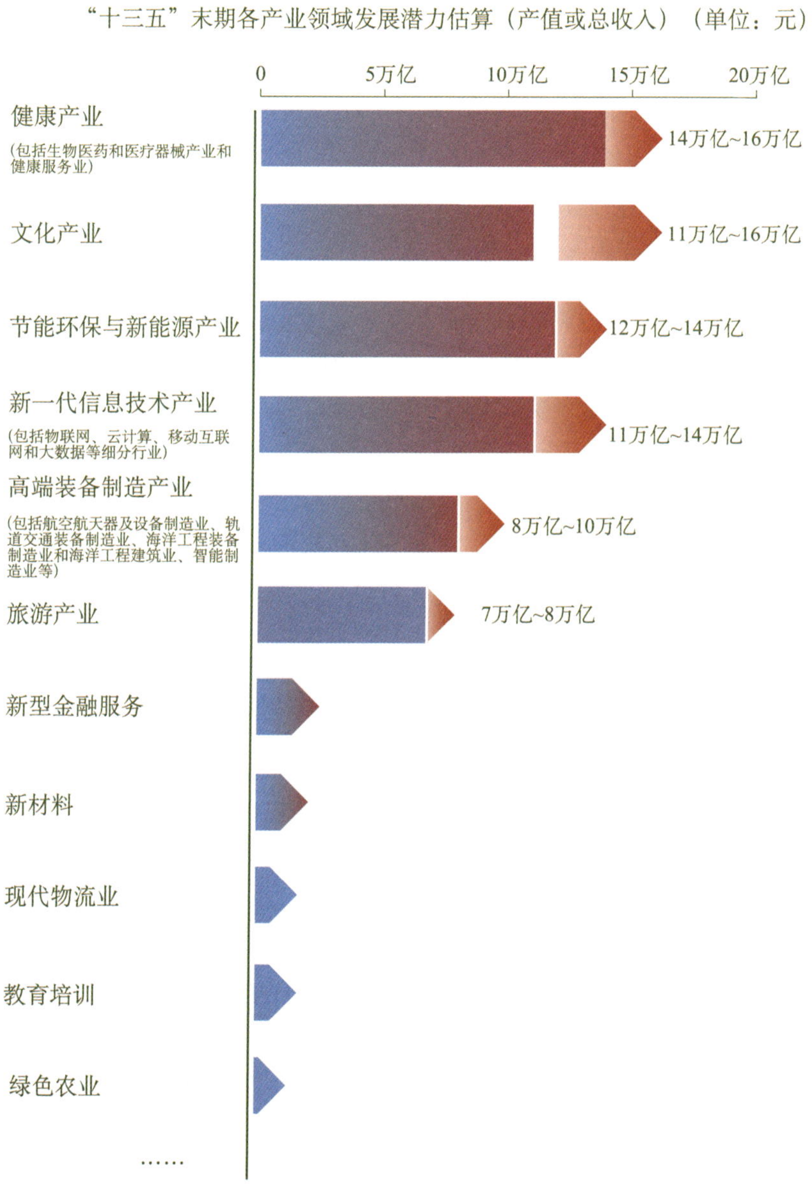

"十三五"末期各产业领域发展潜力估算（产值或总收入）（单位：元）

| | 0 | 5万亿 | 10万亿 | 15万亿 | 20万亿 |

健康产业
(包括生物医药和医疗器械产业和健康服务业)
14万亿~16万亿

文化产业
11万亿~16万亿

节能环保与新能源产业
12万亿~14万亿

新一代信息技术产业
(包括物联网、云计算、移动互联网和大数据等细分行业)
11万亿~14万亿

高端装备制造产业
(包括航空航天器及设备制造业、轨道交通装备制造业、海洋工程装备制造业和海洋工程建筑业、智能制造业等)
8万亿~10万亿

旅游产业
7万亿~8万亿

新型金融服务

新材料

现代物流业

教育培训

绿色农业

......

图7 "十三五"末期产业新增长点主要行业领域发展潜力排序

初步估算，健康、文化、节能环保与新能源、新一代信息技术、高端装备制造、旅游业等6大行业2014年底产值规模约30万亿元，产业增加值约9万亿元，占同期GDP的比重约14%；预计到2020年，潜在产值规模达60万亿~80万亿元，潜在产业增加值在18万亿~24万亿元，占同期GDP的比重18%~

25%[1]，对"十三五"时期经济增长名义贡献率达 32%~45%，将成为"十三五"时期稳增长的重要力量。

三、"十三五"时期发展壮大产业新增长点面临的主要挑战、问题和制约

（一）面临十分严峻的宏观经济形势和日益激烈的国际竞争

新兴产业与传统制造业、服务业有着千丝万缕的联系，受近中期宏观经济形势影响，其发展壮大面临更多不确定性。课题组与行业专家就"十三五"时期产业新增长点主要领域增速预判进行了深入交流。据信息技术领域专家估算，"十三五"时期，受外需下滑、内需放缓、外资企业外溢、中美经贸科技合作关系不确定性增强等因素影响，初步计算，信息设备与产品制造业的增速将由"十二五"时期的 13% 回落至 10% 左右，软件及信息服务业的增速由 25% 左右降至 10%~15% 的水平。电子材料、建筑材料、节能环保、机器人及智能制造等行业或是基于传统有色、化工、钢铁、建筑等产业的延伸，或其下游企业属于装备制造、化工等传统工业领域，受经济形势不好冲击较重。据材料协会专家预测，"十三五"时期新材料产业增速将由"十二五"时期的 25% 左右回落至 15%~20%。部分机器人、智能制造领域的企业反映，2015 年以来有签约意向的客户数量虽然增多，但是成交率却很低，主要原因就是这些客户多属于家电、汽车、家具用品等行业，正处于不景气时期，难以承担生产和物流自动化系统的新增投入成本。中国节能投资公司的负责人反映，一项钢厂的脱硫节能项目，原本节能减排效果、投资回报预期都很好，但由于客户连续两年严重亏损，导致该项目预期每年上亿元的收益全部成为应收账款。这些情况都将影响"十三五"时期产业新增长点相关行业发展壮大，初步预计未来 5 年各行业增速较"十二五"时期相比将普遍回落。

另一方面，新兴产业发展也面临来自主要发达国家和周边国家或地区同行企业越来越激烈的竞争。以光伏产业为例，前期国际"反补贴、反倾销"影响余波未消，整个行业远未走出困境，历史财务数据严重亏损，各种负面新闻持续打击下企业融资难、负担重，客户源持续流失。机器人及智能制造行业也开始面临来自德国、日本等国家同行企业越来越激烈的竞争。目前，ABB 集团、

---

[1] 按产业增加值率 30% 估算，上述 6 大行业 2020 年的潜在产业增加值约为 18 万亿~24 万亿元。2014 年我国 GDP 总量为 63.65 万亿元，以 2014 年为基期，按"十三五"时期 GDP 平均增速 6.5% 估算，则 2020 年我国 GDP 约为 95.8 万亿元。

松下、西门子等也纷纷瞄准中低端机器人、智能制造产品市场，针对"中国制造"的产品发起攻势。例如，一台国产纺织专用机器人设备售价 10 万元，国际知名企业同类产品售价仅 12 万元，以品牌和性价比优势挤压中国企业。此外，由于近年来我国传统比较优势逐年削弱，东部沿海地区甚至中西部地区在承接海外产业转移过程中都面临来自于周边国家和地区越来越激烈的竞争。课题组从佛山、东莞、珠海、苏州等地区了解到，进入"十二五"以来，囿于招工难、用工贵、地价高、前期优惠政策到期等因素，不仅新开展的海外招商引资工作困难重重，甚至原驻跨国公司也呈现投资缩减、新增产能外溢等态势。例如，三星公司新一轮投资扩张计划全面转向越南，近两年内陆续在越南北部省份投资达 25 亿美元，仅在越南太原省就投资 20 亿美元，建厂生产智能手机、相机和平板电脑。

（二）技术、人才、资金等要素支撑不足

产业新增长点有关领域技术保障能力不足主要表现在两个方面：一是部分制造领域长期存在关键核心技术缺失的问题。物联网产业，国内市场约 60% 传感器、80% 传感器芯片、100% 微机电系统芯片依靠进口。云计算产业，我国在虚拟化等私有云关键技术上与国际先进水平还存在较大差距，不利于企业级云计算解决方案产业化，致使美国企业私有云产品在我国市场占有率高达 70%。二是存在技术经济性不高的问题。例如，目前纯电动汽车的购置成本远高于同档次的燃油汽车，且使用不便利。又如，虽然近年来光伏发电和风电的成本大幅下降，但仍高于火电成本。节能产品、节能服务的推广也遭遇了"要么政府补贴、要么环保人士买单"的尴尬局面，消费者购买节能产品严重依赖政府补贴，企业应用节能减排及环保设备，更多的是受制度所迫而不得已为之的行为，单纯算经济账则得不偿失。

由于新兴产业领域对人才的需求往往是新学科领域或涉及多学科交叉范围，而国内教育资源和专业设置普遍滞后于产业发展的实际需求。例如，尽管我国工程专业大学毕业生每年近 50 万人，芯片设计企业仍不得不从我国台湾以及韩国、日本等挖掘专业技术人才。专业人才匮乏情况在新兴服务行业也十分突出。例如，文化产业缺少大量领军人才、创意人才，制约了文化产业发展。如文化创意产业从业人员占总就业人口的比例，北京市不过千分之一，而纽约为 12%，伦敦为 14%，东京高达 15%。其中，会展业、网络游戏业、动画制作业、版权业等新兴领域专业人才十分缺乏的问题更为突出。以版权业为例，我国 500 多家出版社、200 多家电子音像出版社、9000 多家杂志社、2000 多家报

社、数百万网站和其他版权相关产业,目前版权代理机构仅 30 家左右[1],主要原因即新兴行业专业人员缺乏。

资金保障方面,传统大型商业银行在放贷受理过程中首要遵循资金安全性原则,处于成长初期的各类新兴行业由于信息不对称、潜在风险高等原因而很难获得贷款支持;而文化、旅游等服务行业往往轻资产、无形化、知识化特点较为明显,因为缺乏金融机构认可的抵押担保品和稳定的现金流,也很难获得灵活及时、针对性强的金融服务。股权融资方面,由于缺乏融贷双方共同认可、公开、专业、高效的资产评估机制,处于发展初期、资金缺口大、增长潜力较好的企业经常陷入股权价值被过分低估、企业家宁愿抵押私有财产也不愿意低价出让股权的局面。现有中小板、创业板准入门槛高,对企业持续盈利、净利润、净资产等都有较高要求,从而堵塞了那些主业突出、有一定现金流量规模、但连续投入较高的新兴领域企业上市通道。例如集成电路制造企业,通常资金投入大、盈利周期长、受行业周期波动影响明显,该类企业在建设新生产线时往往是其最需要资金的阶段,但由于价值数十亿元的固定资产加速折旧会造成连续数年亏损,导致其无法通过上市进行融资。近年来,尽管北京、上海、广东等发达地区踊跃开展知识产权质押融资、设立新兴产业创业投资基金、政府牵头实施创业者支持计划等,但由于资金来源单一、信用体系不健全、后期利益分享约定不清、履行不严等原因,操作过程中暴露出重重问题,难以推广复制至全国。

(三)需求潜力有待进一步释放

市场需求是拉动产业新增长点发展壮大的重要力量。前述甄别的"十三五"产业新增长点尽管都蕴藏着巨大的需求潜力,但潜在需求转化为现实需求进而推动新兴产业发展壮大,仍面临诸多问题和制约:一是现有政府采购政策落实不到位。现有政府采购目录、采购模式、招投标流程等规定严重滞后于新兴产业、新型服务的发展。同时,多方因素导致的补贴不到位、拖欠采购款现象频现。以光伏产业为例,据国内 15 家光伏电站营运商企业反映,截至 2015 年 4 月,国家光伏补贴拖欠额度已经超过 100 亿元。二是商业模式创新严重滞后于国际龙头企业。从国内新一代信息技术、节能环保、新能源、文化、旅游等近年来已形成稳定客户群规模的新型商业模式看,以跟随型的、改善性的商业模式创新为主,具有原创性、体现行业龙头企业前瞻性战略部署、有利于拉动消费的商业模式创新较少。究其原因,有国内企业拘泥于传统盈利模式,仅

---

[1] 毛俊玉. 弥补文创人才缺口还需做什么 [N]. 中国文化报,2014-02-22.

擅长"卖硬件产品"而不擅长"卖服务、推销软环境"等产业自身的原因,也有国内针对商业模式创新知识产权保护不完善、产业上下游配套服务以及产学研用金联动的产业生态体系不健全等制度和环境方面的制约。此外,与美国消费者追求简洁耐用、德国消费者崇尚精益求精、日韩消费者青睐时尚美观等情况不同,中国多数消费者受收入水平、文化理念、消费习惯等影响,是典型的价格敏感型客户;也有部分消费者更倾向于购买和消费国外高端产品和服务。这种消费市场结构不利于激励新增长点领域的企业关注创新、追求合适"性价比"的中高端产品和服务,甚至可能导致新兴产业重蹈传统产业走粗加工、低附加值发展路径的覆辙。

(四) 行业监管及相关法律法规建设滞后

现行行业监管体系及法律法规不适应产业新增长点发展主要表现在:一是产业新增长点及其与传统行业的跨界融合催生大量新业态、新产品和服务模式,挑战现有市场准入、定价、产品质量和安全监督等政府监管体系。例如,移动互联网技术渗透到传统汽车租赁、医疗、零售等领域,互联网打车、移动医疗、移动支付等新模式、新业态大量涌现,急需有关部门及时出台新的规章制度和管理办法,形成灵活反应、兼容与可持续的政策法律体系。养老服务业机构准入和职业人员认证体系不完善、后续监管不严格,导致养老服务机构信用缺失,庞大的潜在需求无法及时转化为现实需求。旅游行业主管部门惯性思维管理小产业、传统主体,致使一些新兴生产要素、新型经营主体游离于市场监管体系外,经营者各类不规范行为以及供需双方纠纷频频发生,损害旅游业形象,制约行业转型发展。二是现行不合理的监管方式严重制约了产业发展。在保健食品和药品领域,重审批、轻监管问题长期存在。以新药开发上市为例,每一例新药最终面向患者都要走过新药发现、动物实验、临床申请、临床试验、新药申请、医保目录等复杂的过程,目前我国新药每次审批需要 1 年以上,仅是新药开发审批环节就需要 5~6 年,而美国药监局规定新药每次审批一般不能超过 3 个月,否则可视作同意。

此外,许多产业新增长点领域存在市场开放不够、地方保护主义较强、行业标准和产品服务质量监管滞后等问题。医药制造、医疗及健康服务、文化、能源运营、航空航天相关行业市场开放不够,市场化进程偏缓。例如,健康产业领域对社会资本和外资开放仍面临许多间接、隐蔽的市场壁垒,形形色色的"弹簧门"、"玻璃门"屡见不鲜。在新能源发电、医疗器械、药品招标等很多领域还存在比较严重的地方保护主义。例如,部分地方政府将建设风电场和在本地建设风电设备制造厂以及采购本地设备捆绑在一起。还有部分医药企业反映，尽管很多省份都实行药品阳光采购办法，但其中很多都带有阻碍外地区药企产品销售的条款，并通过向医院等采购方实施压力的办法，阻碍外地制药企业、医疗器械企业的产品进入本地市场。其他如机器人和智能制造、轨道交通装备制造、新能源研发运营、节能环保、新能源汽车等领域，主要面临行业标准体系建设滞后、相关法律法规不健全、行业质量和服务监管缺失或落后、行业准入管理规则不适应新业态等各种制约。

四、"十三五"时期培育壮大产业新增长点的思路与对策

（一）重点突破，目标明确，以新思路、新模式发展壮大产业新增长点

2020年是我国经济社会发展的一个重要时间窗口，也是全球新科技革命和产业变革的一个重要时间节点。到2020年，上述产业新增长点能否成长壮大为国民经济的新兴支柱产业，能否缩小与发达国家的差距，直接关系到我国新旧增长动力转换，关系到全面建成小康社会，关系到我国在新一轮科技革命和国际分工格局调整中抢占有利位势。基于上述认识，与"十二五"时期相比，"十三五"培育新增长点的形势更加紧迫、更加严峻，必须以"加快将产业新增长点培育成为经济社会发展新动力"为核心目标，准确把握影响产业新增长点的供需条件变化趋势，深入分析各领域产业特征和发展规律，聚焦主攻方向，加快发展壮大若干产值规模在"10万亿元级"以上的新兴支柱产业。密切关注新材料、现代物流、教育培训以及"互联网＋"延伸的各类新业态，着力创造有利于新兴产业发展的良好生态环境，鼓励创新创业，促使创新型新兴企业不断涌现，形成一批具有国际竞争力的大企业和产业集群。具体围绕以下三个方面积极开展研究和部署。

1. 深化对产业新增长点发展规律的认识

一是要深入分析当前及未来一段时期与产业发展息息相关的供需条件变化情况和趋势。新增长点涌现更迭、产业结构变迁交替与技术、资金、人力资源、需求等要素条件变化息息相关。按照前述供给、需求以及面向重大问题应用等三维度影响因素分析视角，尽管不能精确描述"十三五"时期产业新增长点究竟是什么，但是可以剔除那些不符合产业发展供需条件变化趋势的领域，例如劳动力密集型、资源能源消耗型行业等，也可以尽量准确地刻画未来5年最有可能成为产业新增长点的领域范围。二是要辨明不同领域新增长点独特的产业

特征和发展规律。产业新增长点范围既涉及制造业也涉及服务业、农业，既包括不断转型升级中的传统产业，也包括大量新业态、跨界融合领域。这些行业孕育发展有其共性的规律，也有各自鲜明的产业特征。只有逐一分析每个新增长点的技术路径以及资金、人才、需求环境、体制机制等诉求，才能确保对策措施不"一刀切"、"张冠李戴"，及时解决产业发展中真正迫在眉睫的问题。三是要分清产业新增长点所处的发展阶段。按照产业生命周期理论，属于新增长点的各类行业基本都处于发展初期阶段。值得注意的是，有的新增长点在其他国家和地区已经处于成长壮大甚至趋于成熟稳定的发展阶段，有的则处于同一起跑线上；此外，不同行业孕育成长所需要的周期长短也不尽相同，有的还须耐心培育、不可急于求成，有的则"万事俱备、只欠东风"。孕育成长期的不同阶段对资金、技术、人力资源、市场、制度环境等条件的倚重程度有较大差异，要按不同情况区分对待。

2. 明确"十三五"乃至未来 10 年产业新增长点的发展愿景与目标

以"加快将产业新增长点培育成为经济社会发展新动力"为核心目标，到 2020 年，健康、文化、节能环保与新能源、新一代信息技术、高端装备制造、旅游等产业产值规模达到 60 万亿~80 万亿元，增加值占 GDP 比重达到 20% 以上，成长为支撑经济增长的重要力量。其中，文化和旅游产业收入规模突破 20 万亿元，健康产业突破 15 万亿元，新一代信息技术产业达到 14 万亿元，节能与新能源产业 14 万亿元，高端装备制造产业 10 万亿元。在知识产权、产业准入管理、产品和服务质量监管、科技成果产业化、人才流动、投融资环境等方面基本建成有利于创新型中小微企业不断涌现的制度环境，形成有利于弘扬企业家精神、鼓励创新容忍失败、激励"大众创新、万众创业"的良好生态环境。新增长点有关领域成长壮大一批具有国际影响力和知名品牌的领军型大企业和产业集群。产业创新能力大幅提升，突破并掌握一批关键核心技术，新一代信息技术、生物、高端装备制造等产业国际专利数量占全球的比重提高到 20% 以上，信息服务、健康服务、节能与新能源、文化、旅游等行业涌现一批原创的新型商业模式。此外，国家和地方政府在研究制订"十三五"时期产业新增长点有关产业发展战略和规划的过程中，在设定发展目标时，除充分考虑上述反映产业规模和增速水平、龙头企业和产业集群发展情况以及产业环境营造方面的各类指标之外，也要研究设立一些非规模导向类和反映新增长点产业特征的指标，更加重视产业发展对就业、居民健康水平、经济社会可持续发展的贡献等。

"十三五"产业新增长点发展愿景与核心目标如图 8 所示。

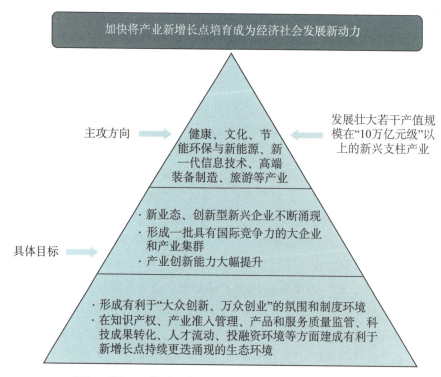

图8 "十三五"产业新增长点发展愿景与核心目标示意图

3. 着力促进重点领域突破发展

聚焦主攻方向,分类发展,集中资源加快发展壮大一批新兴支柱产业。例如,新一代信息技术产业,要抓住当前信息经济迅猛发展的契机,以"互联网+"行动为重大抓手,实施"宽带中国"战略,构建泛在、普惠的信息网络,推进大数据广泛深度应用,持续推动商业模式创新,加快掌握一批核心技术,强化信息安全保障,加速集成电路、移动互联网、云计算、物联网、人工智能、电子商务等行业发展壮大。健康产业,要面向当前我国健康需求快速增长的机遇,以基因技术创新和应用为引领,着力推动重大新药和疫苗创制,促进医疗器械高端化发展,加快移动医疗、合同研究等新业态发展。大幅增加对医疗养老等公共服务产品的投资,积极发展健康养老服务业。加快生物育种规模化发展,提升生物制造的技术经济性。节能环保与新能源产业,要着眼建设美丽中国,以低碳、绿色技术创新和应用为重点,全面推进能源节约,深入推进主要污染物减排,构建循环型产业体系,加快发展壮大节能环保产业。加强电池、电机、电控关键技术研发,积极推进新能源汽车的普及应用。推动能源生产和消费革命,提高核电、风电、光伏等新能源消费在能源消费中的比重。高端装备产业,加快落实《中国制造2025》,把握制造业智能化、绿色化、服务化发展趋势，加快增材制造、智能制造等行业发展壮大，加快发展新一代航空装备，推进遥感、通信、导航等卫星应用，构建新一代材料产业体系，推动高铁"走出去"，全面提升海洋工程装备产业国际竞争力。

4. 厘清发现培育新增长点过程中政府和市场的职能边界

发达国家产业新增长点孕育发展和各国产业政策的实践反复证明，市场能够"做主"的环节、企业能够选择的事情应尽可能减少政府意志和政策干预。当前，很多产业新增长点仍处于孕育待发的阶段，可能触及现有部分行业准入规定的"条条框框"，也可能挑战现有产业分工格局中利益既得者的优势地位，还可能对现有产业、政策扶持手段和监管制度带来颠覆性的影响。在诸多"未知因素"面前，相关决策部门既不能墨守成规、以传统监管思路对待新事物新服务，也不能一味跟风、完全照搬美国的"智慧地球"或德国的"工业4.0"战略，认为"新的就是好的"或者"新的就是超越传统的"。要在全面洞悉、深刻认识产业新增长点发展规律和趋势的基础上，切实落实"创新要实、市场要活、政策要宽"的要求，坚持企业为产业新增长点发展和创新的引擎，除极特殊领域之外，要使企业成为产业发展的主体。重点领域重大关键技术攻关要由大型企业牵头技术研发、开发、产业化、市场拓展等，避免政府或科研院所牵头搞技术攻关和产业化。在大众创业、万众创新的浪潮中最大限度激发中小企业发展活力，孕育发展一批专精特新的专业化企业。加快政府职能转变，顺应产业政策取向由选择性产业政策向竞争性、普惠性产业政策转型的趋势，政策重点集中在及时全面掌握新增长点成长壮大过程中遇到的各类"市场失灵"，有的放矢地解决用人、融资、技术供应、体制机制环境等方面的问题，加快构建灵活多样的评估考核和动态调整机制。

（二）直面问题，对症下药，强化支撑产业新增长点的政策扶持体系

"十二五"期间，国家及地方政府围绕促进企业自主创新、市场培育、国际合作及"走出去"、人才培养等，出台了大量扶持政策，但实际执行情况却不尽如人意。究其原因，一是虽然政策意图明确，但是缺乏进一步落实落地的配套方案；二是政策方向、方式和扶持额度都有详细说明，但是缺乏财力保障，难以到位。为此，"十三五"时期要切实根据产业发展中遇到的问题和制约，"一事一议"、"该落实的落实，该调整的调整"，避免频繁出政策、发"空文"，针对具体问题采取有针对性的对策措施，从技术攻关与技术路线选择、资金扶持和金融制度建设、人才培养与流动体制完善等方面强化新增长点的政策扶持体系。

1. 加大创新政策扶持

面向产业新增长点相关领域核心技术缺失、新产品和服务的技术经济性不高等问题，"十三五"时期要围绕加大重点领域关键技术扶持、建立产业创新网络、强化标准建设和知识产权保护等方面积极开展部署。要及时把握新科技革命和产业变革的前沿和趋势，在新一代信息技术、生物医药与医疗器械、航空航天设备制造、轨道交通装备制造、海洋工程装备制造、机器人及智能制造和环保与新能源装备制造等领域，组建一批国家级创新中心，集中一批多领域、跨学科的科学家和技术专家，形成高度集成、协同创新的研究团队，下决心从基础研究做起，打"持久战"，着力加强原始创新和集成创新，努力取得一批具有世界原创性的科研成果。充分借鉴美国制造业创新网络（National Network of Manufacturing Innovation，NNMI）、英国构建弹射中心（Catapult Center）、欧洲企业和创新中心网络（European Business & Innovation Center Network，EBN）等模式，支持企业、科研机构和高校联合建立一批产业创新联盟。支持建设一批众创空间和众创基地，建设创业创新公共服务平台。在部分有较好技术储备和一定国际影响力的产业新增长点领域，要积极参与甚至主动引导国际技术标准制定，鼓励企业加强知识产权前瞻性、战略性布局，在实现能够以较低知识产权许可成本进入国际市场的基础上，形成一批通过知识产权获得收益的企业；在移动互联网、大数据、中医药、机器人和智能制造、节能与新能源等领域，要加快建立完善技术、产品安全和质量标准体系。

2. 持续完善财税金融政策

切实解决产业新增长点发展初期资金缺乏、投资风险大的问题，进一步加大对新一代信息技术、生物、智能制造、节能环保、新能源等领域的财政资金研发投入力度，切实落实对企业研发投入费用税前加计扣除的政策，激励企业增加研发投入。扩大研发费用适用范围，将产品二次开发、研发设备和仪器维护改装、临时外聘研发人员薪酬、研发相关的专家咨询费用、研发人员加班费和相关社保费用等合理、合规的研发支出纳入可抵扣范畴。按照"先申报、后稽查"的原则，简化中小企业减税流程。以产业新增长点领域为试点，率先实施技术开发准备金等新的创新支持政策，明确准备金的相关管理规范，完善间接研发风险补偿体系。研究建立环境保护税和碳税方案，增加可再生能源市场竞争力。继续加大国家新兴产业创投计划对新一代信息技术、生物和健康、高端装备制造、节能环保、新能源、文化创意等领域的支持力度，推动设立一批天使投资和风险投资机构。允许商业银行直接投资产业新增长点领域的潜力型企业，针对产业新增长点领域的金融贷款给予商业银行相应的税收减免或税前列支优惠等政策，完善知识产权的评估作价机制，对商业银行跟贷补贴财政项目发生贷款损失的情况下允许进行债转股等。大力发展政府支持的担保机构，改进征信和信息服务。围绕产业新增长点关键环节设立一批产业发展基金，降低社会资本准入门槛，充分吸纳各类社会资本。对于由财政出资的创业投资和风险投资，取消国有资产保值增值等业绩考核任务和指标。推进新股发行向注册制过渡，简化股票和债券市场融资程序，建立健全支持创新的金融体系。

3. 夯实支撑产业新增长点发展壮大的人才基础

针对产业新增长点发展中暴露出来的专业人才供给不足、人力资源供需结构性失衡等问题，应着力从加大专业人才培养力度、鼓励校企合作、积极引进海外优秀人才、促进人才产学研双向流动等几方面开展工作。鼓励高校教育机构加强新一代信息技术、生物、航空航天、海洋工程、机器人与智能制造、节能与新能源等专业学科建设，支持有条件的高等院校有重点、有选择地开设新学科、新专业，加大教育投入和师资力量培养。促进高等院校人才培养密切对接企业发展需求，设立实训基地。加快推进部分普通本科高校向应用型高校转型，打造高水平专兼结合的"双师型"教师队伍，开展校企联合招生、联合培养的现代学徒制试点，拓展校企合作育人的途径和方式。加强对从业人员技能培训，大力发展职业教育。放宽移民和户籍管理条件，探索放松对产业新增长点领域具有专业背景和从业经验的外籍高端人才办理签证的管制，积极引进复合型、领军型优秀国际人才归国或来华工作。加快高等院校和科研院所"去行政化"改革，打破科研人才"双轨制"，改进专家教授薪酬和岗位管理制度，加快社保制度改革，完善科研人员在企业与事业单位之间流动时社保关系转移接续政策，鼓励人才在企业、科研院所间双向流动。

（三）以"需"促"产"，完善监管，确保高品质、多元化的需求和健康有序的市场成为拉动新增长点的不竭动力

需求是拉动产业发展、促进产业技术变革、推动新旧产业更新交替的重要动力。"十三五"产业新增长点具有巨大的市场需求潜力，如何释放消费潜力是培育壮大产业新增长点的关键。从实践看，不同阶段的产业新增长点之所以能够发展成为国民经济重要支柱产业，就在于其符合市场需求的基本方向。利用市场需求不断调整产业技术研发方向，成为许多国家发展新兴产业的成功经验。例如，美国凭借技术标准优势，以低廉的资费水平和便捷的服务供应迅速引导本国消费者从第二代移动通信时代过渡到第三代移动通信时代，促进移动通信产业迅速发展。近年来我国电子商务、旅游、文化等产业新增长点快速发展，也正是由于其满足了居民消费需求及消费结构升级方向；相反地，新能源汽车发展相对缓慢，根本原因在于电池技术不成熟和充电设施不完善限制了消

费需求。"十三五"时期培育发展产业新增长点,要持续强化市场需求导向,更加注重需求侧扶持政策,着力扩大消费,完善市场监管,鼓励打通生产与消费渠道的商业模式创新,有效启动巨大的国内消费市场,拉动新增长点快速发展。

1. 强化产业新增长点的需求激励政策

需求激励政策是指政府通过调整、优化、创造、管理社会需求的手段从需求的角度来引导和促进产业发展。与供给激励政策相比,需求激励政策更具创新激励作用,更有利于充分竞争,更符合国际贸易规则,且有利于促进经济社会环境协调发展[1],对当前促进产业新增长点发展具有直接而重要的作用。具体加强以下工作:一是落实和完善政府采购政策。政府采购创造的市场需求是国内需求的重要组成部分,培育产业新增长点的消费需求,要发挥政府采购的示范带动作用。要继续强化现有政府采购政策的落实和执行力度,进一步扩大政府采购范围,优先支持具有自主知识产权和品牌的国内产品,将健康、文化、旅游等服务消费纳入政府采购范围;尽快完善政府采购制度和法规,尤其是要加快研究和制定《政府采购协定》(GPA)下政府采购优先购买和必须购买国内产品的目录,对 GPA 目录下的战略性新兴产业产品或服务,应借鉴发达国家通行做法,优先购买本国产品。二是制定和实施产业新增长点消费示范工程和项目规划。在产业新增长点中,选择与居民消费需求最密切、有利于推动产业结构升级的产业,实施一批消费示范工程。例如,信息消费示范工程(重点支持宽带基础设施建设和移动通信终端应用)、新能源汽车消费示范工程(重点支持充电设施网络化建设和新能源汽车购置补贴)、文化旅游消费示范工程(重点落实带薪休假制度和旅游基础设施改造提升)等;还可以通过制定公共项目规划,比如在城市市区、大型社区、风景名胜区等交通环境敏感地区规划电动车、混合动力车占比,在公用设施、宾馆商厦、写字楼、居民小区规划采用高效节能建筑材料、太阳能辅助供电设施、节能办公设备和电器的比例等,促进新能源汽车、节能环保产业等产业新增长点的发展。三是加强产业推广宣传和国际营销。针对产业新增长点初期市场认同度低、品牌影响力小的特点,探索建立有效的宣传推广机制,提高新技术、新产品的市场认同度,引导和培育新的主流性消费,将重大的潜在需求有效转变为巨大的现实市场空间。结合中国高端装备"走出去"、扩大服务贸易出口,积极帮助企业开展国际营销,开拓国际消费市场。例如,通过友好城市、国际研讨会和推介会,加强对外宣传。充分利用驻外使馆、国外华商会、国际互联网络等网络资源,帮助企业获取商业信息和交易机会。通过项目互换、公共项目支援等形式,支持有竞争力

---

[1] 刘险峰. 战略性新兴产业发展中的需求激励政策研究 [J]. 中国财政,2011 (13).

的重点企业签订国际订单。

2. 创新和完善产业监管体系

在信息化快速发展的今天，技术创新孕育的产业新增长点层出不穷。许多新业态、新产业是依靠市场力量自发产生发展起来的，发展历史短，发展速度快。政府行业管理部门缺乏对新业态发展趋势的判断把握，也缺乏与之相适应的监管制度和政策体系，导致行业发展风险隐患较大。创新和完善产业监管体系显得尤为重要。一是加强跟踪调查，抓紧研究制定适应新业态的监管体系和配套政策。"十三五"时期要高度重视互联网经济的迅猛发展和广泛渗透，尽快建立健全互联网金融、互联网叫车服务、远程医疗、在线旅游等新兴领域监管体系，加快研究建立适应跨境电子商务的审查模式、监管模式和相应的税收政策；二是变准入监管为行业运行监管，改变现有不合理的监管规定。要以有利于产业健康发展和技术创新为宗旨，改变现有不合理的监管规定。例如，在医学检测领域，要放宽检测服务市场准入门槛，加快完善医学检测服务标准制定，注重医疗服务标准监管。借鉴美国等发达国家经验，将医学检测机构年审制度改为校验制度。[1]在旅游业领域，将现行的旅行社许可、外资、出境、边境、特种旅游、赴台旅游等资格审批以及保证金、星级评定等事权，绝大部分取消或下放至地方和行业协会执行，旅游主管部门将监管重点从准入监管转到行业运行监管，建立以游客满意为出发点和落脚点的旅游市场综合监管体系。

3. 鼓励商业模式创新

许多产业和企业的发展经验表明，从技术到产品再到产业，不仅依赖于技术的创新，也有赖于商业模式的创新。商业模式创新可能改变原有产业形态，催生新产业。商业模式创新对培育产业新增长点、促使部分企业成为行业领军企业起到关键性作用，例如，近年来节能服务产业的快速发展就离不开合同能源管理这一商业模式的引进。以商业模式创新促进产业新增长点发展，一是要明确政策介入企业商业模式创新的关键环节和重点领域。坚持以企业作为选择产业新增长点发展重点方向的主体，引导企业、行业协会共建市场动态数据库，加强对消费行为数据、产品供需情况等反映市场动态需求和发展前景数据的掌握和管理。建立企业商业模式创新绩效的考评机制，将反应商业模式创新情况的指标纳入研发投入、专利等反应技术创新绩效的指标体系中。二是利用资金投入和政府采购等政策工具引导企业创新商业模式。国家和地方对新兴产业的

---

［1］美国对第三方医学检测机构采用实验室空间质量评价制度（简称"空间质评"），每年由 FDA 出具标本，由实验室出具检测数据，从而校验实验室检测准度。目前，我国各地卫生主管部门对第三方医学检测机构年审制度不一致，如北京每年审核一次，上海、深圳等城市三至五年审核一次。我国应采取空间质评代替现有的年审制度，由国家或省级卫生主管部门出具标本，交予第三方医学检测机构测试。如第一次不合格，要求其整改；第二次不合格，给予停业警告；第三次不合格，吊销检测资质。

专项资金支持范围从技术、产品创新向商业模式创新扩展,重点鼓励有产业联盟、上下游企业及金融机构共同承担开发建设的创新类项目。明确将信息、节能、新能源、生物等重点领域的新型服务模式纳入国家、地方政府采购目录清单,加大政府采购对商业模式创新的支持力度。三是出台鼓励重点领域商业模式创新的专项政策和实施方案。充分借鉴美、日、欧等主要发达国家和经济体推进新能源、节能、信息服务等新兴领域商业模式创新的专项行动计划和实施方案的经验,陆续推出一批针对性和操作性强的商业模式创新专项政策和实施方案。四是增强对商业模式创新关键要素的支持。积极营造良好创业环境,有效降低创业成本,促进依托商业模式的创业创新活动。围绕人才、技术、资本等关键要素,培育和吸引更多的创新创业人才。鼓励技术引进、技术转让、技术服务和产学研合作,为商业模式创新提供技术支撑。完善资本市场制度建设,发挥风险投资发现和挖掘新型商业模式的市场选择作用。

(四)改革创新,制度保障,营造有利于新增长点持续涌现更迭的产业生态环境

前述甄别为"十三五"时期产业新增长点的各行业领域无一例外在过去一段时期内都已经奠定了比较好的产业基础,并显示出巨大的发展潜力。就这些行业而言,当前及未来一段时期发展壮大中遇到的很多问题往往来自于其所处的体制机制等大环境,既包括与行业息息相关的知识产权、科技成果转化、金融体系、反垄断与促进公平竞争、要素和商品定价、行业准入管理、要素跨境流动等综合性的体制机制问题,也包括移动互联网、云计算、生物医药、健康服务、航空航天设备制造、风电与光伏、节能环保、文化创意、旅游等不同行业领域发展中遭遇的特殊体制机制瓶颈。基于此,"十三五"时期国家和地方政府在辨识产业新增长点、培育壮大新支柱产业的过程中应更加理性、辩证地思考这一问题:一方面,甚至可以认为未来一段时期产业新增长点是什么并不重要,重要的是要加快营造有利于新增长点持续涌现更新的体制机制环境,坚持"筑巢引凤",相信"花香蝶自来";另一方面,也要围绕前述最具发展潜力和比较优势的产业新增长点,坚持问题导向,因业制宜地绘制分步破除相关体制机制障碍的产业改革路线图。

1. 营造有利于产业新增长点涌现更迭的良好"制度土壤"

一是要强化知识产权保护,全面维护新技术、新产品、新服务以及新兴商业模式发明者的经济权益。加大知识产权违法侵权打击力度,针对侵犯知识产权产品生产源头、产品集散较为集中的重点行业和地区,建立定期督查和信息通报机制。面向新业态、新商业模式以及服务产品快速涌现的现实需求,建立

针对新业态可知识产权范围和商业模式创新保护的快速反应机制。二是打通科技成果转化渠道，改革阻碍科技成果转化的利益导向机制。加快落实新修订的《促进科技成果转化法》。针对科研院校科技成果转化动力不足等问题，借鉴美国"拜度法案"，逐步建立我国事业单位科技成果"强制"转化制度，提高科研人员成果转化收益比例，明确职务发明法定报酬制度，完善有关股权奖励个人所得税制度。三是充分利用国防科工领域先进技术成果，促进军民融合。我国国防科技工业在能源、航空航天、船舶、电子等行业储备了大量先进技术和专业人才，应进一步推进这些领域的军工企业与民用企业开展多方位、深层次合作，建立完善军工和民用科研机构开放共享机制，促进军民工业互通、互动、互补，实现资源要素合理流动和有效配置。发挥民用企业的资金、市场渠道等优势，鼓励军工企业以技术入股方式加强与民用企业合作。四是引导企业由"压低成本""打价格战"和关注"拉关系"、"客户营销"等向关注新产品、新服务、新商业模式开发转型，形成要素价格"倒逼"产业创新的机制。建立反映稀缺程度和环境成本的资源和资源性产品价格形成机制。提高建设用地补偿标准，进一步完善最低工资、劳动保护和社会保障制度。五是全面建设有利于激励创新的公平竞争市场机制。改革产业准入和监管制度，将前置审批为主变为技术政策和法规监管为主。明确并逐步提高生产环节和市场准入的环境指标、能耗水耗指标、质量指标和安全指标。加强垄断行业监管，加快垄断行业改革，明确界定属于妨碍全国统一市场的地方保护行为和范围，清理和废除妨碍全国统一市场的规定和做法。

2. 引导地方政府由"定方向"、"选产业"向"订标准"、"搭平台"转型

从以往地方政府产业政策的实践看，普遍存在政府直接确定产业重点和布局并"照本宣科"指导招商引资工作的情况，一定程度上也暴露出产业选择偏离地区经济和比较优势实际、地方产业重点与国家产业战略方向"过度"趋同等问题。新时期新背景下，面对更加错综复杂的国内外环境和诸多蓄势待发但也存在更大风险的产业新增长点，应彻底扭转和改变计划经济体制下地方政府直接干预支柱产业选择和布局的思维和做法，深化对新增长点生命周期阶段、产业特征以及产业转移和布局条件等客观规律的认识，着重通过以下两个方面的"转变"实现政府"站高一步、退后一步"的定位，更好发挥引导产业方向、弥补"市场失灵"的作用：一方面，要加快地方政府由"定产业发展方向"向"订产业甄别标准"和"订招商引资门槛"转变。地区产业新增长点的甄别标准与国家大相径庭，按照前述四项甄别标准分析，"十三五"时期地方产业新增长点的甄别应更注重标准①（规模和增速标准）、标准④（动态比较优势标准），其次是标准③（供给和需求条件变化标准）。也就是，在地区经济下行压力加大、接续产业增长乏力、各地产业同质发展导致招商引资竞争激烈的背景下，新增长点必然是该地区有条件有优势并能在5年左右的时间内发展壮大成为新支柱产业的那些行业，同时，也要符合该地区技术储备、人力资源、土地、能源资源、市场需求等要素条件变化的基本趋势。另一方面，要加快地方政府由"亲力亲为"选择产业新增长点向"搭平台、造环境"转变。当前，很多地方经济发展已经度过"追求数量"和"以GDP论英雄"的阶段，进入到了由要素驱动向创新驱动发展的关键过渡时期，在发现、培育新增长点过程中没有必要"上大求快"，尽量由本地企业和市场主导招商选资等工作，政府退而以搭平台、造环境为工作重心，提升创新公共服务平台水平，加强产业技术标准认证和产品质量检测体系建设，引导产学研合作创新联盟，扩大地区新兴支柱产业品牌影响力，全面营造有利于集聚产业创新资源的生态环境。

3. 因业制宜绘制改革路线图

围绕新一代信息技术、健康产业、高端装备制造、节能环保与新能源、文化、旅游等行业发展，加快推进重点领域和关键环节的改革，通过编制各行业改革路线图，明确未来5~10年关键时点上的改革目标和任务部署，建立完善改革成果跟踪评估、动态调整和奖惩机制。新一代信息技术产业，要围绕信息安全立法、信息情报和数据产权归属、跨界融合发展涉及的行业监管规定等方面加快改革创新。健康产业，要加快完善药品注册管理、价格管理、集中招标采购等体制机制；完善生物安全评价与监督管理机制，建立健全有利于生物产业发展的基因知识产权、专利注册、市场推广和服务体系建设等制度；探索养老产业公私合营试点，多渠道多方式引导社会资本进入养老业。高端装备制造产业，继续扩大低空空域开放试点范围，加速轨道交通、航空航天设备制造领域及其配套行业市场化进程。节能与新能源产业，要大力推进资源要素价格改革，大幅度提高能效的市场准入和行业准入门槛，完善排污收费征收和使用办法，建立生产者责任延伸制度；要加快建设适应风电、光伏太阳能发展的电网及运行体系，制定对电网公司实施可再生能源电量配额制的政策；进一步完善政府监管体制，要进一步减少新能源、新能源汽车等领域行政审批，放宽市场准入，为各类所有制企业创造公平竞争的环境。文化旅游产业，进一步深化文化体制改革，加快文化产业化步伐，提高文化产业原创能力；推动并着力落实带薪休假制度，强化旅游市场法规建设和市场监管，营造良好的旅游消费环境。

（执笔人：姜江 洪群联）

参考资料目录

1. Kuznets Simon. Economics Growth of Nations：Total Output and Production Structure，Harvard University Press，1972.

2. McKinsey Global Institute. Disruptive technologies：Advances that will transform life，business，and the global economy ［OL］. www. mckinsey. com/mgi，2013.

3. Vapnik V. The Nature of Statistical Learning Theory，2nd ed. New York：Springer Verlag，1999.

4. 埃森哲，牛津经济学研究院. 增长新浪潮：开启多极世界新机遇 ［OL］. www. accenture. cn，2011.

5. 傅德忠. 我国经济发展中新的增长点选择与培育 ［J］. 经济学动态，1998 （9）.

6. 国家发改委高技术司战略性新兴产业规划编制组汇编材料，2014 年、2015 年.

7. 姜江. 培育和发展我国战略性新兴产业：理论与实践 ［M］. 北京：中国财政经济出版社，2014.

8. 李稻葵. 中国经济的新增长点在哪儿? ［OL］. 新浪财经，2014 - 08 - 29.

9. 李金早. 旅游业是新常态下新的经济增长点 ［N］. 中国青年报，2015 - 01 - 29.

10. 李佐军. 中国宏观经济走势及新的经济增长点 ［N］. 宣讲家，2013 - 04 - 09.

11. 梁国强. 世界新经济增长点：知识、资讯和生物科技 ［N］. 经济日报，2012 - 04 - 11.

12. 刘松柏. 海洋产业成为新的经济增长点 ［N］. 经济日报，2012 - 09 - 12.

13. 刘险峰. 战略性新兴产业发展中的需求激励政策研究 ［J］. 中国财政，2011 （13）.

14. 王昌林. 生物产业：最具可能的新兴支柱产业 ［J］. 中国投资，2009 （9）.

15. 王莉莉. 银发产业 新的经济增长点 ［N］. 人民日报，2014 - 04 - 25.

16. 吴垠. 低碳经济发展模式下的新兴产业革命 ［N］. 经济参考报，2009 - 11 - 03.

17. 杨希伟. 着力发展节能环保产业 加快培育新的经济增长点 ［N］. 经济日报，2009 - 08 - 31.

18. 杨宜勇，魏义方. 促进养老产业发展的政策建议 ［N］. 调查·研究·建议，2015 - 03 - 31.

19. 张建华. 全球产业发展主流是寻求新增长点 ［N］. 湖北日报，2009 - 07 - 14.

20. 中国改革报社. 创新引领产业结构升级 ［N］. 中国改革报，2014 - 12 - 15.

21. 中国工程科技发展战略研究院. 2015 年中国战略性新兴产业发展报告 ［M］. 北京：科学出版社，2015.

22. 宗良. 新的经济增长点从哪些领域培育 ［N］. 金融时报，2015 - 01 - 29.

专题报告

专题报告一

"十三五"产业新增长点影响因素分析

内 容 提 要

　　本报告根据产业新增长点影响因素"供给—需求—重大问题应用"三维分析框架,重点从市场需求变化、技术进步及应用、竞争优势转换、产业链升级、资源环境约束和体制机制变革等角度,分析这些影响因素变化可能催生的"十三五"产业新增长点方向,并提出强化体制机制创新、营造有利于产业新增长点发展体制机制环境等政策建议。

　　影响产业新增长点形成和变迁的因素很多。一般认为,产业新增长点的形成是市场需求和技术进步共同作用的结果。近年来,伴随资源能源约束趋紧,人类对健康、环境等可持续发展的需求日益迫切,有学者提出"供给—需求—重大问题应用"三维分析框架(王岳平,2014;姜江,2015)。本报告依据这一框架,将其进一步拓展为包含技术进步、市场需求、竞争优势转换、产业链升级、资源环境约束和体制机制变革等影响因素分析的"三维度—六因素模型",见图1,从这六个方面的因素变化分析未来产业新增长点有可能出现的领域,并判断其未来发展潜力。其中,技术进步、竞争优势转换和体制机制变革侧重于供给层面,市场需求变化、资源环境约束和产业链升级侧重于需求层面,资源环境约束和产业链升级(提高产业竞争力和附加值)则是重大问题应用视角的具体体现。

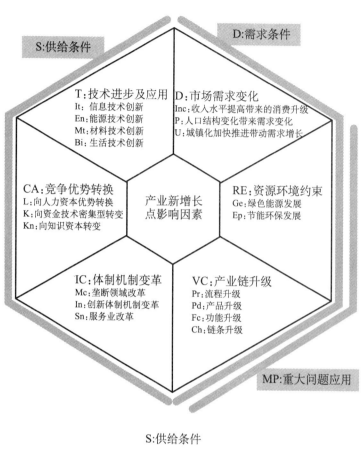

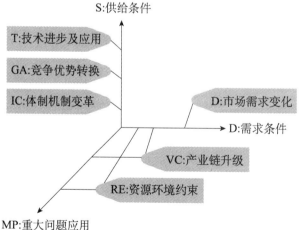

图1 分析框架构建：产业新增长点影响因素"三维度—六因素"模型

一、"十三五"产业新增长点影响因素变化及其可能催生的产业新增长点

(一) 市场需求变化影响产业新增长点

从需求角度看，产业新增长点的影响因素有很多，包括影响消费需求的人均收入水平、个人消费结构、消费和投资的比例等都会影响产业新增长点的发展。

从发达国家经验看，当人均收入达到 6000～8000 美元时，消费结构会发生显著变化。居民不再满足于物质上的消费，而开始追求高质量、高品质的生活，因此更多的支出花费在能丰富人们精神生活的消费项目，实物消费比重开始下降，服务消费比重上升，并逐渐形成以服务消费占主要内容的消费结构。以美国为例，20 世纪 30 年代，美国居民消费总支出的 1/3 以上用于食品消费，目前这一比例下降为 14.65%，服装消费则从 10% 左右下降到 5.27%，家用设备从 15% 左右下降到 9.88%；医疗保健支出则从不到 10% 上升为 20.68%，交通消费从 9.3% 上升到 19.1%；娱乐消费从 3% 上升到 8.1%[1]。

当前，我国正处于需求结构剧烈变动的新时期，居民收入水平提高、消费结构升级、人口结构变化和城镇化快速发展等将会显著改变原有的需求结构，从而推动相关产业新增长点的兴起和发展。主要表现为：一是服务类消费占比将明显上升，将带动文化娱乐、医疗健康、教育培训等领域产业新增长点发展。近年来，我国消费结构持续升级，逐渐从生存型向发展享受型升级，消费者对产品的质量、工艺、性能变得挑剔，个性化需求、体验性需求、精神文化消费和品牌产品需求日益增加，客观上促进了文化、娱乐、教育等相关服务消费需求的扩大，文化旅游、教育培训、养老健康、休闲娱乐、电子商务、信息服务等产业将产生大量新的经济增长点。二是老年人和婴幼儿两类人群特定消费需求增加，将会催生与之相关的产业新增长点发展。根据国家统计局数据，1995—2014 年 20 年间，我国 65 岁以上老年人口数量快速增加，从 1995 年的 7510 万人增加到 2014 年的 1.38 亿人，老年抚养比也从 9.2% 提高到 13.7%。预计到 2020 年，这一趋势仍将延续，届时 65 岁以上老年人将达到 1.84 亿人，占我国总人口比重从目前的 10.1% 上升到 13.15%，老年抚养比从目前的 13.7% 上升到 17.96%[2]，蕴含着巨大的养老服务和医疗健康服务需求，老年

---

[1] 李森. 浅析美国消费需求结构的变化 [J]. 东方企业文化，2011 (23). 数据对比年份为 2007 年比 20 世纪 30 年代。

[2] 李晖，陈锡康，等. 基于人口投入产出模型的中国人口结构预测及分析 [J]. 管理评论，2013 (2).

医疗保健、老年护理服务、老年休闲、老年旅游、老年教育以及老年用品开发等行业有望成为新的消费热点和产业新增长点。"单独二胎"等政策的调整有望在5年内新增500万以上新生儿,这将会带动母婴医药、奶粉等初生婴儿用品以及儿童服饰、家具、童车、玩具等市场需求增长,推动与儿童成长相关的动漫、钢琴、文具等文化教育相关产业快速发展。从中长期看,二胎放开还有望扭转适龄购房人口在较长时间范围内下降的趋势,带来房地产相关行业发展。三是推动产品升级的机遇,人们对个性化、高品质、多样化产品需求增加,将有助于促进相关领域产业新增长点发展。

(二)技术进步及应用影响产业新增长点

技术创新是经济增长、产业新增长点涌现和产业结构升级的重要推动力量。技术创新所处不同阶段,其经济增长和产业升级具有不同的特征。梳理三次工业革命的历史进程,我们不难发现科学革命—技术革命—产业革命的历史逻辑和产业发展脉络,历史上由于新技术出现而催生新产业的事例数不胜数。例如,电的发明将人类引入电气时代,汽车的发明使汽车产业成为世界经济发展中最为重要的产业之一,基因工程技术带动了现代生物医药产业的快速发展,光伏和风电技术带来了新能源产业的重大突破,等等。发达国家由于技术创新能力强,往往能够引领全球新兴产业发展方向。

当前,全球新一轮科技革命和产业变革在孕育兴起,一批新技术、新产品和新的商业模式不断涌现,对经济社会发展产生广泛深刻的影响。根据麦肯锡公司《到2025年将改变人类生产生活和全球经济的颠覆性技术》报告预计,到2025年,移动互联网、高级机器人、无人驾驶汽车、下一代基因组学、能源存储、3D打印、新材料、先进油气勘探和开采技术、可再生能源等12项颠覆性技术的产业化和发展有望对全球经济产生14万亿~33万亿美元的影响,成为影响全球经济的重要新增长点。

对我国而言,当前信息技术正进入新一波创新浪潮,云计算、物联网、移动互联网、大数据、3D打印等新一代信息技术不断涌现,并向经济社会各领域广泛渗透。新能源技术取得重大突破,生物技术也进入产业化阶段。这些领域的技术发展将有助于突破技术经济瓶颈约束,催生相关领域产业新增长点发展。具体而言,根据我们对50项备选技术进行重要性和可行性二维评价后得出的结论:到2020年,影响我国发展的12项重大技术分别是移动互联网、物联网、云计算和大数据、转基因育种、智能电网、先进储能技术、新一代核电技术、下一代基因组、先进机器人、中央处理器(CPU)、新能源汽车与3D打印(详见表1)。这些技术涉及新一代电子信息、新能源、新材料、生物等产业,也可能孕育出若干新产业新业态,例如近年来移动互联网接入流量大幅增长,催生了移动社交、移动广告、移动支付、移动电子商务、手机游戏等一大批新兴业务和服务模式,2015年上半年移动数据及互联网业务实现收入1513亿元,同比增长39.3%。新能源汽车技术经济性明显提高,迎来爆发式增长,其产销量近两年都翻番增长。工业机器人、高端服务器等产量也成倍增长。这些最有可能突破的技术领域也最有可能成长为我国产业新增长点。

表1　事关我国未来发展的重大技术选择调查问卷得分表

技术领域	得分	技术领域	得分	技术领域	得分	技术领域	得分
移动互联网	17	绿色智能制造技术	10	页岩气技术	7	微生物制造	5
物联网	17	超大规模集成电路	10	穿戴式计算机	7	先进油气勘探技术	5
云计算	15	大数据技术	10	高效内燃机技术	7	氢能技术	5
转基因育种	15	高速列车	10	导航与位置信息网络平台技术	7	石墨烯技术	5
智能电网	13	高端数控机床	10	可重复使用运载器	7	高端钢铁材料	5
先进储能技术	12	大气污染治理技术	10	智能感知技术	6	无人驾驶汽车	5
新一代核电技术	12	操作系统	9	干细胞技术	6	下一代生物质能源	4
下一代基因组	11	水体污染控制与治理	9	智能材料	6	超导材料技术	4
先进机器人	11	有机电激光显示技术	8	复合材料	6	陶瓷材料	4
中央处理器（CPU）	11	碳纤维技术（T700以上）	8	汽车发动机与变速箱	6	生物材料技术	4
新能源汽车	11	纳米材料	8	航空发动机	6	深海运载和探测技术	4
3D打印	11	对地观测卫星定量化应用技术	8	稀有金属矿产勘探与采收	6		
高效太阳能电池	10	海上风电场建设技术	7	脑科学技术	5		

注:按照"重要性"与"可行性"赋分,最高赋分为22分,限于篇幅,详细指标得分不一一列出。

(三) 竞争优势转换影响产业新增长点

改革开放以来,我国依靠劳动力成本优势和丰富资源优势,大力发展加工贸易型和劳动密集型产品出口,取得了举世瞩目的成就,也带动了电子信息、纺织服装、机械制造等一大批行业的发展。随着低劳动力成本竞争优势削弱,我国产业发展将向更多依靠知识资本、人力资本和资金技术密集型转变，劳动密集型、资源密集型行业将不再是未来产业的主要发展方向，而人力资本投入则会明显增加，技能型人才需求量上升，机器替代人工进程加快，品牌、专利、研发、设计、科技、信息网络、软件、数据库等知识资本在经济增长中将发挥更大作用，这些方面都蕴含着产业新增长点。

根据国家统计局数据，未来5年，15~24岁新加入劳动力队伍人口将从目前的1.66亿人下降至2020年的1.26亿人，下降24%。从80后、90后、00后等年龄分层结构更能看出这一趋势，根据国家统计局抽样调查数据，目前我国80后1.6亿人、90后1.57亿人、00后1.24亿人；90后比80后、00后比90后分别少1.9%和21%，而根据相对全面的第六次人口普查数据，这一数据则分别少14.2%和21.8%（详见表2），所以，如果生育政策不做出适时调整，劳动力供给减少将成为不可避免的趋势。此外，我国劳动力成本大幅上升（详见图2），比较优势已显著减弱，劳动密集型、资源密集型行业将不再是我国未来产业发展方向和产业新增长点有可能出现的方向。

表2 我国80后、90后、00后人口分层结构

	80后		90后		00后	
2010年统计数据	1.6亿人	1.57亿人	比80后少1.9%		1.24亿人	比90后少21%
2010年六普数据	2.19亿人	1.88亿人	比80后少14.2%		1.47亿人	比90后少21.8%

注：2010年统计数据为2009年全国人口变动情况抽样调查样本数据，抽样比为0.0873%，80后为当年20~29岁人口，90后为当年10~19岁人口，00后为当年0~9岁人口，数据来自2010年《中国统计年鉴》；2010年六普数据为第六次全国人口普查数据，80后为当年21~30岁人口，90后为当年11~20岁人口，00后为当年1~10岁人口。

图2 近年我国制造业年平均工资增长情况

数据来源：国家统计局官方网站（http://www.stats.gov.cn/）。

与此同时，我国产业竞争优势加速向知识资本和资金技术密集型转变，品牌设计、专利研发、软件、大数据、金融等领域蕴含新增长点（宋紫峰等，2014；王忠宏等，2015）。特别是在知识经济时代，实现竞争优势转换不可避免，将会催生一批具备知识资本优势的产业新经济增长点。比如，产业发展对人力资本投入和技能型人才的需求量上升，机器替代人工进程将会加快，这就要求我们一方面大幅增加教育投资，提升人力资本的质量，另一方面加大"机器换人"的力度（世界部分国家每万个劳动力中机器人数量比较情况见图3），为中国制造插上"智能制造"的翅膀，重塑中国制造的竞争优势，而这两方面的需求将会催生教育、机器人等产业新增长点发展。

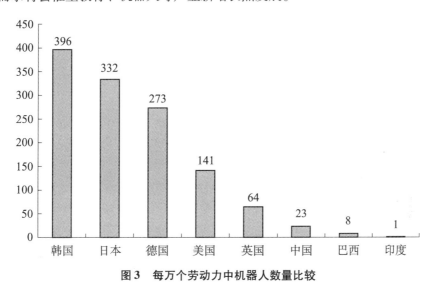

图3 每万个劳动力中机器人数量比较

（四）产业链升级影响产业新增长点

根据格里芬（Gereffi，1999）、汉弗莱和施密特（Humphrey & Schmit，2002）等人的研究，产业链升级一般包括流程升级、产品升级、功能升级和部门间升级等主要内容。在全球化条件下，产业链升级成为产业结构升级的重要方向，在此过程中，通过重组生产系统或引进高级技术、发展研发设计、营销等新的环节都将有助于刺激相关领域产业新增长点发展，特别是研发设计、品牌服务、仓储物流、营销等生产性服务业发展，既有利于推动产业转型升级，也会催生产业新增长点发展。

对我国而言，产业链升级在流程升级、产品升级、功能升级和部门间升级这四个方面的创新与发展也是产业结构升级和培育产业新增长点的关键。具体体现在：一是业务流程升级催生产业新增长点。主要指通过重组生产系统或引进高级技术对产业新增长点的影响,如机器换人、"互联网+"等,通过流程再造和智慧升级打造适合我国国情的"智能生产模式",助力传统产业的转型升级,同时催生一批智慧工厂、大规模个性化定制、互联网金融、慕课(MOOC,大型开放式网络课程)、网上研发平台等新兴业态和产业新增长点。二是产品升级催生产业新增长点。以钟表行业为例,随着可穿戴设备的兴起和时钟的电子化发展,传统钟表行业增长乏力,正在向智能钟表转型,必将催生一批智能化钟表新产品和移动电子设备的时钟化新产品,在带动产业转型升级的同时也成为产业新增长点。三是功能升级催生产业新增长点。目前我国产业全球分工过度集中于加工制造环节的中低端环节和加工贸易,而研发、设计、品牌、供应链管理和营销等附加价值高端环节缺失或滞后。未来我国产业结构转型升级应以功能升级为主,主攻研发、设计、营销、品牌培育、供应链管理等制约产业结构转型升级的产业链、价值链的关键环节,推动制造业向研发设计、融资租赁、工程服务等价值链高端环节延伸发展,大力发展面向制造业的工业设计、第三方物流、节能环保、互联网金融、管理咨询等生产性服务业,有利于充分发挥生产性服务在研发设计、流程优化、市场营销、物流配送、节能降耗等方面的引领带动作用,提升产业链整体效率,提高国际分工地位,同时发展壮大相关生产性服务业,培育形成新的产业增长点。四是推动链条升级催生产业新增长点。要实现我国产业发展从国际产业链中低端迈向中高端的目标,必须把我国轨道交通、工程机械、发电等特定产业领域的竞争优势复制到其他领域,推动整个产业链的价值升级,要加大关键技术和产品的研发与应用推广力度,推动部分领域取得重要突破。比如,推动推进信息化和工业化深度融合,把新一代信息技术广泛应用于制造业生产经营全过程;推动制造数字化、网络化、智能化发展,促进制造业的发展,催生新的产业增长点。

(五)资源环境约束影响产业新增长点

自然资源禀赋是经济发展的基础因素,与产业结构的形成、升级和新增长点的培育有着密切联系,同时,自然资源禀赋又是人力因素难以改变的因素,因而对产业结构的形成和升级起着很大的制约作用。比如随着我国资源环境约束的趋紧,一些高资源消耗、高污染排放、高生态环境代价的行业发展面临瓶颈。但反过来看,这种制约和约束又是经济增长的重要诱因,将会催生能源利用向高效、绿色、安全的方向转型,节能环保和新能源产业将会实现快速发展,循环经济会进一步推进,产业集群绿色升级进程将加快。绿色、智慧技术加速扩散和应用,将推动绿色制造和绿色服务业兴起,带来绿色增长新机遇[1](蒋

---

[1] 蒋昭侠. 影响产业结构的新因素及其调整思路 [J]. 经济经纬, 2006(4).

昭侠，2006；刘世锦、刘培林，2014；王忠宏、来有为，2015）。中共中央、国务院近日印发《关于加快推进生态文明建设的意见》也提出大力发展绿色产业、培育新的增长点，将会催生低碳能源、低碳交通、低碳建筑、绿色制造、低碳服务、低碳消费等节能环保和新能源产业快速发展。比如，能源低碳化发展将会促进核电、天然气等清洁能源和风能、太阳能、生物质能等可再生能源产业发展，催生产业新增长点。根据国家可再生能源中心数据，2012 年我国可再生能源发电量 10065 亿千瓦时，占全国总发电量的 20.2%，较 2011 年增长 3.8%，其中，水电同比增长 29%，占全国发电量的 17.4%，并网风电发展迅速，同比增长 41%，超越核电成为中国第三大电源，成为规模化发展最好的可再生能源技术，太阳能光伏发电虽然规模较小，但发展势头很快，均有望成为拉动我国电力结构调整的新兴增长点。2005—2012 年我国可再生能源占总发电量比例情况见表 3。

表 3　2005—2012 年我国可再生能源占总发电量比例情况

年份	中国可再生能源发电量占总发电量的比例（%）					
	水电	并网风电	生物质	并网太阳能	地热海洋能	可再生能源合计
2005	15.90	0.05	0.21	0	0	16.10
2006	14.50	0.09	0.25	0	0	14.90
2007	14.40	0.17	0.30	0	0	14.90
2008	16.30	0.38	0.42	0	0	17.10
2009	15.40	0.75	0.56	0	0	16.80
2010	16.10	1.16	0.58	0	0	17.90
2011	14.00	1.56	0.66	0.01	0	16.30
2012	17.40	2.02	0.76	0.07	0	20.20

资料来源：国家可再生能源中心 . 2013 中国可再生能源产业发展报告 [M]. 北京：中国经济出版社，2013.

从节能环保催生的需求看，我国已经成为全球第一大煤炭生产国和第二大石油消费国，成为除二氧化碳以外污染物排放的第一大国，这使得资源环境对我国经济社会的约束全面增强。以节能环保为代表的新兴产业，无疑将成为经济社会转型升级的重要手段。节能环保渗透于经济活动的所有领域，对所有产业而言都承担着节能降耗、绿色设计、清洁生产的使命，包括：有机农业、循环农业和其他环境友好型农业活动；节能降耗、资源循环利用的工业技术和装备；设计、规划、咨询、总集成、总承包、维护、管理、运营、碳交易、绿色金融等方面的节能环保服务业等。此外，围绕治理大气环境以及针对钢铁、水泥、电解铝、平板玻璃、船舶等行业化解产能过剩等采取的措施，将有望在这些领域催生环保产业新增长点(刘世锦、刘培林,2014)。数据显示,2014年我国节能环保产业产值规模为3.7万亿元,预计到2020年将有望达到7万亿~8万亿元,节能环保产业将成为重要的新兴支柱产业。未来经济社会发展向绿色转型催生的产业新增长点见表4。

表4 向绿色转型催生的产业新增长点

需求	催生的产业新增长点
低碳能源	清洁能源产业、可再生能源产业
低碳交通	新能源汽车、电气轨道交通、智能交通系统
低碳建筑	新型高效节能墙体材料、保温隔热防火材料、太阳能建筑产业
绿色制造	废弃物回收处理装备制造业、废弃物回收处理服务业、绿色制造软件产业
低碳服务	金融保险业、信息传输与计算机软件业、物流业、科研技术服务、租赁和商务服务
低碳消费	绿色包装产业、回收再利用
节能环保	节能技术和装备业、高效节能产品、节能服务产业、先进环保技术和装备、环保产品与环保服务业

资料来源:国家发改委.《发展新兴产业,增强发展后劲》课题研究报告〔R〕.2014.

(六)体制机制变革影响产业新增长点

深化体制机制改革可能释放一部分行业的发展潜力,催生相关领域发展成为新的产业增长点。诺斯提出制度安排的概念,认为包括家庭、企业、货币、市场交易、合同制、期货市场等制度安排的变革能有效激发经济主体的活力,引导宏观经济发展方向和产业结构调整,释放产业新增长点[1]。自《中共中央关于全面深化改革若干重大问题的决定》发布以来,我国在新兴产业领域、基础和垄断性领域以及服务业三大领域的体制变革步伐加快,有望催生新的产业增长点。

一是深化新兴产业领域体制机制变革,释放产业新增长点。当前,我国产业新增长点正在加快孕育,但这些新兴领域受市场环境不完善、商业模式创新不足、融资难、融资贵等因素制约,短期还难以形成像房地产、汽车等传统引擎的拉动力。如创新药物和医疗器械审批周期长、定价和采购机制不合理、各类许可繁杂重复等一系列问题,"三网融合"及互联网和新媒体服务多头管理、行业壁垒严重等一系列问题,风电、光伏、新能源汽车发展面临的场址规划、

---

[1]〔美〕道格拉斯·C.诺思.制度、制度变迁与经济绩效〔M〕.上海:格致出版社,2008.

并网发电、充电基础设施建设等问题，航空管制与通用航空产业发展的问题，电子商务发展过程中行政管理、诚信体系、政策措施等方面的问题等等，如果能破除上述体制机制制约，则有望催生相关领域产业新增长点快速发展。

二是加快推进基础和垄断性领域改革，放开石油、天然气、电力、铁路和电信等行业的准入限制和门槛，允许民营资本以独资或者混合所有制形式进入，形成行业内竞争的新局面，将有助于产业新增长点的发展。国家积极完善国有资本有进有退、合理流动机制，大力推进国有企业重组和调整，推动国有资本向重点行业、关键领域和优势企业集中，鼓励企业通过跨国并购、参股、上市、重组联合等方式"走出去"，将会培育一批具有国际竞争力的世界一流企业，推动相关领域产业新增长点的发展和核心竞争力的提升。

三是加大服务业等相关领域的体制机制改革力度，破除制约服务业产业新增长点发展的体制机制障碍，鼓励多种形式的混合经营，加快医疗、健康、教育、金融等领域对民间资本开放，有利于金融、医疗、教育等服务业领域产业新增长点的形成。同时，国家积极深化社会领域和事业单位改革，引导公共服务有效利用市场机制，鼓励社会资本参与公共服务体系建设，不断提高公共服务的水平和质量，在公共服务领域也会催生一批产业新增长点。

二、基于影响因素分析的"十三五"产业新增长点判断

根据上述六因素模型，"十三五"时期我国产业新增长点的影响因素表现为：从需求方面看，伴随城乡居民收入水平提升，个性化、多样化消费渐成主流，消费者更加追求高质量产品和服务，城镇化、"一老一小"、节能环保、文化旅游和健康等消费需求将爆发式增长；从技术进步方面看，信息、能源、材料、生物及其交叉融合领域持续取得重大技术突破和创新，新技术、新产品和新服务在各产业领域的应用不断催生大批新的商业模式和新业态；从竞争优势转换看，人力资本比较优势弱化和土地能源约束趋紧等"倒逼"传统产业加快淘汰或转型升级，主要是向高技术人力资源优势转变、向知识资本转变和资金技术密集型转变；从产业链升级看，主要是流程升级、产品升级、功能升级和链条升级会催生一批产业新增长点；从资源环境约束看，向绿色低碳转型将会催生低碳能源、低碳交通、低碳建筑、绿色制造、低碳服务、低碳消费和节能环保等多个领域产业新增长点发展；从体制机制变革看，部分基础和垄断性领域改革、创新驱动和服务业体制机制变革对于相关领域产业新增长点的发展将产生重要影响。

综合这些影响因素，我们可以对未来五年我国产业发展新增长点进行趋势

性判断。按照需求结构升级、技术进步及应用、竞争优势转换、产业链升级、资源环境约束和体制机制变革等六方面因素共同作用的大小进行排序，我们可以推导出的产业新增长点包括机器人及智能制造产业、节能环保产业、新能源产业、新能源汽车、文化旅游、新型金融、研发设计服务、养老健康产业、云计算和物联网、移动互联网、电子商务等，基本涵盖了"十三五"产业新增长点发展的可能方向。综合"六因素模型"的产业新增长点可能方向判断见图4。

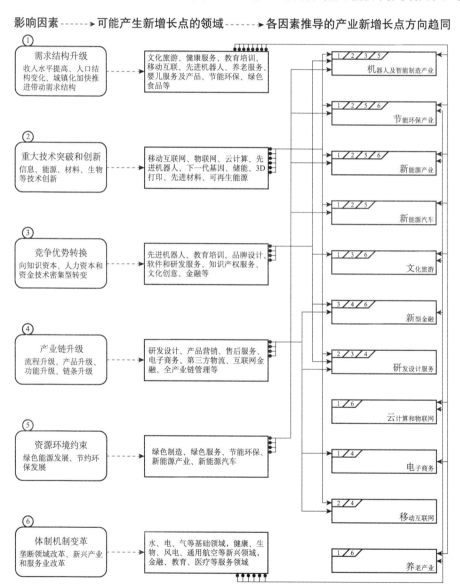

图4　综合"六因素模型"的产业新增长点可能方向判断

三、启示和建议

（一）产业新增长点的培育壮大是多因素共同作用的结果

通过上述分析不难发现，产业新增长点分析"六因素模型"是分析"十三五"时期产业新增长点影响因素和可能方向判断的重要工具，每一个因素都会对应推导出一批可能产生新增长点的领域，如需求结构升级可能催生文化旅游、健康服务、教育培训、移动互联、先进机器人等产业新增长点，重大技术突破和创新可能催生移动互联网、云计算、先进机器人、下一代基因组、先进材料、可再生能源等产业新增长点；同时，也会剔除一些行业，如资源环境约束要求产业新增长点不应是资源密集型、高污染高排放的行业，竞争优势转换要求产业新增长点不应是劳动密集型、资源要素密集型等。因此，任何一个新增长点的发展并不仅仅是某一单一因素影响的结果，而是多因素综合作用的结果，甚至正向促进作用和反向阻碍作用相互抵消，共同影响产业新增长点的发生发展。例如，技术进步及创新是新产品出现的保证，但新产品能否爆发式增长则取决于其在多大程度上满足消费者需求。因此，评判某一新增长点的发展前景不能仅从某一因素（如技术创新水平差异）角度去预测、去判断，必须综合多因素（供给因素和需求因素相结合）进行分析，否则容易产生误判。比如，三星公司在推出 Galaxy S6 与 Galaxy S6 Edge 两款手机时，根据产品性能和性价比等因素预测其销量比为 4∶1，并按照这一比例规划了产能，然而实际上这两款手机的市场需求相当接近，导致 Galaxy S6 手机滞销，而 Galaxy S6 Edge 供货不足。显而易见，消费者对更具创新型和更为个性化的产品需求正在增加[1]。

对于我国而言，产业新增长点分析"六因素模型"只是提供了解析产业新增长点发生、发展机理的一个视角，不能过分强调单一因素对于产业新增长点培育的作用，也不能机械地根据影响因素的差异将产业新增长点强行分门别类，必须以更加全局、更加综合的视角看待产业新增长点培育问题，积极引导多种因素共同变化、综合作用，共同促进产业新增长点发展。

---

[1] 在三星公司看来，由于 Galaxy S6 Edge 比 Galaxy S6 价格高，主要从性价比角度确定生产规模。但对消费者来说，Galaxy S6 的创新性远没有 Galaxy S6 Edge 曲面屏幕来的大，消费者对于更具创新性产品的需求更大，而不仅仅像以前那样关注性价比，而是更多关注个性化、创新性等因素。资料转引自夏妍．三星帝国失意：高端市场难敌苹果 中低端市场被包抄［N/OL］．国际金融报．2015－07－27（31）．http：//finance. sina. com. cn/chanjing/gsnews/20150727/082822798141. shtml.

（二）产业新增长点影响因素与发展方向互为促进

传统观点认为，产业新增长点影响因素与可能的发展方向是单向线性关系，即产业新增长点影响因素的变化会导致产业新增长点的产生。事实上，我们通过对产业新增长点影响因素及其自身发展变化特征和趋势的梳理不难发现，不仅影响因素的变化会催生产业新增长点，产业新增长点本身的发展壮大也会推动影响因素和发展条件的变化，从而反作用于产业新增长点本身的发展，甚至由于影响因素本身的变化存在诸多变数，导致产业新增长点发展壮大也存在不确定性，产业新增长点影响因素与发展方向本身越来越呈现互促互动的特征。例如，人们对个性化商品、个性化服务和体验性需求的增长将会促进文化娱乐、个性化产品定制、信息消费等领域产业新增长点蓬勃兴起，而这些新型商品和服务的产生又会激发消费者对更为个性化、更加高品质、更加便捷高效的商品和服务的需求，从而产生商品、服务、产业新增长点和需求互促互进的效应。重大技术的突破和创新可能催生移动互联网、云计算、物联网、先进机器人、3D打印、下一代基因组、新能源汽车等产业新增长点迅速发展，这些新增长点的迅速发展又会吸引更多的人才、资金和要素进入相关领域的技术攻关和研发，推动相关领域的进一步技术升级和创新发展，进而对产业新增长点发展形成新的推动力量。竞争优势转换会催生知识、技术、资本等密集度高的产业新增长点出现和发展，而知识、技术和资本密集型产业的发展则会强化一国或地区在这些方面的竞争优势。产业链升级因素会催生研发设计、营销、品牌、供应链管理等产业链中高端环节发展，而这些环节的发展则会进一步催生产业链向更高端环节和更高质量、更高附加值升级的需求。又如，体制机制变革将会在新兴产业、基础和垄断性领域以及金融、医疗、教育和公共服务等服务业领域催生新的产业增长点，这些产业增长点的发展又会产生更多的新模式、新业态和新需求，会进一步倒逼体制机制变革，促进体制机制进一步深化变革，而体制机制的进一步深化变革则会释放更多的产业新增长点发展活力，形成互促互进的效果。

（三）应强化体制机制创新，营造有利于产业新增长点培育的因素和发展环境

目前，产业新增长点正呈现蓬勃发展的态势，如何引导上述六大影响因素朝着有利于促进产业新增长点发展壮大的方向变化和调整是产业新增长点能否持续健康发展的关键。这其中，政府要做的关键是营造良好的体制机制环境，促进产业新增长点持续涌现。这些环境既包括与每个新增长点发展息息相关的

知识产权、科技成果转化、金融支持、市场准入、要素流动等综合性体制机制
问题，也包括与移动互联网、云计算、生物医药、风电、光伏、节能环保、养
老健康、文化创意等具体行业领域发展中遇到的特殊体制机制问题。因此，必
须坚持全面深化改革和重点领域梯次突破相结合的思路，深化知识产权、科技
成果转化、反垄断与促进公平市场竞争等领域体制机制改革，坚持供给创新与
消费升级相结合、技术创新与商业模式创新相结合、国内市场与国际市场相结
合、创新管理与依法行政相结合、政策支持与市场调节相结合，推动政府职能
加快转变，进一步简政放权，降低市场进入门槛，引导民间资本和各类市场主
体向新兴领域拓展。政府要适应产业变革的趋势要求，提早制定云计算、大数
据、电子商务、新能源汽车等新兴领域的法律法规和标准体系，完善产品安全、
质量、节能、环保等相关规定，建立个人信息保护制度，保障消费者的合法权
益，完善激励创新的产权制度和知识产权保护制度，保障新兴产业健康发展。
在金融服务方面，鼓励风险投资基金、创业投资基金、天使投资基金进入新兴
领域，推动金融创新与技术创新衔接配合，为创业创新提供更多元、更完善的
金融产品和融资服务。同时，对于个别行业发展中遇到的特殊性问题，要积极
采取合理的、差别化的激励政策，充分发挥政府投资、政策 "四两拨千斤" 的
作用，因业施策，改善产业发展环境。

（执笔人：盛朝迅）

参考资料目录

1. 〔美〕道格拉斯·C. 诺思. 制度、制度变迁与经济绩效〔M〕. 上海: 格致出版社，2008.

2. 〔美〕Utterback J M. 把握创新〔M〕. 北京: 清华大学出版社，1999.

3. 〔美〕约瑟夫·熊彼特. 经济发展理论〔M〕. 北京: 商务印书馆，1990.

4. 〔美〕约瑟夫·熊彼特. 资本主义、社会主义与民主〔M〕. 北京: 商务印书馆，1999.

5. Zwemuller J, Brunner J K. Innovation and Growth With Rich and Poor Consume〔J〕. *Metroecomomica*，2005（56）: 233~262.

6. 傅家骥. 技术创新学〔M〕. 北京: 清华大学出版社，1998.

7. 国家信息中心课题组. "经济社会健康发展对新兴产业的需求分析" 内部研究报告〔R〕. 2014.

8. 姜江. 四项指标甄别产业新增长点〔J〕. 调查·研究·建议（国家发改委宏观经济研究院），2015（6）.

9. 姜泽华，白艳. 产业结构升级的内涵与影响因素分析〔J〕. 当代经济研究，2006（10）.

10. 蒋昭侠. 影响产业结构的新因素及其调整思路〔J〕. 经济经纬，2006（4）.

11. 刘刚. 产业结构变动中需求因素的影响 [J]. 系统管理学报，2012（1）.

12. 刘慧，樊杰. 中国碳排放态势与绿色经济展望 [J]. 中国人口资源与环境，2011（S1）.

13. 刘健，宗平华. 我国教育人力资本促进产业结构优化路径分析 [J]. 南昌大学学报，2013（5）.

14. 刘世锦，刘培林. 中国碳排放展望：绿色治理孕育高质量增长点 [J]. 北方经济，2014（7）.

15. 马克思. 马克思恩格斯全集：第24卷 [M]. 北京：人民出版社，1972.

16. 苏波. 着力培育新的工业增长点 [J]. 求是，2015（6）.

17. 孙军. 需求因素、技术创新与产业结构演变 [J]. 南开经济研究，2008（5）.

18. 王昌林. 支撑7%的产业发展新动力 [N]. 光明日报，2015-08-07.

19. 赵铮. 我国产业结构优化的金融支持机理与路径选择 [J]. 理论探讨，2011（2）.

专题报告二

"十三五"时期信息产业新增长点研究

　　电子信息产业在 20 世纪 90 年代末成为支撑国民经济发展的新增长点。近 10 年来，伴随全球信息技术持续更新换代，我国信息产业内部结构也加快演进，新业态不断涌现。"十二五"时期，尽管传统电子信息制造业增速大幅回落，但包括物联网、云计算、移动互联网、大数据等在内的智能互联网信息产业和业态显示出巨大的发展潜力，是信息产业的新增长点，预计"十三五"末期产业规模将达到 11.3 万亿左右。但从发展现状看，信息产业仍存在一些共性和个性的问题和制约因素，迫切需要扫除障碍，着力营造产业生态圈，营造有利于新业态不断涌现和壮大的发展环境，加快信息安全保障支持，以新发展理念加快做大做强信息产业新增长点。

　　改革开放以来，我国信息产业[1]不断成长壮大，经济效益显著提高。特别是"九五"至"十五"期间，在全球信息技术高速发展和产业国际转移加快的背景下，我国信息产业供需两旺，快速发展，产业增加值在 GDP 中的比重超过 4%，成为国民经济最重要的支柱产业。其中，电子信息制造业增速一度达到同期 GDP 增速的 3 倍，产业总规模跃居工业部门第一位，其增加值占全国工业增加值的比重达到 13% 以上。当时，我国生产的彩电、程控交换机、音响、显示

---

　　[1] 本报告研究的范畴，主要按照《统计上划分信息相关产业暂行规定》来界定。

器、PC 机、笔记本电脑、手机等产品产量均居世界前列,成为名副其实的电子信息产品制造业大国。但"十一五",特别是 2008 年国际金融危机爆发后,伴随产业供需条件和国际分工格局的变化,我国信息产业内部结构也呈现较大调整。特别是软件和信息服务业开始取代以通信设备制造和计算机制造为主的信息制造业,成为信息产业的新增长点。"十二五"以来,随着新一代移动通信、下一代互联网产业化进程的不断加快,宽带基础设施的不断普及,以及信息技术不断改变和融入传统产业,一批新模式、新业态不断涌现,正在加速形成一股新的增长动力,推动信息产业结构深刻变革。那么,究竟哪些领域将有可能成为信息产业的新增长点?这些领域的发展还存在什么问题和制约因素?需要通过哪些方式和手段才能促进其培育壮大?这些都迫切需要回答。为此,本报告通过对信息产业新增长点的甄别判断,分析信息产业新增长点的发展条件,研究"十三五"时期培育发展信息产业新增长点的主要对策。

一、信息产业仍将是产业发展的新增长点

(一)信息产业早已成为我国产业发展的新增长点

我国电子信息产业自 20 世纪 90 年代末开始表现出良好的发展势头,产业年均增速基本保持在 15% 以上,远高于同期 GDP 增速和工业增速,具体情况见图 1。2000 年,电子信息制造业增加值占 GDP 的比重首次超过 2%;2005 年,电子信息制造业和软件业增加值占 GDP 的比重首次超过 4%,达到了 4.42%,真正成为我国国民经济重要的支柱产业,也使我国成为全球最大的电子信息产品制造基地。具体情况见图 2。

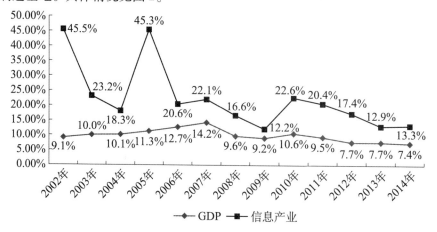

图 1 "十五"以来信息产业与 GDP 增速比较

注:信息产业增幅按照现价计算,GDP 数据来自国家统计局不变价口径。

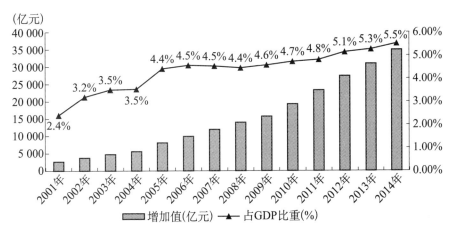

图 2　"十五"以来信息产业规模变化图

注：2010—2014 年数据增加值用主营业务收入 1/4 估算。

（二）信息产业内部结构正发生积极变化

2008 年后，软件和信息服务业成为信息产业的新增长点，增速一度达到 30% 以上，显著高于同期电子信息产业增幅，至今仍保持 20% 以上的增速。 2014 年，电子信息产业主营业务收入达到 14 万亿元，其中，软件和信息技术 服务业所占比重创历史新高（见图 3），达到 26.55%，未来这一比重仍将继续 提高。预计 2015 年我国规模以上电子信息制造业增加值将增长 10% 左右，软件 业增速将在 15% 以上[1]。

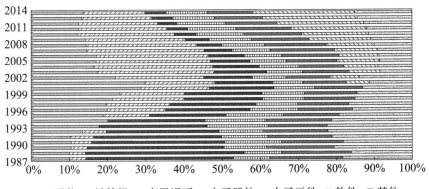

□通信　□计算机　■家用视听　□电子器件　■电子元件　□软件　□其他

图 3　1987—2014 年信息产业内部结构变化

[1] 2014 年电子信息产业统计公报 [R/OL]. http：//www. miit. gov. cn/n11293472/n11293832/
n11293907/n11368223/16471095. html.

（三）信息产业将出现若干新增长点

从国际看，随着 2008 年国际金融危机和 2010 年欧债危机的相继爆发，欧美等发达国家的经济发展速度持续减缓，这主要是由于信息技术（Information Technology，IT）等新一代通用目的技术（General Purpose Technology，GTP）对经济发展的驱动作用逐步减弱。但一批新技术、新模式的不断涌现，仍将推动信息产业继续成为推动世界经济进入新一轮增长周期的重要力量。一方面，新一代信息技术产业正在形成新的增长点。例如，麦肯锡全球研究院在其《变革性技术：改变生活、商业和全球经济》报告中指出了 12 项具有突破性和扩散速度快、影响广泛、效益巨大和潜在变革动力等特点，并将会在 2025 年产生颠覆性影响的技术（Manyika J，Chui M，Bughin J，2013），其中移动互联网、物联网、云计算、知识分析自动化等 4 项和信息技术紧密相关，其他几项也与信息技术的应用不同程度相关，具体见图 4。另一方面，信息产业加快与其他行业、领域融合共进，成为支撑新一波科技革命和产业革命浪潮的重要力量。比如，王昌林（2013）指出，"第三次工业革命"将是以绿色、低碳、健康为主题，以信息技术为支撑，由新能源、生物、纳米等领域的群体性科学技术突破和融合引发农业、工业、能源等领域深刻变革的过程。"第三次工业革命"是一个内涵丰富、层次分明的体系，具体见图 5。这个体系的底层是高效能计算、宽带网络、新材料、智能制造等"通用技术"或"平台技术"，中层是基因工程药物、生物医学工程、太阳能电池、纯电动汽车等为代表的前沿重大科学技术，

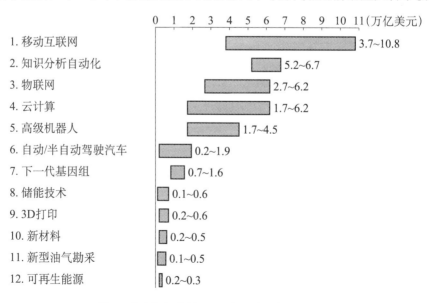

图 4　麦肯锡提出的 12 项变革性技术及其价值

最高层是信息、生物、新能源等领域技术突破引发的产业变革。宏观经济研究院副院长马晓河指出，世界正在进行一场以生物、信息、新材料、新能源技术为中心的产业技术革命，这些革命将催生新的经济增长点，第三次产业技术革命是以生物技术、信息技术和纳米技术以及新能源技术为核心，而且这四大技术正在融合，融合以后本次产业技术革命带来的机遇和机会要比任何以往产业技术革命带来的机遇要多、要大、要深刻。比如当前智能化、"互联网＋"、低碳化生产、页岩气开发、复合材料、机器人、3D 打印机等[1]。

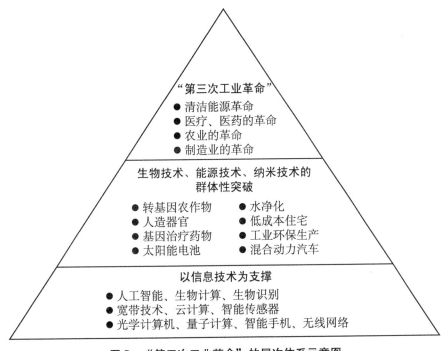

图 5　"第三次工业革命"的层次体系示意图

从国内看，在我国经济新常态下，一批具有一定规模和增长潜力的新兴产业正在形成经济增长新动力。其中，信息产业仍被广泛认为是未来产业发展的新增长点之一。一方面，互联网相关产业所形成的新增长点。比如，中国电子信息产业发展研究院（2012）认为，互联网信息服务将成为我国未来一段时期的经济新增长点。其中，电子商务、移动互联网、物联网、云计算、大数据等领域发展潜力巨大。到 2020 年，信息消费总规模约为 9.77 万亿元。国务院发展研究中心刘勇指出[2]，中国经济的未来首先要适应新常态，培育新的经济增

---

[1] 马晓河. 新常态下"十三五"时期面临两大机遇三大挑战［OL］. http：//finance. ifeng. com/a/20150504/13681332_ 0. shtml.

[2] 刘勇. 互联网＋是我国最重要的新经济增长点［OL］. http：//www. ccidnet. com/2015/0605/9990765. shtml.

长点。他认为在新常态的背景下，互联网+是我国最重要的新经济增长点。互联网+涉及IT制造业（包括硬件）、IT基础设施（包括网络建设、基站建设）和IT应用行业（包括智慧城市等等），这是中国经济包括世界经济技术进步的一个主流。另一方面，信息技术的深化应用所引发的新增长点。比如，工信部部长苗圩表示[1]，随着战略性新兴产业的崛起，信息技术将得到更深入的应用，形成一批辐射范围广、带动作用强的产业新增长点。信息技术与传统技术相结合，能够产生更强的关联和带动效应，使得传统产业的生产方式与组织形态发生变革，不断创造新的经济增长点，衍生新的产业形态，有效地提高经济增长的质量和效益。近期，国务院相继实施了物联网、宽带中国、智慧城市、云计算、电子商务等一系列政策。2015年以来，国务院先后印发了《关于促进云计算创新发展培育信息产业新业态的意见》、《关于积极推进"互联网+"行动的指导意见》、《国家大数据战略及行动纲要》。这都是促进信息技术深化应用，打造信息产业新业态，推动传统产业升级和新兴产业成长，培育形成新的增长点，促进国民经济提质增效升级的重要举措。

二、物联网、云计算、移动互联网、大数据等一系列新兴信息技术产业将成为信息产业新增长点

随着产业供需条件的变化，"十二五"以来，物联网、云计算、移动互联网、大数据等一系列新兴技术和业态迅速兴起，与之相关的通信终端设备制造业、（传统）软件产品、信息系统集成服务、信息技术咨询服务、数据处理和存储类服务、嵌入式系统软件、集成电路设计业等行业年均增速都在20%以上。

从国民经济统计分类看（见表1），2014年，这些行业的主营业务收入达到4.95万亿元，占整个电子信息产业的35%以上。按照"十三五"时期年均15%的增长率测算，电子信息产业新增长点产业规模将达到11.3万亿元左右。

表1 信息产业新增长点的主要范畴

产业	产品（服务）名称	对应行业及代码	涉及大（中）类
物联网	传感器制造	电子元件制造（397）	计算机、通信和其他电子设备制造业（39）
	RFID制造	其他计算机制造（3919）	
	物联网通信设备制造	通信设备制造（392）	
	物联网软件开发	软件开发（6510）	软件和信息服务业（65）
	物联网集成服务	信息系统集成服务（6520）	
	物联网数据处理和存储服务	数据处理和存储服务（6540）	

[1] http：//paper. ce. cn/jjrb/html/2014-07/02/content_ 206104. htm.

续表

产业	产品（服务）名称	对应行业及代码	涉及大（中）类
云计算	云计算服务器、云计算存储设备、云计算网络设备、云计算辅助设备、数据中心成套设备、云终端设备、云安全设备等	其他计算机制造（3919）	计算机、通信和其他电子设备制造业（39）
	资源管理类软件、存储类软件、计算类软件、云安全类软件等	软件开发（6510）	软件和信息服务业（65）
	云计算解决方案、信息系统设计服务、集成实施服务、运行维护等	信息系统集成服务（6520）	
	数据传输服务、数据集成服务、软件运营服务（SaaS）、软件支持与平台运营服务（PaaS）、基础设施运营服务（IaaS）、数据加工处理服务等	数据处理和存储服务（6540）	
移动互联网	网络设备制造	通信系统设备制造（3921）	通信设备制造（392）
	移动终端制造	通信终端设备制造（3922）	
	移动互联网软件开发	软件开发（6510）	软件和信息服务业（65）
	移动互联网内容服务	数字内容服务（6591）	
	移动互联网信息服务	互联网信息服务（642）	互联网和相关服务（64）
大数据	大数据应用、大数据处理平台、大数据安全等软件开发	软件开发（6510）	软件和信息服务业（65）
	大数据获取、大数据存储、大数据处理和分析	数据处理和存储服务（6540）	

资料来源：根据《国民经济行业分类》（GB/T4754—2011）、《统计上划分信息相关产业暂行规定和战略性新兴产业分类（2012）（试行）》整理。

从新兴业态的数据看：

（1）物联网。2014 年我国整个物联网及其相关行业销售收入达到 6000 亿元以上，年均增速达到 30% 以上[1]，预计 2015 年规模将超过 8000 亿元[2]。以此推算，2020 年整个物联网产业规模将达到 3 万亿元。

（2）云计算。预计 2015 年我国云计算上下游产业规模将超过 1 万亿元[2]，若按年均 20% 左右的增速计算，"十三五"末我国云计算产业规模将达到 2 万亿元左右。

---

[1] 赛迪智库. 物联网及传感器产业发展白皮书（2015）[R]. 2015 年 4 月.
[2] 中国电子信息产业发展研究院. 我国新兴产业重点领域发展趋势研究 [R]. 2014 年 2 月.

（3）移动互联网。"十二五"时期是移动互联网爆发式增长的时期，2014年我国移动互联网市场规模达到2134.8亿元，是2011年的7倍[1]，由移动互联网所衍生的智能终端、可穿戴设备、互联网金融、在线教育等行业快速成长，也受到资本市场的热烈追捧。未来，移动互联网将进一步带动智能家居、智能汽车等领域发展。据测算，2015—2018年，我国移动互联网仍将保持高速增长，增速分别达到77%、58%、46%和31%左右，若2019和2020年也按照30%的增长速度计算，"十三五"末我国移动互联网的市场规模将达到1.9万亿元左右。加上智能终端制造业按年均20%的增速测算，移动互联网及其相关行业的产业总规模将达到5.5万亿左右。

（4）大数据。2014年我国大数据产业的市场规模达到75.5亿元[2]，未来仍将呈爆发式增长态势，若按30%~40%的年增长率测算，"十三五"末我国大数据产业的市场规模将达到500亿元左右，有望成为全球最大的大数据产业带[3]。

可见，"十三五"时期，我国信息产业的新增长点将围绕智能和互联网两大主题，由此产生的智能互联网产业相关新业态将成为新的增长点，其产业规模将达到10.5万亿~11.3万亿元。

三、信息产业新增长点的发展条件

（一）发展基础与现状

1. 物联网[4]

（1）产业规模高速成长。据工业和信息化部统计，2014年我国整个物联网销售收入达到6000亿元以上，已经形成涵盖感知制造、传输网络、软件与信息处理、应用服务等门类的相对齐全的物联网产业体系。"十二五"以来，物联网产业的复合年增长率达到30%以上，特别是智能制造领域的工业物联网以及智能交通领域的车联网，市场前景良好，增长速度不断攀升。

（2）应用领域不断拓展。2014年，智能交通、智能工业、智能物流、智能

---

[1] 赛迪智库. 移动互联网发展白皮书（2015）[R]. 2015年4月.

[2] 赛迪智库. 大数据发展白皮书（2015）[R]. 2015年4月.

[3] 中国电子信息产业发展研究院. 我国新兴产业重点领域发展趋势研究 [R]. 2014年2月.

[4] 物联网是指通过各种信息传感设备，如传感器、射频识别（RFID）技术、全球定位系统、红外感应器、激光扫描器、气体感应器等各种装置与技术，实时采集任何需要监控、连接、互动的物体或过程，采集其声、光、热、电、力学、化学、生物、位置等各种重要的信息，与互联网结合形成的一个巨大网络。物联网主要包括传感器、电子标签、电信网络、数据处理、显示系统、报警系统、控制执行系统。

电网、智能医疗、智能家居、智能农业和智慧城市等领域占据我国物联网市场的主要份额。其中智能家居领域由于和日常生活高度融合而受到广泛关注，成为发展最快的应用领域。智能交通中的车联网以及智能医疗领域，由于需求空间广阔、产品附加值高，在 2014 年获得了大量的市场投资。

（3）产业发展的区域格局基本形成。目前，我国物联网产业已初步形成长三角、珠三角、环渤海以及中西部地区四大区域集聚发展的产业空间格局。其中，长三角地区产业规模位列四大区域的首位，是硬件传感器、软件开发及系统集成企业的主要聚集地和应用推广地。

（4）产业生态不断形成。近年来，我国科技企业纷纷布局物联网生态圈，争相抢占国内市场。百度、联想、小米等科技巨头推出诸多智能硬件，投融资、兼并收购等事件层出不穷，一批软硬件生态圈不断形成。

2. 云计算[1]

（1）产业规模迅速壮大。2014 年，我国公有云市场规模达到 68 亿元，带动和促进了上下游电子产品制造业、软件和信息服务业的规模将超过 3000 亿元。从公有云服务的三个类别来看，我国软件即服务（SaaS）市场规模最大，占比约为 70%；基础设施即服务（IaaS）规模占比约为 20%，但年增速在100% 左右，是目前我国云计算市场中增速最快的细分领域；平台即服务（PaaS）市场规模占比最小，约为 10%。

（2）行业应用不断深化成熟。首先，云计算在电子政务公共服务、民生保障等领域得到广泛应用，有力地促进了政府管理模式创新和社会治理体系建设。比如，国家食药监局、国家气象局、交通部等政府部门纷纷与企业合作建设云平台，10 多个省、地级市搭建政务云、民生云，推动政府公共服务的电商化、无线化和智慧化。其次，传统行业云计算应用日益增多，加快推动了产业转型升级。比如，阿里巴巴通过基于云计算的大数据开发与利用，创新推出消费者对企业（C2B）的商业模式，推动海尔等传统制造企业向智能化、个性化、定制化迈进，实现了由硬件制造商向"制造 + 服务"提供商的升级。再次，云平台已成为我国互联网创新创业的基础平台，降低了大众创业、万众创新的门槛。比如，百度云平台已汇聚超过 50 万中小企业及开发者用户，带动就业 100 万人以上，累计为用户节约成本（包括设备投入、开发测试、人员培训、商业运营等）超过 20 亿元。

（3）产业集聚发展态势初现。总体来看，我国云计算产业形成了功能不同

---

[1] 云计算是一种服务的交付和使用模式，可以通过互联网以按需、易扩展的方式获得所需的硬件、平台、软件及服务等资源。云计算包括软件基础设计（OS 数据库）、硬件基础设施（芯片、服务器、存储）、网络基础设施（网络设备、电信运行）等三部分。

的几大集聚区：以北京为领头羊的环渤海区域、以上海为龙头的长三角区域、以广东为核心的珠三角区域、以四川、重庆为中心的成渝地区、以西安、中卫等为重点的中西部地区以及围绕哈尔滨（第二批云计算服务应用试点城市）的东北地区等六大区域集聚发展的格局。特别是环渤海、长三角和珠三角地区是我国三大经济区，经济发展水平较高，各种资源因素集聚，是我国云计算产业发展最为密集的地区。成渝地区则是我国当前承接电子信息产业转移的地区，在云计算制造业环节形成了较强的集聚效应。而内蒙古、山西等地则凭借土地和能源保障相对充分、成本相对较低的优势，吸引了大批云计算数据中心的集聚建设。

（4）云计算生态圈正在形成。信息技术产业的竞争正从单一企业竞争演进到以聚合生态圈协同效应的全产业链竞争。云计算领域尤为突出，各环节企业纷纷开放平台或者战略合作，构建自己的生态圈。比如，腾讯、IBM 是中外联合的典型，双方将共同研发基于云技术的产品，并由腾讯提供给银行、零售和医疗等行业，包括管理工具和分析等服务。又如，联想、微软、英特尔、思杰、阿里云等厂商是软硬联合的典型，合作包括共建大规模数据中心、开拓云服务市场、垂直行业市场解决方案、技术人才培养和技术交流等。再如，华为、中国电信则是制造和运营联合的典型，双方将基于华为的研发能力及高质量的云计算产品解决方案，结合中国电信在网络、云 IDC 领域资源优势及丰富运营服务经验，携手打造云产品和应用，为客户提供高品质的云服务。

（5）产业国际化步伐加快。我国大型云服务企业正在吹响进军海外市场的号角。阿里云继杭州、青岛、北京之后，在香港部署了其全球第四个数据中心，使用国际带宽，覆盖港台、日韩、东南亚等多个地区。目前，阿里云的香港数据中心正式进入大规模商用阶段，可以为中国香港、东南亚乃至全球用户提供云计算服务，意图同亚马逊、微软正面竞争。腾讯积极同和记电讯、IBM 等企业合作，面向亚洲等海外市场提供银行、医疗和零售等领域的云服务，以实现国际业务的扩张。百度积极布局巴西、日本以及东南亚等市场，云计算将成为其海外业务的强力支撑和重要方向。东软公司的云服务已拥有很多来自美国、欧洲、东南亚等地的海外客户。

3. 移动互联网[1]

（1）市场规模呈爆发式增长。2014 年，我国移动互联网市场规模突破千亿元大关，达到 2134.8 亿元，同比增长 115.5%，为 2011 年的 7 倍多。这与智能手机

---

　　[1] 移动互联网是一种通过智能移动终端，采用移动无线通信方式获取业务和服务的新兴业态，包括终端、软件平台和应用服务三个层面。

和其他移动智能终端的普及和应用有关，也与移动互联网所衍生出的互联网金融、交通旅行、在线教育的应用服务业态不断涌现、并加速推广向市场有关。

（2）企业发展模式以跨界融合和生态圈构建为主。以 BAT 为代表的龙头企业围绕生态圈竞争，加速对移动互联网生态圈的构筑和完善。百度通过并购及投资渠道服务商苹果园、团购网站糯米网、在线旅游网站携程旅行网、移动工具开发商猎豹移动等公司，加强移动互联网渠道建设和抢占超级 APP；阿里巴巴并购投资了中信 21 世纪、高德地图导航等十余家公司，金额超过 300 亿元，将电子商务业务拓展至医药和品牌服饰，勾勒了涵盖医药电商、地理位置服务、在线教育、媒体/文化、体育等新版图的产业生态圈；腾讯投资并购金额高达200 亿元，通过对商贸物流园华南城、电子地图服务商科菱航睿、京东商城等并购与投资，搭建起具有地理位置服务、O2O 服装、电子商务、游戏、在线视频等领域的移动互联生态圈。

（3）资本市场关注程度十分活跃。据统计，2014 年，我国互联网领域总共发生的融资达 1878 笔，融资总金额超过 1000 亿人民币。从投资数量上来看，移动互联网有 232 笔投资，仅次于电子商务，约占全部投资的 1/7。此外，与移动互联网息息相关的互联网金融、在线教育、在线医疗也成为投资热点。

4. 大数据[1]

（1）行业规模仍处于起步发展阶段。数据显示，我国大数据市场规模达到75.7 亿元，同比增长 28.4%，比 2013 年 24.7% 的增速回升 3.7 个百分点，但与全球 53.2% 的增速仍有不小的差距。值得关注的是，全球大数据市场规模增速在未来几年呈现持续缓慢下降的趋势，而我国大数据市场规模增长速度在逐步提升。我国拥有巨大的市场空间，随着大数据的快速发展，未来大数据市场规模在全球大数据市场规模中的比重将越来越大。

（2）产业体系逐步形成。我国大数据市场的供给结构初步形成，并与全球市场相似，呈现三角形结构，即以百度、阿里、腾讯为代表的互联网企业，以华为、联想、浪潮、曙光、用友等为代表的传统 IT 厂商，以亿赞普、拓尔思、海量数据、九次方等为代表的大数据企业。但目前，我国海量数据的存储和计算服务较多，而前端环节数据采集和预处理，后端环节数据挖掘分析和可视化，及大数据整体解决方案等产品和服务不多，在大数据产业链高端环节的产品和服务比较匮乏。

（3）应用领域正在不断拓展。首先是政府应用方面需求旺盛。比如，证监

---

[1] 大数据是指需要通过快速获取、处理、分析以从中提取价值的海量、多样化的交易数据、交换数据与传感数据。也有说法，大数据指 1000T 以上的数据。大数据可分成大数据技术、大数据工程、大数据科学和大数据应用等领域。

会利用大数据调查内幕交易、税务局利用大数据增强对税务风险的监管和控制、工商局利用大数据分析小微企业经营状况来判断经济景气指数等等的应用层出不穷。其次是公共服务方面的应用场景更加多样化。大数据在公共服务中的交通、医疗、教育、预测服务等领域得到广泛应用。再次是企业级的应用正逐步兴起。企业级大数据应用领域主要包括消费者行为分析、精准营销、新业务新产品推广、广告推送、代言人选择、社交媒体、可视化、溢价收益、库存管理、信贷保险等。

(二)存在的问题与制约因素

1. 物联网

(1)核心技术仍不掌握。传感器是物联网的核心,而国产化传感器及芯片是产业发展的瓶颈。当前,我国传感器产业基础薄弱,整体素质参差不齐,技术和发达国家相比差距较大,产业偏重中低端市场,高端产品自给率不足,其中传感器约有60%、传感器芯片约有80%、MEMS芯片基本100%均依靠进口。这主要是由于国内企业在基础电子元器件、集成电路等领域的支撑能力较弱,制约了传感器、短距离无线通信芯片等感知层关键环节竞争力的提升。

(2)企业核心竞争力不强。我国物联网传感器企业大多为小型企业,产品技术含量不高,相对比较低端,特别是在智能卡、电子标签、读写器等领域低端化、同质化竞争尤其明显,龙头企业尚未形成。造成这个问题的原因主要是由于物联网应用表现出的多样性和定制性,对企业在细分市场领域的技术要求比较高,单一产品无法实现有效互通,企业把规模做大的难度较大。比如,在硬件感知层面,由于每种传感器的前期投入、工艺等都是独立事件,导致生产不具有规模经济和范围经济,不仅难以形成主打品牌,而且产品也无法跨领域通用。在信息处理层面,各领域的基础信息不同使得需要分析和决策的内容不同,数据分析和处理软件的独立性也限制了企业初期的成长。

(3)信息安全问题亟待破解。大规模推进物联网的主要障碍之一是信息安全问题。物联网应用将产生前所未有的庞大信息量,而如此丰富的信息中又包含许多涉及国家安全、个人隐私的内容。如何有效、合理地筛选区分和保障此类敏感信息也是当前物联网技术发展的研究重点。当前,物联网大多数应用在不太敏感的领域,包括服装、食品、公共交通、工业升级等,大规模的工程化应用,特别是在重要基础设施领域的大规模应用还很少,顾忌到安全问题是最重要的原因之一。

(4)行业标准缺失。目前,我国物联网的技术标准已经包括条形码、NFC、蓝牙、WiFi和4G等,还有很多来自家庭自动化和工业市场的模糊标准。除此以外，还有一些较新的、应用尚不广泛的标准，如主要用于低耗电设备的 WiFi 标准扩展 802.11ah、为远程电力设置的新标准 weightless、主要用于车内的 802.11p 等。这使得我国物联网在安防、电力、交通、物流、医疗、环保等诸多领域开始应用，但多停留在项目试点、局部应用层面，行业应用自成体系，行业间呈现出分散的信息孤岛态势。

2. 云计算

（1）虚拟化等私有云关键技术较为薄弱。受到传统操作系统、数据库等基础产品长期落后的影响，在虚拟化、SDN、SDS 等深层次核心技术方面，我国私有云相关技术方面与国际先进水平还存在较大差距，影响整体性、成体系的企业级云计算解决方案研发和产品的持续性发展，使整个产业难以形成整体突破。2014 年，VMware、HyperV 等企业的私有云产品在我国市场的占有率达到 70%，原因就是国内相关产品在虚拟化技术方面受到制约。

（2）偏重设施建设现象严重。据统计，目前全国规划建设大型数据中心的省市已经超过 28 个，数据中心数量超过 255 个，设计容量超过 728 万台，但实际到位只有 5 万台，仅占设计规模的 7.8%。这在一定程度上反映出部分地方存在忽视需求、盲目招商引资建设数据中心的现象。

（3）信息安全问题削弱用户使用信心。云计算模式使大量数据集中在一起，数据的集聚提高了数据泄露的风险，对保持数据的完整性和可用性带来了挑战，也对服务的稳定性提出更高要求。2014 年，国外的微软、苹果、Dropbox，国内的腾讯、阿里云，均出现了信息泄露、数据丢失、服务器宕机等信息安全事件，使得用户对云服务的信息安全、隐私保护、服务稳定性等普遍存在担忧。如何提高云计算安全保障能力，提供高可靠和可用的服务，依然是云计算产业亟待解决的问题。

3. 移动互联网

（1）不少核心技术仍然依赖国外。核心电子元器件、基带芯片及操作系统产品基本被国外企业把控，产业自主可控能力薄弱。芯片和元器件方面，CPU、传感器、大容量存储芯片，甚至高分辨率的显示器等 80% 以上主要依赖国外巨头供给。操作系统方面，95% 以上终端产品采用谷歌 Android 系统，国产操作系统开发企业由于实力和经验不足，研发的产品没有形成规模性市场应用，且都属于中低端市场。再加上我国企业知识产权储备不足，短期内难以和跨国大企业在硬件和生态圈上比拼。

（2）移动互联网的盈利模式尚不清晰。移动互联网似乎正在将互联网时代的免费经济推向高潮，但真正能够带来新的盈利点的模式仍然有限。以移动互联网巨头来看，谷歌和 Facebook 仍然主要以移动广告为利润支撑点。又如移动视频领域，新媒体的影视作用约80%靠广告增值。在用户至上的移动互联网之争中，如何挖掘免费信息背后的价值，移动广告收入仍然是首当其冲的盈利点。特别是在"硬件免费"的趋势下，硬件价位的走低与服务的免费化，都考验着移动互联网的价值实现。

（3）移动互联网生态体系整合能力不强。当前，移动互联网已经展现出明显的生态体系竞争态势，企业的核心竞争力在实现了从单一技术和产品竞争向产业链竞争的转变之后，又开始转向平台和生态系统竞争，生态圈整合能力日益成为决定竞争成败的关键。以"平台＋开放式开发＋集成终端＋内容"为代表的苹果生态圈，以及以"开放式操作系统＋开放式应用"的安卓生态圈已经在智能手机领域实现成熟应用。智能可穿戴设备、智能汽车等领域已经初步显示出以"操作系统＋芯片"为核心的生态圈建设态势，但在移动视频、移动支付、手机游戏、移动社交、移动在线教育等领域，正处于发展初期。我国骨干企业仍以产品或产业链竞争为主，国际化经营水平不高，在跨国公司主导的产业生态体系中被边缘化，缺乏产业发展的话语权，长期处于被动跟随、同质化竞争、低附加值的发展阶段。

（4）监管体系尚不适应产业发展。移动互联网跨界融合步伐加速，产业竞争已经打破原有边界，不断整合、独立、延伸的产业形态和商业形态成为常态，对政府监管提出了新要求。比如互联网打车、移动医疗、移动支付等新模式、新业态的出现，与现有规章制度和政策产生了明显的冲突，亟需有关部门出台新的管理办法，形成灵活反应、兼容与可持续的政策法律体系。

4. 大数据

（1）国家战略规划缺位。大数据发展的生态环境复杂，全球产业格局尚未形成，需要制定国家层面的战略规划，指明大数据的发展方向、发展重点和发展路径，并处理好数据的开放、技术、应用、安全等问题。当前，欧美等发达国家和地区已经出台国家战略，对其国内产业发展起到积极的推进作用。我国目前缺乏战略规划和有效政策引导，无法对市场和企业的发展方向进行正确指导。由于缺乏数据交换、交易、共享和开放的相关标准和规范，导致很多企业难为无米之炊，而有数据的企业又没有技术能力，且数据在交换流动中的价值也无法体现。

（2）核心技术相对薄弱。大数据对信息系统的数据处理和挖掘能力提出了巨大挑战，需要新技术对庞杂无序的数据进行清洗、分析、预处理和集成，变成有用的信息。目前，我国这些技术的基础还比较薄弱，若不尽快加强攻关、实现突破，就会丧失大数据时代的发展主动权。在如何有效利用新技术，通过数据分析来支撑政府决策、提升企业竞争力方面，我国与国外的差距较大。随着我国企业信息化系统的深入部署和逐步完善，大数据技术创新和应用能力所引发的商业模式的改变，将直接影响我国产业和企业的竞争能力。

（3）信息安全和数据开放平衡体系亟待建立。信息安全和数据开放是大数据开发利用的两个重要前提。大数据发展既需要面向群体、服务社会的数据挖掘，又需要防止侵犯个体隐私；既应提倡数据共享，又应防止数据被滥用。目前，我国保护信息安全的法律法规尚不完善，"数据割据"和"数据孤岛"的现象十分严重，没有建立起有效的信息安全和数据开放的平衡体系，难以提升用户对大数据服务的使用热情。同时，数据泄露事件的频繁发生也极大地损伤了用户对使用数据产品的积极性。如 2014 年 12 月，我国铁路客户服务中心 12306 网站出现高危漏洞，导致大量个人隐私数据泄露。此外，国内缺乏对外企利用我国用户个人数据的相关约束，也容易造成数据安全事件的发生。

四、加快培育壮大信息产业新增长点的建议

综合上述四个领域发展中所面临的问题，我们不难发现，这些信息产业新业态的发展仍然面临着核心技术相对薄弱、信息安全挑战比较严峻、行业发展环境仍然不够优化等一些共性问题。与传统信息产业相比，这些问题针对性更强，程度更迫切。为此，我们必须借鉴发达国家培育发展信息产业新增长点的经验，转变我国以往扶持信息产业发展的方式和手段，强化政策出台的针对性，打好"组合拳"，加快培育信息产业新增长点。

（一）着力营造产业生态圈，避免再次陷入依靠代工发展的模式

当今信息产业新增长点的竞争，不仅仅是产品和服务的竞争，而是由硬件、软件、平台等综合实力构成的生态体系的竞争。从当前主要跨国企业的竞争态势看，谁的生态体系更完善，谁就能吸引更多的合作伙伴，形成良性循环，从而更加吸引参与者，形成更强大的协同创新能力。当前，国际巨头围绕系统平台升级、应用软件开发、数字内容集成、硬件更新换代的互动发展，构建"产品＋内容＋服务"的产业生态系统。在美国，Google 和 ARM 公司打造了以 ARM 为中心集聚的 100 多家集成电路企业、1000 多家 OEM 企业、10000 多家新品设计企业、100 多万名工程师开发的 10 万多种设备，和以安卓操作系统为核心集聚的 100 多家 OEM/ODM 企业、1000 多家品牌企业开发的 10000 多种设备、200 多万名工程师为上亿用户开发的近千万个应用程序等共同组成的 GooArm 联盟，依靠打造强大的产业生态，一举在移动互联网时代撼动了 WinTel 长期在信息产业的霸主地位。苹果公司也通过打造产业生态闭环，苹果公司的 iTunes 及 iCloud 营造了一个许多公司可以共同成长的平台，包括 50 万个以上的

应用软件提供者、作者、艺人、唱片业、媒体、书籍出版商,以及上下游供应链厂商,这个次生态系统一直在扩大,增加苹果对客户的影响力。可见,产业生态圈是当今信息产业竞争的关键。

专栏 2.1　生态圈（ecosystem）

生态圈是当下高科技行业最火热的概念之一,最早由 James. R. Moore 于 20 世纪 90 年代初期在哈佛商业综述（Harvard Business Review）提出。其核心观点是一个产业能够繁荣,表面上貌似得益于产业本身的活力,实际上主要是其所处的"生态环境"的功劳。

就像地球的生态圈一样,一个产业的繁荣可以说完全依赖于众多复杂交错的环境因素,比如政策法规、资本环境、上下游产业链成熟度、市场大小及活跃程度、竞争对手等等。之后商业生态圈（Business Ecosystem）的概念被众多公司推广延伸成对公司个体更为实用的版本,暨产品生态圈（Product & Service Ecosystem）,并作为重要的商业策略广泛应用:对一个公司而言,围绕核心产品（包括核心服务）构建一系列的产品和服务,为用户从多个相关领域全方位提供价值。其周边服务或者产品的质量将作为生态环境直接影响核心产品的兴衰成败。

这样的案例不胜枚举,从微软围绕 Windows OS 的软件系列,到 IBM 围绕服务器硬件提供的 IT 架构和商业咨询等增值业务;从 Apple 全方位搭建的个人软硬件产品体系,到 Google 重兵布局 Android 和 Chrome 为广告输送流量;从腾讯围绕社交平台的众多游戏娱乐服务,到阿里纵向延伸覆盖从原料到消费者的电商平台。越来越多的创新公司也明确地把构建生态系统作为中长期发展的重要一环。

简单总结起来,构建产品或者服务生态圈的效益可以分成下面五类:

（1）为核心产品增值。在核心产品的基础上纵向/横向扩展增加附加值的相关业务,反过来带动核心产品的销售。

（2）开发其他收入来源。与核心产品互补,辅助提升核心产品质量和用户体验（1 + 1 > 2 的效益）,从而全面塑造品牌。

（3）全面打造用户体验,塑造品牌效应。纵向拓展控制上下游产业链,降低核心产品成本或者扩展核心科技竞争力。

（4）间接提高用户忠诚度。增加更换到其他竞争对手的成本,从而增加对品牌的忠诚度。

（5）为公司拓展进入新的市场或者商业转型做铺垫。为到新的市场或者尝试不同的商业模型做准备。

改革开放以来，特别是20世纪90年代后，我国抓住了经济全球化、信息技术革命和电子信息产业大规模转移的历史机遇，通过极具吸引力的优惠政策，在沿海地区积极承接美国、日本、韩国以及中国台湾等国家和地区电子信息产业转移，奠定了我国信息产业高速发展的基础。当时，我国大量企业为国外和港澳台地区的企业做贴牌生产，积极开展加工贸易，经历了从"三来一补"、"两头在外"到外商投资为主的发展阶段。当前，面对全球资本和技术密集型IT产业兼并重组步伐不断加快，产业的技术、市场、投资门槛进一步提高，全球产业新一轮兼并重组不断强化寡头垄断格局，我国追赶和跨越的难度越来越大。我们不能再走依靠组装代工发展的老路，而应鼓励和支持以"创新、开放"为标志的生态圈发展道路。

（1）加快掌握一批核心技术。着力突破核心芯片、高端服务器、高端存储设备、数据库和中间件等产业薄弱环节的技术瓶颈，加快推进云操作系统、工业控制实时操作系统、智能终端操作系统的研发和应用。大力发展云计算、大数据等解决方案以及高端传感器、工控系统、人机交互等软硬件基础产品。

（2）进一步推动商业模式创新。既要注重产品创新、技术创新等硬实力创新，也要注重流程优化、制度组织、资源配置等软实力创新。既要注重提升创新主体自身发展实力，也要注重对外部资源及产业链上下游的创新利用，提高资源调配能力。

（3）鼓励企业兼并重组。支持企业通过并购重组加大整合力度，不断丰富产品类型，完善产品结构，加快向价值链高端延伸并扩展客户资源，突破其由于业务单一、政策依赖强、竞争加剧等因素带来的企业利润减少等发展瓶颈。支持龙头企业完善核心技术布局，面向云计算、大数据、物联网、移动互联网等新兴领域，并购具备自主知识产权核心技术的成长性好、未来市场前景广阔的企业，获得关键领域核心技术。

（二）积极推进"互联网＋"，营造有利于新业态不断涌现和壮大的发展环境

当前，互联网正以改变一切的力量，在全球范围内掀起一场影响人类社会所有层面的深刻变革，互联网的应用和互联网思维正在改变和创新传统的决策方法和商业模式，激发出无限的新型业态。在全球新一轮科技革命和产业变革中，互联网与各领域的融合发展具有广阔前景和无限潜力，已成为不可阻挡的时代潮流，正对各国经济社会发展产生着战略性和全局性的影响。互联网与制造业、互联网与农业、互联网与服务业将加速融合，新技术、新产品、新模式不断涌现，对传统产业体系带来猛烈冲击，推动产业格局发生重大变革。发达

国家所提出的"智慧地球"、"工业4.0"、"能源互联网"等发展战略,无不体现出互联网的重要力量。

长期以来,我国持续推进"工业化和信息化"融合发展,从十六大提出"以信息化带动工业化,以工业化促进信息化",到十七大提出"大力推进信息化与工业化融合",再到十七届五中全会、十八大进一步明确要求"推动信息化和工业化深度融合",信息产业向传统产业的融合为我国培育新产业、新技术、新模式、新业态提供了有力支撑。但目前,电信体制、产品研发、互联网监管等机制都不适应当前两化融合的发展。为此,我们要抓住信息技术,特别是互联网加快向传统制造业和现代服务业等领域间融合渗透的变革机遇,多措并举,锐意改革,积极落实推动《国务院关于积极推进"互联网+"行动的指导意见》。

(1)构建开放包容环境。贯彻落实《中共中央国务院关于深化体制机制改革 加快实施创新驱动发展战略的若干意见》,放宽融合性产品和服务的市场准入限制,制定实施各行业互联网准入负面清单,允许各类主体依法平等进入未纳入负面清单管理的领域。破除行业壁垒,推动各行业、各领域在技术、标准、监管等方面充分对接,最大限度减少事前准入限制,加强事中事后监管。继续深化电信体制改革,有序开放电信市场,加快民营资本进入基础电信业务。加快深化商事制度改革,推进投资贸易便利化。

(2)完善信用支撑体系。加快社会征信体系建设,推进各类信用信息平台无缝对接,打破信息孤岛。加强信用记录、风险预警、违法失信行为等信息资源在线披露和共享,为经营者提供信用信息查询、企业网上身份认证等服务。充分利用互联网积累的信用数据,对现有征信体系和评测体系进行补充和完善,为经济调节、市场监管、社会管理和公共服务提供有力支撑。

(3)推动数据资源开放。研究出台国家大数据战略,显著提升国家大数据掌控能力。建立国家政府信息开放统一平台和基础数据资源库,开展公共数据开放利用改革试点,出台政府机构数据开放管理规定。按照重要性和敏感程度分级分类,推进政府和公共信息资源开放共享,支持公众和小微企业充分挖掘信息资源的商业价值,促进互联网应用创新。

(4)加强法律法规建设。针对互联网与各行业融合发展的新特点,加快相关立法工作,研究调整完善不适应信息产业新业态发展和管理的现行法规及政策规定。完善反垄断法配套规则,进一步加大反垄断法执行力度,严格查处信息领域企业垄断行为,营造互联网公平竞争环境。

(三)加快信息安全保障体系建设,推动新兴业态健康发展

信息安全产业是支撑和保障国家信息安全的重要基础,肩负着为国家信息

化基础设施和信息系统安全保障提供安全产品及服务的战略任务。

当前，以云计算、物联网、三网融合和移动互联网为代表的新一代信息技术很有可能成为我国未来信息产业的新增长点。新一代信息技术的应用和发展给我们的生产、生活带来了更丰富的体验，同时也带来了新的安全风险和隐患。这种风险和隐患既包括信息系统固有的安全风险，同时还包括由于新技术新应用与新业务的结合所产生的新隐患。另外，新技术的应用使得信息网络高速化、无线化、移动化和共享化，信息安全的计算环境、技术条件、应用场合和性能等要求也越来越复杂。其中，信息安全的计算环境可能会附加越来越多的制约，这就使得传统安全方法及措施的实施不再有效，这在一定程度上加大了信息系统安全防护的难度。此外，政府和军事部门对安全的高要求与当前技术能够解决的由信息技术新应用带来的安全问题之间尚存在差距，因此，信息技术及应用升级催生出的信息安全隐患已成为当前最突出、最核心的安全问题，它不仅对国内各个产业的发展产生重大影响，同时还会给国家安全带来新的威胁与挑战。

发达国家针对信息产业所产生的新业态、新模式，正不断完善相关法律，加强行业监管。而我国这方面的工作却相对滞后。为此，加快培育信息产业增长点，必须要加快信息安全保障体系建设。

（1）营造行业政策环境，规范行业市场秩序。针对外资加快进入我国云计算、大数据、智慧城市等领域的应对策略、信息技术与各行业领域融合发展、信息技术服务推动信息消费等问题开展前瞻性、系统性研究工作。在云服务、信息系统集成、服务外包、数据服务、移动互联网等行业实施准入制度或资质细分管理，加强对行业的监管。

（2）提高国内企业的信息安全服务能力。重点发展信息安全风险评估、信息系统等级保护咨询、信息系统安全方案设计咨询、信息系统安全集成、信息安全工程监理、信息系统安全运维、网络安全应急处理、数据与系统容灾备份、电子认证、信息安全测评、信息安全认证、信息安全培训、电子取证、安全审计等信息安全服务。

（3）完善数据安全管理政策体系。重点建设数据、软件等托管、个人隐私保护以及安全管理等方面的政策措施与标准规范，明确数据托管要求，对事关国家信息安全、企业信息和用户隐私的敏感数据，禁止在第三方平台上托管。加快制定和出台《数据保护法》、《个人信息保护法》、《移动互联网信息安全保护管理办法》等法律法规。

（执笔人：韩祺）

参考资料目录

1. Accenture. Technology Vision 2015 ［OL］. http：//techtrends. accenture. com/us-en/ downloads/Accenture_ Technology_ Vision_ 2015. pdf，2015.

2. Manyika J，Chui M，Bughin J，et al. Disruptive technologies：Advances that will transform life， business， and the global economy ［J］. *McKinsey Global Institute*， May，2013.

3. 段君玮，李建华，封伟毅，等. 技术创新对信息技术产业的影响研究 ［J］. 情报科学，2014（11）.

4. 国家统计局设管司. 统计上划分信息相关产业暂行规定 ［OL］. http：// www. stats. gov. cn/zjtj/tjbz/200402/t20040210_ 8659. html.

5. 陶长琪，齐亚伟. 融合背景下信息产业结构演化的实证研究 ［J］. 管理评论，2009（10）.

6. 王昌林. 对第三次工业革命几个问题的认识 ［J］. 全球化，2013（5）.

7. 王欣. 信息产业发展机理及测度理论与方法研究 ［D］. 吉林大学博士论文，2008.

8. 魏博. 我国信息产业政策研究 ［D］. 复旦大学博士论文，2009.

9. 中国电子信息产业发展研究院. 我国新兴产业重点领域发展趋势研究 ［R］. 2014 年 2 月.

专题报告三

"十三五"我国健康产业发展的潜力、障碍与对策研究

内 容 提 要

　　随着国民收入不断提升、人口老龄化快速推进和亚健康人群急剧增加，城乡居民健康需求快速增长，预计"十三五"末期我国健康产业总产值将达到 14 万亿~16 万亿元，有望成为新常态下重要的产业新增长点。但当前健康产业发展面临着有效供给不足、创新能力薄弱、专业人才匮乏、市场化程度低、监管水平滞后等问题与制约，难以满足城乡居民快速增长的健康需求。建议放宽健康领域市场准入，加强质量监管以及标准和认证制度建设，建设各具特色的健康产业基地，加强健康产业的对内对外开放和国际合作。

　　健康产业是指与维护和促进人类身心健康直接或间接相关的产业集合，主要包括健康产品原材料种植及养殖业，营养及保健食品制造、药品制造、健康用品制造等健康制造业，医疗卫生服务、健康管理与促进服务、健康保险和保障服务、其他健康相关服务等健康服务业，具有明显的一二三产业融合渗透特征，具体参见附表。从发达国家发展实践看，随着经济持续增长和社会不断进步，居民健康需求呈现快速增长态势，健康产业是蕴藏巨大市场潜力的"朝阳产业"。由于受经济发展阶段、居民收入水平和传统健康观念等因素制约，健康产业在我国起步发展较晚，产值规模乃至发展层次均明显滞后于发达国家。近年来随着城乡居民收入不断提升，特别是人口老龄化快速推进和亚健康人群急

剧增加,多层次、多样化的健康需求迅速释放,健康领域投资及消费热点不断形成。"十三五"时期,面对我国经济新旧增长动力交替的新常态,健康产业能否成长为产业新增长点?当前健康产业发展还存在哪些问题和制约因素?哪些举措能够尽快释放健康产业发展潜力?上述问题亟待深入研究。为此,本报告通过对健康产业发展的甄别判断,分析健康产业发展面临的问题和制约,提出"十三五"时期健康产业加快发展的对策建议。

一、我国健康产业发展的潜力与条件

健康需求是人类可持续发展迫切需要解决的重大需求之一。相比较于欧美日等发达的高收入国家和地区,我国健康产业起步发展较晚,但近年来城乡居民健康需求快速增长,健康产业发展具备诸多有利条件,有望成为新常态下重要的产业新增长点。

(一) 市场需求快速释放,健康产业消费热点不断形成

1. 收入水平不断提升,带动医疗保健等健康需求迅猛增长

美国、日本及欧盟等高收入国家和经济体的发展经验表明,随着收入水平提高和消费结构升级,居民健康需求将持续增长并带动健康产业快速扩张。近年来健康产业已成为引领全球经济发展和社会进步的重要产业,被称为继信息技术产业之后的全球"财富第五波"(皮尔泽,2012)。2014年我国人均GDP达到7570美元,成为典型的中上等收入国家,收入水平持续提升极大激活了居民健康需求。自1999年商业健康保险启动以来,全国保费收入年均增速超过25%,2014年达到1587亿元,同比增长41%。全国卫生总费用从2000年的4587亿元增加到2013年的31669亿元,年均增长16%,卫生总费用占GDP比重从4.6%增加到5.6%(见图1);医药制造业主营业务收入从10050亿元增加到116049亿元,年均增长20.7%,我国成为仅次于美国的全球第二大医药市场。

2. 人口结构深刻变化,催生"银发经济"和"婴儿经济"

一方面,人口老龄化成为当今世界突出的社会问题之一,我国已成为全球老年人口数量最多、增速最快的国家。2014年我国60周岁以上老年人口达到2.12亿人,占全国总人口的15.5%,占世界老年人口的22%,老年人口规模相当于英、法、德三国人口总量。预计2020年我国老年人口将达到2.43亿人,2025年将突破3亿人,进入深度老龄社会。同时,我国老龄化还伴随着高龄化、失能化、空巢化和少子化,2014年超过80岁的高龄老人达到2400万,失

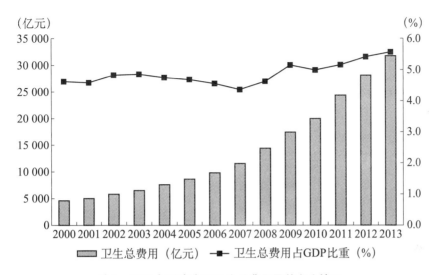

图1　2000 年以来全国卫生总费用及其占比情况

资料来源:《中国统计年鉴2014》,国家统计局网站。

能半失能老人达到4000 万, 老年空巢家庭率超过50%。根据第四次国家卫生服务总调查数据, 我国老年人口两周患病率为46.6%, 远高于全国 18.9% 的平均水平, 这将直接导致老年人口医疗费用急剧上升。我国老年人口总量及其占比的持续提高, 将直接带动医疗卫生、健康养老及老年用品需求的迅速扩张, 巨大的"银发产业"正在形成。

另一方面,"单独二孩"政策正式启动实施, 新一轮生育高峰将催热"婴儿经济"。近年来我国人口出生率总体上呈现下降趋势, 但婴儿出生数量有所上升, 0~3 岁婴幼儿数量稳定在 5000 万左右, 成为仅次于美国的全球第二大婴幼儿用品消费市场。2014 年我国出生人口 1687 万人, 12.37% 的出生率和 1.58 的总和生育率均达到 2006 年以来最高水平。截至 2014 年年底, 全国共有106.9 万对单独夫妇申请再生育, 预计 2015 年出生人口将比 2014 年多 100 万人左右。考虑到生育政策改革的不断深入, 出生高峰在"十三五"期间仍将持续, 这必将带动婴幼儿产业成为新的投资及消费热点。

3. 疾病谱及医学模式发生转变, 现代健康意识逐步增强

从全球来看, 肿瘤病、心脑血管疾病、精神类疾病等重大慢性疾病逐渐取代急性传染病和感染性疾病成为疾病谱上的主要疾病, 预计到 2020 年抑郁症将成为仅次于心脏病的人类第二大疾病。随着工业化、城镇化、老龄化进程的加速推进, 我国慢性病发病人数呈现快速上升态势, 现有确诊患者 2.6 亿人, 常见慢性病主要有心脑血管疾病、糖尿病、恶性肿瘤、慢性呼吸系统疾病等。慢性病导致的死亡已占到我国总死亡的 85%, 导致的疾病负担已占总疾病负担的

70%，成为群众因病致贫返贫的重要原因。此外，现代社会工作压力加大，特别是生活节奏快捷化、社会竞争激烈化、人际关系复杂化导致的心理失衡，造成近年来亚健康尤其是白领阶层、脑力劳动者亚健康群体急剧增加。我国40岁和50岁群体由于肩负更多的责任和压力而忽略了自身健康问题，在过去十年里死亡率上升了2.4倍，成为亚健康的高危群体。随着慢性病成为城乡居民的主要疾病以及亚健康群体人数的急剧上升，传统生物医学模式逐步向生物—心理—社会医学模式转变，居民健康意识正从疾病治疗为主向疾病预防与健康保健为主转变，这必然带动营养与保健食品、便捷式医疗器械、健康管理与促进、健康保险及相关服务需求的快速增长。

(二) 技术变革突飞猛进，健康产业新兴业态不断涌现

全球新一轮科技革命和产业变革正在孕育兴起，特别是生物技术和信息技术日新月异，推动健康产业新业态、新模式不断涌现。例如，基因工程技术带动了现代生物医药产业的迅猛发展。根据麦肯锡研究报告（2013），未来5~10年全球将产生重大技术突破和创新的领域主要聚焦于移动互联网、物联网、云计算、先进机器人、下一代基因、储能、3D打印、先进材料、可再生能源等，其中下一代基因技术突破创新将有助于解决经济社会可持续发展所亟需面对的健康问题。国家发展改革委重大课题（2014）对50项备选技术的评价结果也指出，下一代基因组是到2020年影响我国发展的12项重大技术之一，这将推动我国生命健康领域新兴业态和服务模式的蓬勃发展。移动互联网、物联网、云计算等重大技术突破创新及其与生命健康领域的融合渗透，也将催生一大批健康产业新业态、新模式。例如，基于互联网的智能医疗包括远程会诊、移动健康管理、健康数据云计算等健康服务模式，有望降低医疗信息搜索成本和就医交易成本，还将推动医疗服务的个性化和精准化。健康服务信息化平台建设有助于推进医疗卫生机构之间的"双向转诊"，也有助于健康保险机构对投保人健康信息和医疗费用进行有效管理。我国正积极实施"互联网+"行动计划，着力促进互联网与经济社会各领域深度融合，移动医疗、可穿戴医疗器械、智能化居家养老、智慧健康管理等新兴领域市场前景广阔。

(三) 改革红利陆续显现，健康产业投资热情不断升温

医疗卫生服务是健康产业发展的核心和关键，2009年以来的新一轮医药卫生体制改革取得了阶段性成效，全民医保基本实现，基本医疗卫生制度初步建立，人民群众基本医疗健康需求得到保障，这为健康产业全面发展创造了良好条件和现实可能。特别是近年来国家鼓励和引导社会办医、开展设立外资独资

医院试点、推进县级和城市公立医院综合改革、推进医疗医药医保三方联动改革、改革药品和医疗器械审评审批制度、建立住院医师规范化培训制度、推进和规范医师多点执业、加快发展商业健康保险等，健康产业发展的体制机制和政策环境不断优化，多层次、多样化的健康需求不断激发。

健康产业作为潜在增长点和新兴消费热点受到各级政府和企业的高度重视，各地掀起健康产业的发展浪潮。例如，致力于打造世界顶级医疗养生胜地的海南博鳌乐城医疗旅游先行区获得国务院正式批复和政策支持，山东青岛市积极争取国家卫生计生委支持创建国家级健康服务业试验区，各地纷纷推动建设健康城市以及国际健康城和健康产业园，成都、青岛、深圳、宁波、绍兴等城市制定实施《健康产业发展规划》或《生命健康产业发展规划》。知名企业也加速进行全国健康产业战略布局，健康医疗地产、医养结合社区等层出不穷。例如，泰康人寿获得全国首家养老社区经营牌照，目前已进军北京、上海、广州、苏州、三亚等核心城市，规划在全国投资 1000 亿元形成 25～30 个医养活力社区；太平人寿已在北京、上海、天津、无锡、南通、大连、青岛等城市打造"梧桐人家"颐养社区；万科地产的北京幸福汇、杭州良渚文化村，保利地产的北京和熹会、上海西塘越，远洋地产的"椿萱茂"等，已经形成良好的养老社区品牌影响力。

总体来看，健康产业已经成为发达国家经济增长的强大动力和世界经济新的增长点。目前美国健康产业占 GDP 比重超过 17%，欧盟、加拿大、日本及 OECD 成员等国家和地区所占比重也超过 10%。党的十八大提出要在全面建设小康社会目标的基础上实现国内生产总值和城乡居民人均收入比 2010 年翻一番，即 2020 年我国人均 GDP 将突破 1 万美元，向发达的高收入国家迈进。当前发达国家健康产业发展态势很大程度上昭示着我国健康产业未来的增长潜力。结合我国人口基数和居民收入水平，预计 2020 年我国健康产业总产值将达到 14 万亿～16 万亿元，将发展成为全球最大的健康市场。

二、当前健康产业发展的问题与制约

健康产业有望成为新常态下我国重要的产业新增长点，但当前健康产业发展面临着有效供给不足、创新能力薄弱、专业人才匮乏、市场化程度低、监管水平滞后等问题与制约，难以满足人民群众快速增长的健康需求。

（一）市场化程度较低，有效供给明显不足

健康产业具有刚性需求特征，即随着收入水平不断提高和老龄化加快推进，

近年来城乡居民健康需求快速增长。但由于健康产业诸多领域特别是健康服务业改革还不到位，市场化程度普遍偏低，健康产业有效供给明显不足。健康产业领域对社会资本和外资开放仍面临许多间接、隐蔽的市场壁垒，形形色色的"弹簧门"、"玻璃门"屡见不鲜。例如，近年来国家逐步推进社会办医，但民营医院医疗资源和服务能力明显偏低。2013年我国民营医院病床数量、卫生技术人员数量、门诊人次、入院人次占全国医院的比例仅分别为11%、11%、8.3%和8.4%，医疗资源过度集中在公立医院，"看病难"、"看病贵"等问题突出。此外，由于僵化的事业单位编制制度，公立医院医疗服务供给体制改革滞后和基层医保补偿水平过低，优质医疗资源配置严重扭曲，出现绝大多数医生、患者和医保资金集聚三甲医院，二级医院与社区医院萎缩趋势日益明显。养老服务领域有效供给不足现象同样突出，社会化养老服务需求急剧增长，但社会资本进入难与盈利模式难以实现并存。例如，全国各类养老服务机构床位平均使用率从2009年的78.8%下降到2013年的69.4%；2013年全国提供了493.7百万张床位，每千名老人床位数达到24.4张，而空置率主要集中在民办机构，能盈利的不足9%，多数陷入经营困境。健康产业发展潜力尚未完全释放出来，必然导致我国健康产业不论是总量规模还是相对比重，与发达国家均存在较大差距。例如，2013年全国卫生总费用占GDP比重仅为5.6%，不仅低于高收入国家和金砖国家，甚至低于低收入国家平均水平。

（二）研发能力薄弱，创新产品不足

以欧美为代表的发达国家不断加大对健康产业的科研投入，依托强大的创新能力抢占全球健康产业发展的制高点，在药品及保健品、医疗器械领域的主导格局尤为突出。我国健康产业的科技投入严重不足，不注重技术创新和产品创新，造成大量低水平产品的重复开发。例如，我国医药行业长期以仿制药为主，全行业研发投入占销售收入的比重不到1%，而发达国家超过10%，医药行业"大而不强"的问题突出。专业技术人才和管理人才匮乏，进一步制约健康产业创新能力提升。例如，对深圳企业调查发现，尚未开展科研活动的企业所占比重达到58.6%；57.7%的企业表示很难招到高级技术人员，40.9%的企业表示很难招到高层管理人员（深圳市保健协会，2015）。从医疗器械行业看，我国研发投入占销售收入的比重仅为3%左右，而发达国家超过15%。从保健食品行业看，我国保健品90%以上属于第一、二代产品，且功能集中在免疫调节、血脂调节和抗疲劳，而世界保健品逐步趋向第三代产品且功能日趋多样化。从第三方医学检测行业看，我国仅能提供2000余项服务，市场占有率仅为1.5%，而发达国家可提供4000余项服务，市场占有率达到35%。

（三）标准化程度低，产品信誉不高

健康产业领域企业创立时间普遍较短，企业规模普遍弱小，缺乏具有较强市场开拓能力和国际竞争力的龙头企业和领军企业，如我国制药企业在全球五百强企业中尚未占据一席之位。深圳健康产业发展在全国居于领先地位，但2013年调查发现，健康产业仍以中小型民营企业为主体，40672家企业中注册资本在10万元以下的占68.6%、员工总数在100人以下的占63.3%（深圳市保健协会，2015）。由于缺乏龙头企业及行业标准，我国健康产业各种违法违规行为屡禁不止，质量安全事件屡有发生，特别是美容美体、养生保健等健康服务领域违法违规现象严重，假冒伪劣、虚假宣传、非法添加等问题突出，严重侵害消费者合法权益，极大影响健康产业的市场公信力。例如，上述深圳企业调查发现，47.9%的企业采用自己制定的内部标准，14.0%的企业表示没有任何标准（深圳市保健协会，2015）。从保健食品行业看，企业普遍存在重营销胜于重实力的现象，不注重产品质量和品牌建设，甚至出现假冒伪劣或粗制滥造，严重扰乱保健食品市场秩序，导致全社会对保健食品行业存在诸多疑虑。企业标准化程度低也不利于培育品牌和开拓市场。例如，我国已成为全球增长最快的医疗器械市场，但由于国产品牌产品技术参数、稳定性等综合性能不具优势，外资及合资品牌占据国内高端市场，高端影像类产品和高端耗材的国产品牌市场占有率更低。

（四）行业监管薄弱，重复建设现象突出

健康产业涉及发展改革委、卫计生委、药监局、工信部、科技部、教育部、中医药管理局等十多个主管部门，各部门监管标准缺乏有效衔接，不同部门出台法规之间的协调与配合明显不足，严重制约健康产业持续发展。尤其在保健食品和药品领域，重审批、轻监管的现象普遍存在；药物注册审批缓慢，更是制约制药企业创新及产品上市。第三方医学检测未被纳入医保项目，其行业准入标准有待完善，不具备专业检测能力的机构对外提供医学检测服务还将影响行业整体的检测质量。此外，由于准入限制和地方保护等因素制约，健康产业重复建设现象日益突出，具体表现为当地特色资源深度挖掘不足，各地分工协作、错位发展明显不足。近年来各地兴起的健康产业园、国际医学城、国际医疗城、医疗旅游区、养生休闲基地等规划建设亟待科学引导和规范。

三、健康产业加快发展的对策建议

促进健康产业加快发展既是顺应城乡居民健康需求快速扩张的趋势，也是

新常态下引领消费热点、改善社会民生的要求。需要立足我国国情与借鉴国际经验相结合，坚持市场决定作用与发挥政府作用相结合，深化改革与创新发展相结合，做大总量规模与提高服务质量相结合，不断满足城乡居民的多层次、多样化健康需求，把健康产业培育成为新常态下重要的产业新增长点。

（一）深化体制机制改革，放宽市场准入

健康产业是关系国计民生的行业，即使是美国健康服务业发展也不纯粹依赖市场，而是充分发挥政府、社会、市场等多方力量。我国健康产业发展需要立足国情，进一步推进医疗卫生、商业保险、养老服务等市场开放程度，鼓励不同所有制有序竞争，实现健康产业供给的多元化和多层次化。考虑到健康产业涉及一二三产业诸多领域，相关部门职能交叉重叠、职权划分不清等问题突出，建议在中央层面建立健康产业发展推进委员会或部际联席会议制度，组织制定健康产业发展规划或实施纲要，统筹协调健康产业发展各项工作。整合现有健康产业相关领域的财政资金，建议中央财政设立健康产业发展引导基金，重点支持健康产业公共服务平台建设、重点领域发展及区域健康产业基地建设。贯彻落实《国务院关于促进健康服务业发展的若干意见》，放宽市场准入，实行"非禁即入"，凡是法律法规没有明令禁入的领域，都要向社会资本开放；凡是对本地资本开放的领域，都要向外地资本开放。借鉴印度通过公立与私营医院合作及社区参与以满足不同层次的医疗服务需求，鼓励各种所有制形式主体进入医疗卫生供给体系，实现医疗卫生服务产品供给的多层次和多样化，既能确保大众化的基本医疗卫生需求，又能逐步满足个性化、高端化的医疗卫生需求。逐步放开境外资本设立独资医疗机构，放宽境外医师执业注册时间。加快推进医疗服务等重点领域和关键环节的改革，建立健全异地就医结算机制，探索异地安置的退休人员就地就医、就地结算办法。借鉴美国以"守门人制度"[1]为主的双向转诊体系，鼓励地方制定分级诊疗标准，开展社区首诊制试点，建立基层医疗机构与上级医院双向转诊制度。全面实行医疗人员聘用制，建立能进能出的人力资源管理制度。

（二）建立健全监管体系，加强质量监管和公共信息披露

完善健康领域相关法律法规，出台《健康产业促进法》及相关配套的法律法规，争取支持出台医疗器械、健康管理和保健用品等行业监督法律法规和标

---

[1] 守门人制度是指美国所有享受公费医疗或者社会医疗保险的民众必须接受社区全科医生的首诊，如果社区全科医生认为有必要或病情严重，才能向大中型医院和专科医院转诊，待病情较轻后再转至下级医院或社区诊所。

准。借鉴美国建立覆盖全国的大型公共医疗服务体系绩效评估信息系统，并引入民间组织、科研院所等第三方参与评估，构建公共医疗服务体系公众报告体制的经验做法，建立健全强制性的医疗卫生服务关键信息披露制度，加强患者对医疗机构的监督。探索垂直设置"分中心"等方式，开展省级相关主管部门受国家垂直管理的试点示范。加强顶层设计和统筹协调，简化各种审批程序，改革完善药品和医疗器械上市前监管制度，探索下放非公立医疗机构大型设备配置审批权限。建立并完善上市后药品监测、预警、应急、撤市、淘汰和惩罚的风险管理长效机制，推动实施第三方检测年审制度。积极引进国外"适者等同"的经验，豁免不必要的临床试验；积极借鉴美国 FDA"采标"方法，从注重编制标准向选择标准转变。在确保基金安全和有效监管的前提下，积极提倡以政府购买医疗保障服务的方式，探索委托具有资质的商业保险机构经办各类医疗保障管理服务。对社会力量举办基层医疗卫生机构提供的公共卫生服务，采取政府购买服务等方式给予补偿；对其提供的基本医疗服务，通过签订医疗保险定点合同等方式，由基本医疗保障基金等渠道补偿。鼓励地方探索注册医师多点执业的办法和形式。强化医疗服务质量管理，规范公立医院临床检查、诊断、治疗、使用药物和植（介）入类医疗器械行为，优先使用基本药物和适宜技术，实行同级医疗机构检查结果互认。进一步同卫生、科技、海关、检验检疫等部门进行协调，明确生物样品等相关进出口负责部门，以北京、上海等为试点，制定适应产业发展的进出口管理政策。

（三）促进重点领域加快发展，加强标准及认证制度建设

借鉴发达国家制定和实施"国家健康促进"行动规划的经验做法，推进实施"健康中国"工程，支持健康产业加快发展。综合考虑我国健康产业发展基础及未来需求，"十三五"时期重点发展医疗服务、健康养老、智慧医疗、中医药医疗保健、第三方医学检测、便携式医疗器械、健康管理、商业健康保险、营养及保健食品等。借鉴美国推进医疗服务集团化、社区化发展并鼓励保险公司参股医疗机构的经营做法，支持有条件的大医院按照区域卫生规划要求，可以通过托管、重组等方式促进医疗资源合理流动。进一步深化公立医院改革，鼓励民营资本举办非营利性医院，落实非营利性医院税收优惠政策；保障民营医院在医保定点、科研立项、职称评定和继续教育等方面，与公立医院享受同等待遇；对其在服务准入、监督管理等方面一视同仁。鼓励有资质的人员开办诊所或个体行医。借鉴印度、泰国挖掘传统医学优势打造医疗旅游目的地的经验做法，继承和发展中医药与民族药，瞄准行业前沿，重点发展支撑智慧医疗的技术和产品，推动传统特色产业和未来前沿产业创新发展。发挥中医药及民

族医药在疾病预防控制、应对突发公共卫生事件、医疗服务中的作用，积极推广和应用中医药预防保健方法和技术。加强中医临床研究基地和中医院建设，组织开展中医药防治疑难疾病的联合攻关。结合城镇化建设、保障房建设和商品住宅开发，规划开发老年宜居住宅、代际亲情住宅等老年宜居住宅，鼓励发展以老年公寓、涉老康复护理、疗养院、临终关怀等为主要内容的医养结合综合体。结合政府购买社会服务，鼓励发展专业的医学检验中心和影像中心，支持发展第三方的医疗服务评价、健康管理服务评价、健康市场调查服务等。通过科技专项支持加快联合攻关，支持研发制造以保健调理为主要功能的家用医疗器械、以辅助治疗慢性病痛为主要功能的家庭医疗用品以及数字化医疗产品。

（四）促进区域协调发展，建设各具特色的健康产业基地

坚持统筹规划与因地制宜相结合，加强健康产业发展的规划与布局。结合"一带一路"、长江经济带、京津冀协同发展的重大战略部署，加快建设各具特色的健康产业示范基地。重点围绕健康产业发展的主体培育、业态拓展、品牌创建、政策创新等，选择不同区域分类开展试点示范，形成可复制、可推广的健康产业发展经验和模式。结合国家远程医疗服务试点与健康服务业信息化示范基地建设，支持建设区域性远程医疗服务中心，大力发展远程影像诊断、远程会诊、远程监护指导、远程手术指导、远程健康咨询、远程教育等。依托藏药、蒙药、苗药等特色优势，结合国家中医药文化建设试点推进中医药产业化，支持发展集中医保健、养生康复、中医健康管理、中医文化传播、中医食膳调理、中医医疗旅游、中医药电子商务为一体的中医药健康养生产业园区和新型社区。支持各地结合开展美丽乡村创建示范、休闲农业与乡村旅游示范点创建工作，推进健康养老与农业、文化、旅游等产业的深度融合，打造形式多样、特色鲜明的健康养老产品和基地。鼓励和支持各地创建拥有自主知识产权的健康产业区域品牌。

（五）加强对外开放，促进国际合作与交流

瞄准国际医疗旅游市场，支持海南、云南、贵州等开展试点，鼓励外资和境外企业在我国设立研发机构、置办健康服务机构和医养结合体。由于中医药在复杂性疾病防治以及亚健康状态调节等方面具有独特优势，进一步促进中医药等健康产业领域的产品、技术和服务出口及自主知识产权技术标准在海外推广应用，培育中医药领域的国际化品牌。支持开设健康频道，加强健康知识宣传教育。深入落实医药卫生领域人才项目，加强产业化高端人才引进和人才流动引导，放宽高端人才引进政策，吸引高层次相关领域人才回国服务，鼓励企

业、高校院所建立应用型人才联合培养机制，进一步强化企业人才需求与高校院所相结合。

（执笔人：邱灵）

附件：

健康产业的内涵与外延

目前国内外关于健康产业的内涵与外延尚无权威界定，普遍认为健康产业是指与维护和促进人类身心健康直接或间接相关的产业集合。健康产业既包括面向病患群体、以治疗疾病为主的传统医疗与医药产业，也包括面向健康与亚健康人群、以预防保健为主的现代健康管理产业（陶呈义，2006；王晓迪、郭清，2012），基本形成涵盖维持健康、修复健康、促进健康的产业体系（胡琳琳等，2008；吕岩，2011；任静等，2013）。参照《国民经济行业分类》（GB/T 4754—2011），结合《健康服务业分类（试行）》和各地健康产业发展实践（深圳市保健协会，2015），本报告界定健康产业涵盖健康产品原材料种养业、健康制造业、健康服务业等三大领域，具有明显的一二三产业融合渗透特征。其中，健康产品原材料种养业包括健康食品原材料种植、药品原材料种植、中药材种植、其他健康相关原材料种植和养殖等；健康制造业包括营养食品和保健食品制造、药品制造、健康用品制造等；健康服务业包括医疗卫生服务、健康管理与促进服务、健康保险和保障服务、其他健康相关服务等。

附表　我国健康产业统计分类表

健康产业分类	对应的国民经济行业代码及分类名称	
1. 健康产品原材料种养业	017 中药材种植	
2. 健康制造业		
2.1 健康食品制造	1491 营养食品制造	1492 保健食品制造
2.2 药品制造	271 化学药品原料药制造	272 化学药品制剂制造
	273 中药饮片加工	274 中成药生产
	276 生物药品制造	
2.3 健康用品制造	244 体育用品制造	2682 化妆品制造
	277 卫生材料及医药用品制造	2683 口腔清洁用品制造
	358 医疗仪器设备及器械制造	3544 制药专用设备制造
	3856 家用美容、保健电器具制造	4042 眼镜制造

续表

健康产业分类	对应的国民经济行业代码及分类名称	
3. 健康服务业		
3.1 医疗卫生服务	831 医院	832 社区医疗与卫生院
	833 门诊部（所）	834 计划生育技术服务活动
	835 妇幼保健院（所、站）	836 专科疾病防治院（所、站）
	837 疾病预防控制中心	839 其他卫生活动
3.2 健康管理与促进服务	734 医学研究和试验发展	796 保健服务
	8292 体校及体育培训	8412 护理机构服务
	8413 精神康复服务	8414 老年人、残疾人养护服务
	8421 社会看护与帮助服务	881 体育组织
	882 体育场馆	883 休闲健身活动
	889 其他体育	
3.3 健康保险和保障服务	6812 健康和意外保险	
3.4 其他健康相关服务	5126 营养和保健品批发	5142 体育用品及器材批发
	515 医药及医疗器材批发	5225 营养和保健品零售
	5242 体育用品及器材零售	525 医药及医疗器材专门零售

　　注：本表是对国民经济行业分类中符合健康产业范畴相关活动的再分类，仅列出完全覆盖健康产业活动的国民经济行业小类或中类，并未列出部分涉及健康产业活动的国民经济行业小类，如 4028 电子测量仪器制造中健康相关的电子测量仪器制造、7119 其他机械与设备租赁中健康相关的机械与设备租赁、8291 职业技能培训中健康相关的职业技能培训都属于健康产业范畴。

参考资料目录

1. 保罗·皮尔泽. 财富第五波 [M]. 北京：中国社会科学出版社，2012.

2. 陈永杰，卢施羽. 中国养老服务的挑战与选择——基于南海区的实证研究 [M]. 广州：中山大学出版社，2013.

3. 葛妍，应琛. 抑郁症：全球第四大疾患 [J]. 上海：新民周刊，2014（30）.

4. 胡琳琳，刘远立，李蔚东. 积极发展健康产业：中国的机遇与选择 [J]. 中国药物经济学，2008（3）.

5. 黄成礼. 北京市老年人口长期护理需求分析 [J]. 卫生经济研究，2005（4）.

6. 吕探云，杨英华，曹育玲. 上海市社区老年人的长期护理需求 [J]. 中华护理杂志，2001（8）.

7. 吕岩. 健康产业：我国现代化进程中的巨大机遇和挑战 [J]. 理论与现代化，2011（1）.

8. 任静，张振忠等. 我国健康产业发展现状研究 [J]. 卫生经济研究，2013（6）.

9. 深圳市保健协会，深圳市健康产业发展促进会. 深圳健康产业发展报告 2013 [M]. 北京：

中国经济出版社, 2015.

10. 陶呈义. 对国内健康产业规划布局的哲学思考［J］. 中国卫生产业, 2006（6）.

11. 王昌林. 支撑7%的产业发展新动力［N］. 北京: 中国改革报, 2015 – 08 – 06.

12. 王晓迪, 郭清. 对我国健康产业发展的思考［J］. 卫生经济研究, 2012（10）.

13. 吴敏. 基于需求与供给视角的机构养老服务发展现状研究［M］. 北京: 经济科学出版社, 2011.

14. 杨黎源. 老龄化成本的国际比较与中国应对策略——基于养老支出视角的分析［J］. 杭州: 浙江社会科学, 2013（3）.

调研报告

调研报告一

"十三五"时期发展壮大战略性新兴产业的问题、制约和对策调研

内 容 提 要

"十三五"时期是战略性新兴产业发展壮大的关键时期,但受宏观经济形势影响,各界普遍预计重点产业领域发展难以维持"十二五"时期的增速水平,面临的国际形势也更为严峻,同时,现有政策措施不到位、落实不够的情况频现,适应新兴产业发展的行业监管和法律法规制度建设滞后,技术、人才、资金等要素支撑不足问题也比较突出。为此,"十三五"时期要围绕"发展壮大"这一主题,以新思路、新模式促进产业发展,继续深化重点领域和关键环节的改革,加大现有政策、行动计划和工程落实力度,全面强化技术、资金、人才等创新要素支撑。

近期,课题组围绕"十二五"时期战略性新兴产业发展情况、未来 5 年产业发展思路与对策等议题组织系列调研。先后赴北京、上海、广东、河南等地产业园区和重点企业进行考察,与 30 余位行业专家、20 多位企业家深入访谈。现将情况整理如下。

一、"十二五"时期战略性新兴产业发展取得积极进展

据国家信息中心形势分析课题组介绍,"十二五"时期战略性新兴产业规

模持续快速增长,主要行业销售产值年增速高于同期规模以上工业产值增速,预计到 2015 年年底 27 个重点行业规模以上企业实现收入规模可达 18 万亿左右,同比增速水平保持在 10% 以上。具有关键核心技术和国际竞争力的新兴企业不断成长,新技术、新业态、新模式不断涌现,长三角、环渤海、珠三角、中西部若干产业集群集聚效应持续显现,轨道交通、信息、机器人和智能制造等领域的企业"走出去"绩效良好。此外,根据国家信息中心对 1000 家战略性新兴产业企业跟踪调查显示,未来一段时期战略性新兴产业发展后劲较足,企业家信心指数、行业景气指数、企业投资景气指数、研发投入指数等指标连续上扬,行业整体接近较强景气水平。

走访行业专家、重点区域、典型企业等了解的情况也显示,"十二五"时期战略性新兴产业蓬勃发展,已经成为很多地区经济增长的新引擎、产业转型发展的新动力。具体如,截至 2014 年年底,节能服务行业产值规模由 2010 年的千亿元翻一番,环保产业产值年均增速水平保持在 20% 以上。2011 年到 2014 年间,与物联网、云计算、移动互联网等新一代信息技术密切相关的信息设备与产品制造业、软件与信息服务业、集成电路设计等行业复合增长率约 30%,轨道交通装备制造年均销售产值增长超过 30%,智能制造产业年均增速约为 25%,航空航天制造业主营业务收入年均增速超过 20%。江苏、广东、安徽、江西等省有关数据显示,"十二五"时期战略性新兴产业工业增加值年均增速均大幅高于同期 GDP 和规模以上工业增加值增速水平。一些企业表示,"十二五"尤其是前半期阶段,企业业务发展势头特别好。例如,广州数控设备有限公司、广东嘉腾机器人自动化公司等反映,2010—2012 年期间,公司订单多到接不过来、不敢接。固高科技有限公司、雷赛智能控制股份有限公司、普联技术有限公司指出,2011—2013 年公司营业收入增速水平保持 40% 以上。

二、加快壮大战略性新兴产业仍面临诸多问题和制约

调研中我们也了解到,战略性新兴产业的发展壮大还面临很多问题和制约,有些是共性的,有些是个别行业的,有些是长期以来就"根深蒂固"的,有些是近期新出现的,具体如下。

(一)受宏观经济形势影响难以维持"十二五"时期增速水平

战略性新兴产业的成长壮大与传统制造业、服务业有着千丝万缕的联系,在国内外宏观经济形势持续吃紧的大背景下很难独善其身。鉴于当前经济形势,有关行业专家普遍调低了"十三五"时期预期增速水平。例如,中国电子信息

产业发展研究院安晖认为，"十三五"时期受外需下滑、内需放缓、外资企业外溢、中美经贸科技合作关系不确定性增强等因素影响，新一代信息技术产业很难保持前5年的迅猛发展态势，预计信息设备与产品制造部分增速由"十二五"时期的13%回落至10%左右，软件及信息服务业部分增速由25%左右下滑至10%～15%的水平。中国材料研究学会专家指出，由于很多新材料领域是基于传统有色、化工、钢铁、建筑材料等产业的延伸，受经济下行和传统产业转型乏力等因素影响，"十三五"时期新材料产业整体增速难以维持在"十二五"时期25%左右的水平，初步预计在15%～20%。

部分战略性新兴产业领域的下游企业属于装备制造、化工等传统工业领域，受经济形势不好冲击较重。例如，广州数控设备董事长何敏佳反映，公司自2012年始受装备制造业不景气影响，年接单数量持续减少，2015年上半年与上年同期相比锐减40%，预计2015年全年收入规模由上年11亿元缩减至7亿元。广东嘉腾机器人公司的负责人指出，尽管2015年以来有签约意向的客户是上年同期4倍，但成交率却很低，主要原因是这些客户多属于家电、汽车、家具用品等行业，正处于不景气时期，难以承担物流自动化系统的新增投入成本。中国节能投资公司总经理丁航反映，一项钢厂脱硫节能项目，原本节能减排效果、投资回报预期都很好，但由于客户连续2年严重亏损，导致该项目预期每年上亿元的收益全部成为应收账款。

（二）面临主要发达国家以及周边国家和地区同行企业越来越激烈的竞争

近年来，主要发达国家日益重视来自"中国制造"的威胁，更加频繁地对中国企业发起诉讼，并开始瞄准布局新兴产业领域的中低端产品市场。2012年始，我国光伏产品先后遭遇欧盟及美印等国家和经济体持续的"双反"抵制，大批企业倒闭或濒临倒闭边缘。仅1年间，国内光伏企业数量就由2011年的262家"腰斩"至112家，60多家多晶硅企业仅剩10余家勉力维持生产，余下企业基本处于停产状态。近期，调研组先后走访了常州天合光能有限公司、洛阳中硅高科技有限公司、英利集团等光伏企业，其普遍反映，虽然他们在行业大洗牌中幸免于难，但整个行业远未走出困境，历史财务数据严重亏损，"双反"影响及各种负面新闻持续打击下，企业融资难、负担重，客户源持续流失。机器人及智能制造行业开始面临来自德国、日本等国家同行企业越来越激烈的竞争。据广州数控、嘉腾机器人等企业反映，目前一些国际知名企业如ABB集团、松下、西门子等也纷纷瞄准中低端机器人、智能制造产品市场，尤其针对"中国制造"的产品发起攻势。例如，一个国产纺织用机器人设备售价10万元，国际知名企业随即出产同类产品,仅售价12万元,以品牌和性价比优势挤压中国企业。

此外,由于近年来我国传统比较优势逐年削弱,东部沿海地区、甚至中西部地区在承接海外产业转移过程中都面临来自于周边国家和地区越来越激烈的竞争。调研组从佛山、东莞、珠海、苏州等地区了解到,进入"十二五"以来,囿于招工难、用工贵、地价高、前期优惠政策到期等因素,不仅新开展的海外招商引资工作困难重重,甚至原驻跨国公司也呈现投资缩减、新增产能外溢等态势。例如,三星公司新一轮投资扩张计划全面转向越南,近2年内陆续在越南北部省份投资达25亿美元,仅在越南太原省就投资20亿美元建厂生产智能手机、相机和平板电脑。广州、无锡的2家生物医药企业反映,近期,由于发达国家对中国采取系列技术封锁举措,再加上语言文化障碍等,国内企业在承接欧美生物研发服务外包业务时经常竞争不过印度企业。

(三)现有政策措施不到位、落地不够情况频现

"十二五"期间,国家及地方政府围绕促进企业自主创新、市场培育、国际合作及"走出去"、人才培养等,出台了大量扶持政策,但实际执行情况却不尽如人意。究其原因,一是虽然政策意图明确,但是缺乏进一步落实落地的配套方案,二是政策方向、方式和扶持额度都有详细说明,但是缺乏财力保障,难以到位。例如,《国务院关于加快培育和发展战略性新兴产业的决定》、《"十二五"国家战略性新兴产业发展规划》、"关于印发《战略性新兴产业发展专项资金管理暂行办法》的通知"等文件中,提出要设立专项资金扶持、综合运用风险补偿等财政优惠政策、促进金融机构加大支持力度发展战略性新兴产业等,但是调研中发现新兴产业企业融资难、融资贵问题依然突出。生物医药、集成电路、新材料等产业领域的一些企业反映,由于所处行业具有技术资金密集、前期投入高、回收周期长等特点,投产前较长一段时期内都属于"烧钱"阶段,但是国内针对这类产业特征的财税金融扶持政策往往落地不够,导致企业看得见的政策多,用得上的政策少,在资金周转困难时期,企业老总只能通过质押私人房产等方式融资。

可再生能源领域,政府承诺的补贴发放不及时、不到位情况也备受诟病。据15家光伏电站营运商统计数据显示,目前光伏补贴拖欠额度已经超过100亿元。据中国光伏行业协会秘书长王勃华介绍,造成这种情况的原因:一是我国可再生能源电价附加费不足;二是补贴发放程序冗杂,即首先要经过地方财政、价格、能源部门初审,然后是国家财政、发改、能源等部门审批,后进入目录再由中央财政拨付至地方,企业拿到补贴可能超过1年半时间。此外,原政策

扶持及监管手段滞后造成的新政策难落实、难到位情况也比较常见。例如，近期取消了集成电路和软件企业的认定，但是如何落实企业税收优惠政策还需要加紧研究并明确新的管理办法。再如，近期《国务院办公厅关于发展众创空间推进大众创新创业的指导意见》中明确支持线上与线下结合等，但类似于手机支付、网上叫车等新兴业态在发展中仍面临来自现有产业分工格局中原企业以及相关管理部门的各种约束。

（四）适应新兴产业发展壮大的行业监管及相关法律法规建设仍显滞后

调研中，一些行业专家和重点企业反映，体制机制束缚仍然是当前制约战略性新兴产业发展壮大的重要方面。例如，药品有关审批、定价、进入医保目录等环节长期存在周期长、积压项目多、招标及定价机制不合理、医保目录范围和采购制度不利于制药企业创新等情况，但一直没有得到根本解决。医疗及健康服务、可再生能源生产与运营、航空航天等行业市场开放程度不够、市场化进程偏缓等问题长期存在。新能源装备制造、药品与医疗器械、节能环保装备等一些领域的招投标过程中还存在比较严重的地方保护主义。其他如机器人和智能制造、轨道交通装备制造、新能源研发运营、节能环保、新能源汽车等领域，也面临行业标准体系建设滞后、相关法律法规不健全、行业质量和服务监管缺失或落后、行业准入管理规则不适应新业态等各种制约，远未形成有利于战略性新兴行业公平竞争、可持续发展的体制机制环境。

此外，由于战略性新兴产业的范围具有动态变化的特点，近期，基于互联网的新业态、新商品、新服务等大量涌现，挑战现有产业统计和扶持监管体系。调研组从部分地区发改、统计部门了解到，自国家提出战略性新兴产业这一概念，各级政府围绕本地区战略性新兴产业究竟有哪些、如何选择、如何开展形势跟踪以及统计分析工作等一度陷入"一头雾水"中，也曾经暴露出全国各地产业选择高度趋同、统计口径五花八门、统计结果大相径庭等问题。再如，伴随移动互联网技术加速渗透到传统汽车租赁、医疗、健康服务、零售、餐饮以及传统制造业等领域，互联网打车、移动医疗、互联网金融、个性订制等新模式、新业态层出不穷，相关部门却难以及时出台适时适度的规章制度和管理办法，"亡羊补牢"式的事后补救措施往往也比较乏力，迫切需要建立完善灵活高效、动态调整的政策制定、调整、跟踪、评估机制。

（五）技术、人才、资金等要素支撑不足

战略性新兴产业领域技术保障能力不足主要表现在两个方面：一是部分制

造领域长期存在关键核心技术缺失的问题。物联网产业,国内市场约60%传感器、80%传感器芯片、100%微机电系统芯片依靠进口。云计算产业,虚拟化等私有云关键技术与国际先进水平还存在较大差距,不利于企业级云计算解决方案产业化,致使美国企业私有云产品在我国市场占有率高达70%。二是新技术经济性不高的问题。例如,目前纯电动汽车的购置成本远高于同档次的燃油汽车,且使用不便利。又如,虽然近年来光伏发电和风电的成本大幅下降,但仍高于火电成本。节能产品、节能服务的推广也遭遇了"要么政府补贴、要么环保人士买单"的尴尬局面,消费者购买节能产品严重依赖政府补贴,企业应用节能减排及环保设备,更多的是受制度所迫而不得已为之的行为,单纯算经济账则得不偿失。

由于新兴产业领域对人才的需求往往是新学科领域或涉及多学科交叉范围,国内教育资源和专业设置普遍滞后于产业发展的实际需求。例如,尽管我国工程专业大学毕业生每年近50万人,芯片设计企业仍不得不从中国台湾以及韩国、日本等地挖掘专业技术人才。调研中,很多企业都反映,"招人难、招到合适的人更难",而另一面,毕业生却面临"毕业即失业"的尴尬境地。资金保障方面,尽管"十二五"以来,北京、上海、广东等发达地区踊跃开展知识产权质押融资、设立新兴产业创业投资基金、政府牵头实施创业者支持计划等,但由于资金来源单一、信用体系不健全、后期利益分享约定不清、履行不严等原因,调研中,企业反映融资难、融资贵问题依然突显。而另一方面,金融机构、政府有关部门也指出,目前大量投向初创期、新兴产业领域的资金,经常"血本无归",一些中小微企业往往坚持不到两年就宣告破产。

三、"十三五"发展壮大战略性新兴产业的对策建议

调研中,各界对"十三五"时期如何加快发展壮大战略性新兴产业提出了很多建议,也有一些质疑和担忧,包括前期已经颁布的大量扶持政策如何落实到位?其他新兴产业领域如何防止出现光伏产业"十二五"时期经历的剧烈波动?如何避免区域间战略性新兴产业重复布局、无序竞争的情况?等等。调研组认为,与"十二五"时期不同,"十三五"时期战略性新兴产业肩负着"新常态"背景下保增长、促转型的重任,因此,"发展壮大"是主题,也是核心任务。为此,要围绕做大做强产业下功夫,重点推进以下几个方面的工作。

(一) 以新思路、新模式发展壮大战略性新兴产业

一是要继续把发展壮大战略性新兴产业放在经济工作的重要位置,针对产

业发展中暴露出来的问题和制约，有的放矢，及时出台扶持和监管政策。进一步明确 "十三五" 时期战略性新兴产业的发展愿景和具体目标，结合美、德、日、韩等国新兴产业发展的战略部署，不仅关注规模等经济指标，还要明确战略性新兴产业发展的引领示范效应，对就业、民生、可持续发展的贡献等。二是要结合当前政府职能转型、产业政策调整的新趋势，积极谋求扶持战略性新兴产业发展壮大的新模式、新办法，确保企业作为选产业选方向、发展壮大产业的主体，政策更多地密切关注、全面掌握新增长点成长壮大过程中遇到的各类 "市场失灵"。三是要着力营造有利于战略性新兴产业蓬勃发展的体制机制和政策环境，加快推进知识产权保护、科技成果转移转化、金融支持新业态和新兴商业模式、创新要素跨境流动、促进市场公平竞争等，为产业快速崛起壮大、更多新增长点更迭涌现构筑优良的制度空间。

（二）深化重点领域和关键环节的改革

当前，新兴产业发展总体上已经度过前期需要政府 "投石问路"、"砸钱砸地" 引导的萌芽阶段，更需要的是一个有利于资金、人才、技术等创新资源持续向新兴产业集聚的制度 "土壤"。因此，"十三五" 时期要加快落实《关于深化体制机制改革加快实施创新驱动发展战略的若干意见》，加快推进重点区域全面创新改革试验。制订重点领域 "改革路线图"，明确重要时间节点上必须完成的改革任务。新一代信息技术产业，要围绕信息安全立法、信息情报和数据产权归属、跨界融合发展涉及的行业监管规定等方面加快改革创新。医疗卫生领域，要加快完善药品注册管理、价格管理、集中招标采购等体制机制。高端装备制造产业，继续扩大低空空域开放试点范围，加速轨道交通、航空航天设备制造领域及其配套行业市场化进程。节能与新能源产业，要大力推进资源要素价格改革，大幅度提高能效的市场准入和行业准入门槛，加大对违法违规行为的处罚力度；要加快建设适应风电、光伏太阳能发展的电网及运行体系，制定对电网公司实施可再生能源电量配额制的政策；进一步完善政府监管体制，要进一步减少新能源、新能源汽车等领域行政审批，放宽市场准入。

（三）加大现有政策、规划任务和行动计划、工程包等落实力度

未来 5 年是全面落实前期战略性新兴产业各项任务部署的关键时期。为此，一是要抓紧完成 "十二五" 战略性新兴产业发展规划的实施情况评估工作。以评估结果为依据，监督有关部门加快完善政策实施细则，加大政策落实力度，根据产业发展实际及时调整规划目标、方向和任务方向，及时调整或废止不适合新兴产业发展的政策扶持和监管手段。二是要加快实施一批重大行动计划。

加快论证、启动实施新型医疗技术惠民、生物制造、大数据、智能化协同制造、空间基础设施建设、机器人、可再生能源应用等重大行动计划，培育一批新增长点。三是确保战略性新兴产业创新发展工程、重大应用示范工程等资金及时落实到位。重点发挥政策资金的撬动作用，引导民间资本投向新兴产业领域。四是在国家和各地现有战略性新兴产业统计体系、重点企业监测体系的基础上，及时掌握产业发展的内外部形势，企业经营情况、面临的问题制约以及对相关政策执行落实效果的反馈，建立由第三方机构定期收集政策反馈信息并进行分析、提出调整建议的常态机制。

（四）全面强化技术、资金、人才等创新要素保障

一是全力提升技术经济性。聚焦新产品、新服务性价比提升，在节能环保装备制造、新一代信息技术、生物医药与医疗器械、航空航天设备制造、轨道交通装备制造、海洋工程装备制造、机器人及智能制造和环保与新能源装备制造等领域，加快建立完善产品和服务安全及质量标准体系，破除新技术新产品产业化中的制度障碍。二是切实完善财税金融政策体系。加大国家新兴产业创投计划对战略性新兴产业领域的支持力度。设立一批产业发展基金，降低社会资本准入门槛，充分吸纳各类社会资本。推进新股发行向注册制过渡，简化股票和债券市场融资程序，建立健全支持创新的金融体系。三是夯实支撑产业新增长点发展壮大的人才基础。鼓励高校教育机构加强新一代信息技术、生物、航空航天、海洋工程、机器人与智能制造、节能与新能源等专业学科建设，人才培养工作密切对接企业发展需求，设立实训基地。开展校企联合招生、联合培养的现代学徒制试点。积极引进具有战略性新兴产业领域专业背景和从业经验的外籍高端人才归国或来华工作。鼓励人才在企业、科研院所间双向流动。

（执笔人：姜江）

"十三五"服务业新增长点发展的
问题及对策调研

适应产业结构和消费结构升级，我国正在加快涌现和发展壮大一批服务业新的增长点。调研发现，健康服务、文化、旅游、新型金融、互联网信息服务、教育和职业培训、现代物流、节能环保服务等未来发展潜力巨大，有望对"十三五"时期经济持续稳定增长发挥更加重要的作用。但当前服务业新增长点的发展壮大面临体制机制、政策环境、有效需求、市场环境、商业模式等诸多因素制约，"十三五"时期，要通过着力深化服务业领域改革、调整完善适应服务业新增长点的政策体系、加强需求侧政策引导、优化监管体系和市场环境，释放服务业新增长点发展潜力，促进服务业新增长点发展壮大。

当前我国正处于产业结构转型的关键时期，传统工业增长动力减弱，服务业增长动力增强。在服务业内部，传统的房地产、物流、批发和零售等行业增速减弱，互联网金融、文化旅游、电子商务、信息消费服务等行业增长迅速。总的来看，近年来随着我国市场需求、技术进步、生产要素条件等发生趋势性变化，一批服务业新增长点正在涌现和发展壮大。2015年5月以来，结合形势分析和重点课题赴广东、上海、沈阳等地的调研活动，在京召开的服务业和新兴产业座谈会，以及与旅游、文化、互联网金融等行业协会和专家的交流，总的感受是：当前服务业发展前景较好，是未来我国经济持续稳定增长的重要支撑；服务业新行业、新业态、新模式正在不断涌现，新增长点的发展不仅活跃了消费市场、强化了行业竞争，也推动了服务业规模壮大和水平提升；服务业新增长点发展壮大面临着体制机制、政策环境、有效需求、市场环境、商业模式等诸多因素制约，破除体制机制障碍、营造良好市场环境、强化政策有效支持等极为迫切。

一、一批服务业新增长点正在涌现和发展壮大

近年来，我国市场需求、生产要素、技术进步、资源环境、体制机制都在发生新的变化，催生和培育了一批服务业新增长点。例如，随着居民收入水平的提高，消费结构从生存型向发展享受型升级，个性化需求、体验性需求、精神文化消费需求日益增加，文化旅游、教育培训、养老健康、电子商务、信息服务等产业产生一批新增长点；人口老龄化加快和计划生育政策调整，带来老年健康医疗服务、老年教育及旅游，以及月子中心服务、早期教育等服务行业发展；资源环境约束趋紧，节能减排要求加大，倒逼产业发展和能源利用向高效、绿色、安全的方向转型，节能环保服务快速发展。再如，新一代信息技术的快速发展和移动终端设备的快速普及，促进了移动互联网迅猛发展，催生了移动社交、移动广告、移动支付、移动电子商务、手机游戏等一大批新业务、新模式。特别是互联网金融、网络教育、远程医疗以及互联网打车、送餐、保洁等领域迅速兴起，成为新的增长点。

根据调研情况，结合文献研究和投资案例（上市、并购和 VC/PE 投资的行业案例），"十三五"具有较大增长潜力的服务业新增长点主要有：

1. 健康服务业

健康服务业主要包括医疗卫生服务、健康管理与促进服务（保健服务、护理机构服务、精神康复服务、社会看护服务、休闲健身活动等）、健康保险和保障服务、其他健康相关服务。我国拥有全球最多的人口，潜在市场规模巨大，近年来随着城乡居民收入不断提高，特别是人口老龄化快速推进和亚健康人群急剧增加，作为刚性需求的健康服务业也呈现快速增长态势。2013 年全国卫生总费用达到 3.2 万亿元，医疗卫生机构总诊疗人次达 73.1 亿人次，2014 年全国商业健康保险收入达到 1587 亿元。预计到 2020 年，健康服务业产值规模将达 8万亿元左右。

2. 文化服务业

近年来文化服务业快速发展的同时，结构调整剧烈，传统纸质媒体等文化服务内容正在衰弱，数字文化产业正在成为主流，与居民消费升级紧密相关的文化服务快速成为消费热点。全国电影票房收入 2010—2014 年间年均增长 30%

以上，以互联网广告、网络游戏和手机出版为主要内容的数字出版业 2006—2012 年营业收入年均增长 44.46%。2013 年文化服务业增加值 1.2 万亿元左右，总收入 3.5 万亿 ~4 万亿元。预计到 2020 年，文化服务业规模在 8 万亿 ~10 万亿元。

3. 旅游业

旅游是人民生活水平提高的重要指标，旅游休闲消费是居民消费结构升级的重要方向。近年来，人民群众的旅游休闲意识不断增强，旅游消费快速扩张，特色、体验、定制等日益成为亮点。随着人民生活水平不断提高、带薪休假制度的深入落实，以及交通、民航、金融、信息化和移动互联等与旅游业联系紧密的相关产业不断发展，旅游业发展潜力将持续释放。2014 年国内游客 36.1 亿人次，总收入为 3.25 万亿元。预计到 2020 年，城乡居民年人均出游 4.5 次，国内旅游消费达 6 万亿 ~7 万亿元。

4. 金融业（新型金融服务）

金融是现代经济的血脉，金融业一直以来是服务业的重要产业。[1] 与主要发达国家相比，我国金融业开放度不够，突出表现为民营金融机构发展不足、金融产品创新和服务不足（主要依靠存贷款利差）等，导致竞争力弱。"十三五"时期，随着金融业改革开放深化、利率市场化步伐加快、互联网金融快速发展，我国金融业格局将发生重大变化。以互联网金融、民营金融机构、普惠金融，以及风险投资、创业投资、融资租赁等创新金融业务为代表的新型金融服务将快速发展，成为新的经济增长点。据中国互联网金融行业协会统计，2014 年年底中国的互联网金融规模已突破 10 万亿元。

5. 信息服务业（互联网经济）

互联网技术方兴未艾，运用新一代宽带技术、大数据、云计算现代技术将进一步提升信息服务业的规模与水平。中国电子信息产业发展研究院认为，互联网信息服务将成为我国未来一段时期的经济新增长点。例如，2014 年网上零售市场交易规模达 2.86 万亿元，增长 45%，其中移动网购增速达229.3%。近 3 年物联网、云计算年均增长 30% 以上，移动互联网增长 80% ~90%，大数据增速 60% 以上。此外，以"互联网 +"为代表的服务业新业态、新模式成为未来投资、消费新热点。预计到 2020 年，新一代信息服务业规模突破 5 万亿元。

---

[1] 2014 年我国金融业增加值占服务业增加值的比重为 15.2%，虽然与主要发达国家相比，我国金融业增加值占 GDP 的比重并不低，2014 年为 7.32%，美国 6.64%（2012 年）、英国 9.26%（2008 年）、日本 5.81%（2009 年）、加拿大 6.74%（2010 年），但由于我国服务业占 GDP 的比重明显低于主要发达国家，金融业在服务业中的地位有望进一步提升。

6. 教育和职业培训

我国拥有全球最大的就业人群，年轻人数量规模庞大。随着我国经济增长由要素驱动向创新驱动转变，人力资源投资作用将日益凸显。目前，国际知名大学纷纷在新兴市场设立分校，本地学生无须出国和支付高昂学费，就有机会获得国外大学学位。同时，许多企业高度重视员工在职培育，年轻人也不断加强专业技能学习，技术进步和互联网用户的增加还进一步推动远程教育与在线学习市场的发展，这都为教育和职业培训的快速发展提供了广阔前景。

7. 现代物流业

我国地域广阔，制造业规模和居民消费规模庞大，对物流业有巨大需求。尽管近年来我国物流业获得了长足发展，物流业增加值占 GDP 的比重达到6.8%，但物流成本还很高，发展水平还很低。随着交通基础设施和物流网络的完善、工业主辅分离改革的不断深化、物流信息化建设加快推进、移动互联网和网络消费的进一步普及，以快递、冷链物流、跨境电商等为代表的专业化、社会化的现代物流业将成为新增长点。

8. 节能环保服务业

节能环保是全球共识。随着我国工业化、城镇化快速发展，能源需求呈刚性增长，资源环境约束日趋强化，节能减排形势依然严峻，这在客观上将促进节能环保服务业的发展，节能环保服务业有望进入发展黄金期。预计未来一段时期，节能环保服务业年均增速将保持在 20% ~ 30%，产值规模达到 2.2 万亿 ~ 2.5 万亿元。

在消费升级和技术创新的推动下，大众创业、万众创新正在催生新的服务产品、业态和产业，一批服务业新增长点不断涌现和发展壮大。

二、服务业新增长点发展面临诸多制约和问题

围绕着上述主要行业，实地调研和专家访谈的情况反映，当前服务业新增长点发展壮大仍存在诸多问题和制约，主要是：

（一）体制机制障碍，许多服务业领域改革开放还不够

长期以来，我国服务业发展相对滞后，主要原因是改革开放不够。服务业许多领域的市场化程度低，行业垄断特征明显，民间资本、外资进入相对困难。例如，金融业领域，直到 2014 年 3 月首批民营银行才获得审批；电信业领域，直到 2013 年年底首批虚拟运营商牌照才正式发布。教育、医疗、交通、信息等领域开放度还不够，发展空间受限，制约了新业态、新行业的出现。万德资讯

是我国最大的金融数据、信息和软件服务企业，企业业务开展需要进行大量的数据分析，座谈中企业反映，由于我国大量由政府掌握的公共数据尚未对外公开，信息采访权不向民营企业开放，主管部门往往将一些特殊牌照发送给关联企业，民营企业无法平等获得信息资源并从事相关业务。

（二）政策法规缺失，相关政策不完善、不配套

近年来，国家出台了一系列支持服务业发展的政策措施，但服务业产业政策中存在着政策不平等、政策落实不好、政策不适应行业特点的情况，制约了服务业特别是服务业新增长点发展壮大。例如，建设用地实行统一国有供给制，工业用地与服务业用地价格存在巨大差距，客观上增加了服务业投资成本。服务业用地多归为商业用地，物流、研发等生产性服务业往往具有一定的公共平台性质，采取高地价的做法不尽公平。土地问题对新兴服务业发展的制约在养老服务业中尤为突出，中国老龄协会秘书长曾琦指出，养老产业投资规模大、回报周期长，在养老设施用地上，土地价格居高不下，土地划拨等优惠政策往往难以落实。北京保利安平养老产业投资管理有限公司反映，即便是中高端的养老服务投资机构，面对高昂的地价也望而却步，有的不得不采取出售养老住宅以回笼资金，却存在单一土地产权不能分割给个人（即小产权）或者无法明确养老住宅受益人（如能否继承）的法律矛盾。

长期以来服务业用水、用电、用气、用热未能实现与工业同价，2015年4月8日召开的国务院常务会议决定实行商业用电与工业用电同价，将全国工商业用电价格平均每千瓦时下调约1.8分钱，以减轻服务企业用电成本。在此之前，许多地方虽也出台过相关规定，如衡阳市发改价格主管等部门多年前发过专门文件，但座谈中仍有多数企业反映该政策落实不全面。再如，许多地区采取峰谷分时电价政策，如北京一般工商业用电，电压等级220千伏及以上的，低谷电价为每千瓦时0.3358元，尖峰电价为每千瓦时1.4615元，二者相差3.35倍。一般而言，8~22时为高峰时段，22时至次日8时为低谷时段。与自动化程度较高的工业企业可选择夜间作业不同，直接面向消费者的许多服务业企业大多只能白天运营，难以享受低谷用电优惠。

在税收政策方面，电子商务、移动互联网等信息服务企业面临着虽有优惠政策却无具体细则而无法享受税收优惠的窘境。中国软件行业协会反映，2011年《国务院关于印发进一步鼓励软件产业和集成电路产业发展若干政策的通知》（国发〔2011〕4号）明确"对符合条件的软件企业和集成电路设计企业从事软件开发与测试，信息系统集成、咨询和运营维护，集成电路设计等业务，免征营业税，并简化相关程序"。但由于缺少实施细则，此项优惠政策实际上

"悬在空中"。电子商务平台型企业、物联网运营服务企业、移动互联网企业等虽以信息技术为支撑,但由于其商业模式较新,其服务收入主要通过会员费、广告费等来实现,在能否认定为信息技术服务收入上存在较大争议,也难以享受国家对软件和信息技术服务企业的优惠政策。"营改增"后同样存在这些问题。

(三) 有效需求不足,消费者服务消费的观念转化尚需时间

尽管许多服务业新增长点的快速崛起正是由于其符合消费结构升级方向,适应了消费者的需求,但许多服务业新业态、新模式为更广大消费者所接受尚需时间。例如,养老服务业是潜在需求巨大的产业,但潜在需求转化为现实有效需求,受到了消费观念的极大制约。长期以来,我国以"家"为单位的传统观观念深植人心,老年人及其子女传统的养老观念尚未改变,绝大部分老年人习惯于独居或空巢生活,他们的子女也不愿意老人进行社会化养老。甚至社会上对"孝"的理解存在一定的误区,认为社会养老助老是子女不孝、不尽责的表现。这种情形我们身边的案例就不少见。再如,与发达国家相比,国人缺乏健身和体育锻炼的意识,参加体育健身活动的人群比例较低,到健身房、运动场所接受专业健身体育服务的人群更低。《"健康中国2020"战略研究报告》披露,目前我国成年人中有八成人几乎从不锻炼身体。与此密切相关,由于平时健身锻炼缺乏,国人超重及肥胖问题凸显,《中国居民营养与慢性病状况报告(2015年)》指出,全国18岁及以上成人超重率为30.1%,肥胖率为11.9%;6~17岁儿童青少年超重率为9.6%,肥胖率为6.4%;不论成人还是青少年,超重肥胖增长幅度都高于发达国家。同时,我国慢性疾病的发病率也一直在上升,据推测,2015—2020年间国人因慢性病死亡率将占总死亡率的80%左右。这种消费观念的差异,制约了健康服务等新增长点的潜力释放。

(四) 市场环境制约,许多新兴领域竞争无序现象突出

伴随服务业新增长点快速发展,由于缺乏有效监管,或监管水平不足,导致新增长点市场无序竞争现象突出,部分领域风险隐患较大,不仅影响了消费者的消费信心,也制约了行业健康成长壮大。其中,近年来以旅游、电子商务、互联网金融等尤为突出。

长期以来,由于我国旅游法规不健全,对旅游业中介市场监管乏力,过度竞争、非法竞争问题突出。《旅游法》缺乏具体的实施细则,旅游纠纷仍然依靠监督部门层层调解、仲裁、协商,耗时长、效率低。尤其是旅行社违规经营现象普遍,严重扰乱旅游市场秩序,不仅损害旅游者的合法权益,而且损害我国国际旅游业的整体形象。突出表现为:旅行社非法经营、无照经营、超范围

经营以及旅行社团随意增加自费项目和虚假、违规广告等; 从业人员素质不高,在旅游中欺骗顾客购买质次价高的旅游纪念品收取高额回扣等。例如, 海南省分界洲岛是国内首个 5A 级海岛型旅游景区, 笔者 2014 年 6 月调研海南国际旅游岛建设情况时到访此景区, 发现除门票外, 该景区往往不能为消费者提供有效消费票据, 各种娱乐服务和产品消费价格标示不清, 工作人员服务质量不高, 导致许多游客在消费当时发生纠纷和不满。无独有偶, 国内旅游市场每每到"五一"、"十一" 等旅游旺季, 就会出现价格欺诈、强迫购物、擅变行程等诸多问题, 如 2015 年发生的青岛 38 元大虾事件等。

许多服务业新业态是依靠市场力量自发产生发展起来的, 发展历史短、速度快, 政府行业管理部门缺乏对新业态发展趋势的判断把握, 也缺乏与之相适应的监管制度和政策体系, 导致行业发展风险隐患较大。以互联网金融为例, 我国现有第三方支付企业 300 多家, 约 200 多家企业持有央行颁发的第三方支付牌照, 仍有 100 多家无照经营。由于客户资金第三方存管制度缺失, P2P 平台产生大量资金沉淀, 容易发生挪用资金甚至卷款潜逃风险, 一些互联网金融企业成为洗钱等非法活动的中转平台。2013 年 10 月以来, 已有超过 72 家 P2P 平台倒闭或 "跑路", 涉及金额 12 亿元左右。由于互联网金融企业没有建立风险准备制度, 也没有类似 "最后贷款人" 的保障机制, 一旦出现危机, 将会快速波及普通大众、金融机构、支付机构, 并通过互联网形成连锁效应, 对金融体系安全和社会稳定产生冲击。正是由于缺乏有效监管, 网上消费成为消费者投诉最多的领域。2013 年中国消费者协会共受理服务业质量投诉 274810 件, 比上年增长 32.7%。投诉量最多的是网络服务, 达 17382 件, 主要集中在网上购物。无独有偶, 保监会统计显示, 2014 年一季度众安保险亿元保费投诉量 9 件, 居财产险公司第一位, 远超过财产险公司亿元保费投诉量平均值。

(五) 商业模式不清, 资金、人才等要素制约新增长点发展壮大

调研中还发现, 服务业新增长点还面临商业模式不清晰的问题, 例如, 在当前蓬勃发展的电子商务中, 大多数电子商务平台处于亏损状态, 就连京东、一号店等龙头企业也不例外。淘宝平台上仅 3%～10% 的商户盈利, 绝大多数商户处于亏损状态或没有营业额的 "僵尸" 状态, 一些原先经营较好的商户面临广告竞拍模式、过度竞争等而难以为继。例如, 丽莎女鞋首席执行官陈小刚反映, 淘宝网上竞争越来越激烈, 广告费用占其销售额的 40%, 高额的广告费用和日益激烈的行业竞争, 企业日子很不好过。酷迪宠物的电商经理王春反映, 在电子商务领域, 第一流商家每月亏损 10%, 第二流商家每月亏损 8%, 第三流商家每月亏损 5%, 以此类推。所有商家都在亏钱, 但那是投资人的钱。钱

用光了,他们就把手伸向更多投资人。在淘宝网销售鲜花的北京卖家李思源说,过去三年"鲜花"等关键词的平均广告费已提高了两倍,由 2011 年点击一次 5 元人民币升高到 15 元人民币,大概 50 次点击才可以带来一笔销售。

此外,由于服务业新增长点轻资产特征明显,潜在风险较高,融资难、融资贵问题也比较突出。近年来一些互联网创业企业尽管获得大量的创业投资,但投资者往往寄希望于短期内企业上市获得巨额回报,而忽视了创业企业的健康成长;人才缺乏也是制约新增长点发展壮大的重要问题。以北京市为例,本地文化创意产业从业人员占总就业人口的比例不过千分之一,相比之下,纽约文化创意产业从业人员占全部就业人员的 12%,伦敦占 14%,东京高达 15%。其中,会展业、网络游戏业、动画制作业、版权业等新兴领域专业人才缺乏问题更为突出。以版权业为例,我国 500 多家出版社、200 多家电子音像出版社、9000 多家杂志社、2000 多家报社、数百万网站和其他版权相关产业,目前版权代理机构仅 30 家左右[1],主要原因即新兴行业专业人员缺乏。

三、加快释放服务业新增长点发展潜力的对策建议

"十三五"时期,我国经济社会发展面临更加严峻和不确定的形势,保持经济持续稳定增长的任务更加艰巨。调研中,许多专家学者和企业界人士对服务业作为稳增长重要力量寄予厚望,提出要加快将服务业培育成为新的增长动力。因此,加快释放服务业新增长点发展潜力,对"十三五"保持我国经济持续稳定增长更为迫切。

(一)深化服务业领域改革开放,着力解决民间资本市场准入限制问题

加快服务业新增长点发展壮大关键在于进一步深化服务业领域改革开放,积极营造鼓励创新创业、有利于新增长点不断涌现的市场环境。"十三五"时期的政策重点可考虑:一是扩大服务业对外开放。进一步放松服务业的投资限制,完善负面清单管理模式。加快推进上海自贸区建设,发挥好示范带动作用。加快承接国际服务业转移,落实鼓励文化、商务等服务出口的支持政策。二是鼓励服务业领域创业。大力推进大众创新万众创业,加强创业孵化、创业培训、创业资金等全方位支持,地方政府要开辟绿色通道,简化审批手续,协调减免相关费用等。鼓励大学生、科技人员等利用互联网,发展服务业新业态、新模

---

[1] 毛俊玉. 弥补文创人才缺口还需做什么 [N]. 中国文化报,2014 - 02 - 22.

式。三是扩展民间资本发展空间。在金融、电信、文化、健康等国有资本相对集中的领域，应进一步拓宽民间资本发展空间。放宽民间资本投资的税收抵免政策和纳税扣除适用范围，民间资本投资具有高技术含量的服务产业，对其来源于这些产业的投资收益可设置一定免税期。四是适应大数据发展趋势，抓紧出台政府数据资源开放管理条件，加快推进面向社会的政府数据公开。保障民营企业平等地享有信息采访权，鼓励个人和企业面向原始数据进行增值性开发和创新性处理。

（二）加强法律法规建设，加快调整完善服务业新增长点的具体支持政策

尽快建立与服务业新增长点的行业特征相适应、相匹配的法律法规和政策体系。在完善服务业新增长点领域法律法规体系的同时，"十三五"时期的政策重点应考虑：一是创新服务业土地管理政策。试点部分服务业用地年租金制；支持以划拨方式取得土地的单位利用工厂厂房、仓储用房、传统商业街存量房产兴办信息服务、研发设计、文化创意等服务业，土地用途和使用权人可暂不变更；适当提高土地容积率，促进节约集约用地。二是完善金融支持政策。针对服务业多为小微企业的行业特点，加大对科技型小微企业的资金支持，探索发展有利于服务业小微企业发展的"草根金融"体系和联保贷款业务，积极发展天使投资和风险投资等创新金融。三是加快落实鼓励类服务业企业用水、用电、用气、用热与工业同价。进一步完善峰谷分时电价政策，对于110千伏安以下的商场、超市、餐厅、宾馆、冷库等无法避峰用电的企业，不再纳入执行峰谷分时电价范围。四是加强人才培养。支持有条件的高等院校有重点、有选择地开设新学科、新专业，加大服务业新增长点领域的人才培养。依托职业教育资源，加强专业性、技能型人才培养。完善移民、签证等制度，加大对产业新增长点领域复合型、领军型优秀国际人才吸引力度。

（三）重视需求侧政策，积极引导转变消费观念和鼓励服务消费

需求是拉动产业发展的根本动力，释放服务业新增长点发展潜力关键在于培育有效市场需求。"十三五"时期的政策重点应考虑：一是推进政府向社会力量购买公共服务。改革创新公共服务提供机制和方式，建立健全政府向社会力量购买服务机制，不断创新和完善公共服务供给模式，进一步放开公共服务市场准入。加大对服务业新增长点的政府采购力度，加快研究制定《政府采购协定》下政府采购优先购买和必须购买国内产品的目录。二是实施服务业新增长点消费工程。推进实施健康养老家政、信息、绿色、旅游休闲、教育文化体

育等消费工程,探索服务消费补贴或服务消费支出抵扣个人所得税等具体措施,促进消费潜力释放,拉动新的增长点发展。三是鼓励扩大服务出口。扩大旅游、文化产品、节能环保、环境服务等服务进口。鼓励和引导有实力的服务企业通过在境外设立分支机构、投资并购境外服务企业、参与境外服务项目国际招标等方式"走出去"。研究并推动实行扩大免(退)税购物试点区域及销售对象,扩大72小时过境免签城市范围、探索落地签证、降低团队签证规模要求等签证便利化措施,加强旅游国际宣传,加强旅游驻外办事处建设,广泛吸引入境旅游。四是引导消费者观念转变。积极开展宣传教育,转变传统消费观念,促进服务消费加快发展。

(四)加强跟踪调查,研究制定适应服务业新业态的监管体系和配套政策

服务业新业态往往是商业模式创新的产物,本身是对传统产业格局的改变,必然会遇到与现行管理制度不适应、不协调的问题。要在鼓励创新的前提下,不断完善有利于服务业新增长点健康成长的监管体系,"十三五"时期的政策重点应考虑:一是加强前瞻性政策研究,制定针对性配套政策。当前要重点针对互联网经济,按照"先发展、后管理、在发展中逐步规范"的原则,制定相应监管办法和政策措施,保障线上、线下经济相同的政策监管条件。例如,针对跨境电子商务在交易方式、支付结算等方面与传统贸易方式差距较大的情况,加快研究建立新型的审查模式、监管模式和相应的税收政策。在符合安全规范的条件下,研究允许第三方互联网支付机构应用二维码支付、条码支付等创新技术扩展线下市场。再如,研究制定支持专业化、社会化第三方物流发展的政策措施,积极推广"网定店取"、"自动取货柜"、"定点取货"等网购配送方式。二是推进服务业新增长点的试点试验示范。将服务业新增长点纳入国家服务业综合改革试点,开展新兴服务业标准化试点。通过试点、试验和示范,探索协调推进放宽准入与完善监管相结合机制,实现由"重审批、轻监管"转变为"宽准入、严监管"以及由事前审批为主转变为事中和事后监管为主。积极探索服务业跨部门协同监管机制,引导政府相关部门加强监管协作,促进服务业跨界融合监管的信息互换、监管互认、执法互助,重点加强事中事后监管和全程协同监管。三是建立开放的服务质量社会监管平台。针对旅游、医疗、电子商务、通信等消费者投诉较多的行业,重点加强服务质量和安全监测。督促服务企业严格落实质量首负责任,构建销售者牵头发动的质量责任追溯链条。

(执笔人:洪群联)

韩国打造经济增长新动力的
主要做法与启示

内容提要

为打造经济增长新动力，韩国在产业新增长点选择、产业发展环境营造、创新政策与产业政策配套、市场空间培育等多个方面采取了一些创新性的做法，促进了新增长动力的不断涌现和政府与市场关系由政府主导向市场主导、产业发展动力由要素驱动向创新驱动的转变和过渡，其做法和经验值得我国学习借鉴。

为了解韩国培育产业新增长点和实现创新驱动发展相关问题，近期笔者赴韩国对外经济政策研究院开展为期一个月的访问学习。在韩期间，笔者与韩国对外经济政策研究院、韩国产业发展研究院的数十名专家开展了多次座谈交流，并实地走访了首尔、世宗、大田等韩国主要研究开发区和产业集聚区，形成了一些思考和认识。

一、现状与特点

从 20 世纪 60 年代开始，韩国在经济、科技、文化等方面取得了较大的进展，迅速跻身为 OECD 成员和人均 GDP 一万美元俱乐部，成为"亚洲四小龙"之一和全球第十三大经济体，取得了突出的成绩。在此期间，韩国的汽车、电子、信息通信、造船、钢铁等主导产业迅猛发展，在全球也占有较高的市场份额，每个领域都涌现出若干在全球具有重要影响力的世界级领先企业[1]，在机器人研制和应用、互联网、宽带、移动通信等科技领域处于世界领先水平。具体数据见表1。

表1　韩国主要产业在世界市场的占有率和排名

产业＼年份	1990	1995	2000	2006	2012
造船	23.8（2）	30.4（2）	35.1（1）	40.4（1）	35　（2）
汽车	2.7（10）	5.0（5）	5.3（5）	5.5（5）	5.4（5）
钢铁	3.0（7）	4.9（6）	5.1（6）	4.2（5）	-
石油化工	1.8（14）	5.0（5）	5.2（4）	6.2（5）	-
半导体	3.1（3）	10.4（3）	7.4（3）	10.2（3）	51.9（1）
电子	3.4（6）	4.5（4）	5.6（4）	5.8（4）	

注：单位为%，括号内为世界排名。
资料来源：韩国国家科学技术委员会. 新增长动力实施现状与未来日程［Z］. 2013.

在此过程中，韩国产业结构发生根本性的变化，迅速从一个农业国转变为以先进制造业[2]和现代服务业为主导的国家。1953年，韩国农业占GDP的比重为48.2%，是韩国的第一大产业，到2014年则下降至2.3%。制造业占GDP比重稳步提升，由不足10%提升到20世纪80年代的30%左右，之后30多年的时间基本稳定维持在这一水平。服务业占GDP比重从40%上升到60%左右，成为国民经济的主导产业，服务业内部结构也发生了根本性的变化。电力、燃气与水供应业作为基础性行业，占国民经济比重变化不大；由于矿产资源匮乏，韩国采掘业占GDP的比重一直比较小，不到1%且变化不大；建筑业伴随着工业化、城镇化步伐的推进有逐步上升趋势，但在达到10%的峰值后逐步下滑，占GDP的比例目前稳定在5%左右。韩国1953—2014年产业结构变动趋势见图1。

伴随着主导产业的发展壮大和产业结构的调整优化，韩国20世纪80年代中期以后逐渐实现了发展动力的转换，即由要素和投资驱动过渡到创新驱动发展阶段。其主要做法包括：

1. 坚持从模仿到创新，重视对技术引进的消化吸收而非简单的技术引进

韩国从政府到企业很早就认识到技术引进的根本目的在于消化吸收，最终

---

［1］1993年韩国世界500强企业一度高达13个。

［2］韩国主要产业门类分为五大部门，包括：农业、林业和渔业，采掘和制造业，电力、燃气和水供应业，建筑业，服务业。其中，采掘和制造业，电力、燃气和水供应业，以及建筑业相当于中国的第二产业。

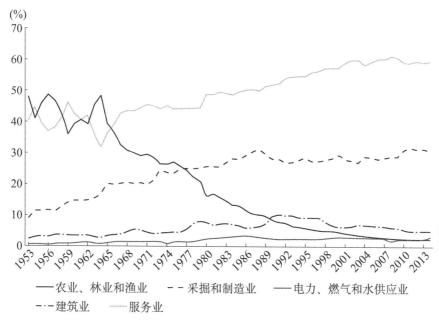

图1　韩国1953—2014年产业结构变动趋势

资料来源：韩国中央银行（http：//eng. bok. or. kr），经整理。

实现技术的全面国产化。因此，从20世纪60年代初期以来，韩国政府一直把对技术引进消化吸收作为重要的政策基点，引导甚至强制要求企业消化吸收相关的先进技术并进行国产化生产。其中，韩国政府所建立的KIST等科研机构扮演了重要的中介角色，成为韩国消化吸收先进技术的事实主体。从企业层面看，对先进技术的消化吸收也是韩国企业建立自身独特竞争优势的必然选择。据韩国产业银行对1980年到1990年技术引进国产化程度情况的调查分析，韩国一半以上的企业在技术引进6年之后已经基本完全消化吸收所引进技术，并处于能够自我开发新产品或技术革新的阶段。

2. 坚持官产学研金联合创新

韩国确立了"技术立国"的战略，从政府层面大力支持技术创新，积极构建"技术创新—产业技术转移—产业化"等链条完善并集公共研究机构、大学和企业共同组成的完善创新体系。并通过KIST下属的技术转移办公室和韩国技术交易所（Korea Technology Transfer Center，KTTC）等推进成果转化，帮助大学、研究院等公共机构实现技术转移和商业化。在韩国政府支持下，以三星、LG等为代表的财团在韩国经济发展和创新中也扮演了重要角色，通过并购大量中小型企业、实施经营多样化和技术革新，逐渐建设了一批具有较强国际竞争力的大型跨国公司，使其成为"模仿—改进—创新"战略的重要实施主体，带动韩国创新能力的迅速提升。

3. 长期而又持续的科技投入，并聚焦产业共性技术研发

韩国深知科技和创新是增强其持续发展能力的根本，因此源源不断地加大科技研发投入。目前，韩国的研发投入和人员投入水平都已经位居全球前列，其中研发投入占 GDP 比重超过 4%，属于全球最高水平国家，人员投入水平则高达每千名经济活动人口有 12 名科研人员。研发基础设施也居全球领先水平。此外，韩国政府认为共性技术是潜力最大、市场前景最广但不确定性最强、直接商业效益偏低、投入资金需求最高的技术，因此政府将重心集中于这一类技术的研发领域，为企业创新奠定了雄厚的技术基础。

4. 重视消费者偏好，开展适应性创新

由于韩国的基础研究能力不足以全面支持在自主创新中超过美、德、日等基础研究能力较强的国家，因此韩国在创新驱动发展中非常注重把握市场习惯，力图实施一套对基础研究依赖程度较低、更为贴近消费者偏好的创新战略。如三星手机的成功就是一个典型的案例，虽然三星在操作系统、CPU 等手机核心技术上较苹果、诺基亚等优势并不明显，然而三星凭借整体外形设计上的优势和营销策略使其迎合和贴近消费者的需求，在相当长一段时间内成为高端手机领域的佼佼者。

二、近期打造经济增长新动力的主要做法

伴随近一段时期新一轮科技革命和产业变革深刻影响全球产业分工格局，韩国电子信息、汽车、船舶等传统产业增速放缓，在全球产业链中的分工地位面临"两面夹击"的困境，韩国产业界及政府深刻意识到已经到了必须加大力度培育新的产业增长点和鼓励创新的关键时刻。为此，韩国在产业新增长点选择、产业发展环境营造、创新政策与产业政策配套、市场空间培育等多个方面采取了一些创新性的做法，促进了新成长动力的不断涌现。

（一）不断更替成长动力产业，持续推进产业新增长点发展

截至目前，韩国一共发布了三个版本的产业成长动力规划或计划，引导韩国产业发展走向。

第一次是 2003 年韩国政府提出的"十大未来成长动力产业"发展计划，确立了智能机器人、未来型汽车、新一代半导体、数码电视广播等十大新成长动力产业，并由产业资源部（MOCIE）推动，目标是在 2010 年前后使韩国人均国民收入从当时的 1 万美元提高到 2 万美元。

第二次是 2009 年李明博政府颁布的《新增长动力规划及发展战略》，该规划明确提出重点发展绿色技术产业、高技术融合产业和高附加值服务业三大产业及新的可再生能源、节能减排、污水处理、LED 应用、绿色交通系统、高技术绿色城市、广播通信融合产业、IT 融合系统、机器人应用、新的纳米材料应用、生物医药与生物医学工程、高附加值食品、内容服务与软件等 17 个新增长动力，并预计其产值将从 2008 年的 222 万亿韩元（约合 1.22 万亿人民币）增加到 2018 年的 700 万亿韩元（约合 3.85 万亿人民币）。

2015 年年初，为了适应新的产业发展形势变化，立足韩国产业基础优势和未来战略重点，朴槿惠政府再次更新了产业新增长点的内容，并于 4 月份发布了《未来产业发动机：综合实践计划》（征求意见稿），初步圈定四大类 19 个新的增长点。待征求意见后由未来科学创造部和产业通商资源部一起正式发布。根据 4 月初发布的征求意见稿，韩国最新的成长动力计划包括新兴产业、主力产业、公共福利和能源产业、基础产业四大类共 19 个新的产业增长点，具体见表 2，代表了韩国未来 5～10 年产业发展的新方向和政策支持的重点。

表 2　韩国未来产业发动机计划提出的 19 个产业新增长点

新兴产业	主力产业	公共福利和能源产业	基础产业
1. 智能机器人 2. 可穿戴设备 3. 实感型内容产业 4. 智能生物生产系统 5. 虚拟训练（安防）	6. 智能汽车 7. 深海装备 8. 5G 通信 9. 可以垂直起降的无人飞机	10. 医疗照护 11. 可再生能源生产与存储复合系统 12. 灾难安全系统 13. 配电系统 14. 最小型发电系统	15. 复合型新材料 16. 智能型半导体 17. 物联网 18. 大数据 19. 高技术材料加工

资料来源：韩国产业研究院. 韩国未来产业发动机——综合实践计划研究报告［R］. 2015.

（二）立足韩国电子信息产业基础，全力打造"未来创造经济"

由于 2008 年李明博执政时废除了科技副总理制，将原科技部和教育部合并为教育科技部带来的重教育、轻科技的后遗症，使韩国科技发展在其执政期间陷入低谷。2013 年，朴槿惠政府执政后为提升其国家竞争力，创造幸福生活，给科技赋予重担，新组建了韩国科技的"控制塔"——未来创造科学部，并提出了不同于上届政府"绿色经济战略"的经济发展战略，全力打造"未来创造经济"。该战略包括五大支柱：一是构建"创造经济"生态系统；二是增强国家研发和创新实力；三是推动软件和内容产业化；四是加强国际合作和全球化；五是发展造福国民的科技和信息通信技术产业。虽然该战略提出的重点并非侧重某一领域产业新增长点发展，但该战略的判断基于韩国优势产业发展的基础和未来全球新一轮科技革命和产业变革重要方向，提出了有助于韩国"创造经济"生态系统构建和产业发展环境完善的政策措施,对于韩国"未来创造经济"领域的文化创意、软件、信息通信以及产业融合领域产业新增长点的培育至关重要。

根据这一战略构想,韩国将持续加大信息通信技术(ICT)基础设施建设,努力构建创业生态系统,同时加大对企业的支援力度,计划自 2013 年起分阶段废除移动电话入网费用,争取在 2015 年年底将入网费用降为零。在基础科学领域,韩国着力将大田"国际科学商务地带"发展为国际基础科学研究枢纽,目标是吸引世界 300 名著名科学家到韩国,并培养 3000 名研发人员,以争取挑战未来科学领域的诺贝尔奖。产业创新发展方面,韩国重点将包含动漫、软件、文化创意和设计等在内的内容产业和大数据、云计算等新一代信息通信产业作为未来产业新增长点的发展重点,着力打造融合经济和创造经济。

(三)促进产业政策与科技政策互动,推动产学研用一体化发展

产业新增长点往往具有较高的技术密集属性,并且符合产业技术创新与变革的发展方向,因此,与科技政策的关联度较高。韩国政府十分注重从宏观层面上把握和调控科技的系统化发展,通过制定科技规划、采取集中协调型科技管理体制,努力保持科技发展的速度和连续性,较好地主导了科技发展方向。与此同时,韩国会及时根据国际形势、产业政策支持重点调整科技发展战略,使得韩国的科技创新政策与产业政策的联动性较强,创新驱动产业发展的效果也十分明显。

比如,20 世纪六七十年代是韩国要素驱动经济发展阶段,韩国缺乏工业化的技术能力,科技基础薄弱,科技发展目标不得不依赖引进技术和设备。20 世纪 70 年代,韩国将钢铁、石化、造船、电子、机械等重化工业作为国民经济的支柱产业打造,相应的科技战略重点就集中在开发重化工业战略技术上,并扩大国外先进技术的引进,加强相关科研院所的建设,开展私营企业的技术开发活动等。20 世纪 80 年代,韩国进入投资驱动发展阶段,产业发展的战略目标是发展机械和电子等技术密集型、智力密集型的高技术产业。此时,韩国科技政策的重点开始由单纯引进向消化吸收和再创新转变,韩国建立以原科学技术部为中心、其他部门协同的综合科研管理体制,开始实施以提高产业竞争力和主要机械产品国产化为目的的核心战略技术开发和尖端技术开发战略。20 世纪 90 年代末至今,韩国进入创新驱动发展阶段,政府提出向知识经济转型和未来创造经济转型的方针,此时科技发展战略目标是全面增强国家竞争力,政府推行以建立具有比较优势的国家技术创新体系为核心内容的产业政策,通过调整产业结构、促进技术创新、改造信息网络、有效利用人力资源等增强产业竞争

力。韩国科技政策与产业政策的互动发展情况见表3。

表3　韩国科技政策与产业政策的互动发展

年代	发展阶段	产业政策方向	科技政策重点
20世纪60年代	要素驱动阶段	扩大出口型，重点发展轻工业	引进为主
20世纪70年代	要素驱动向投资驱动过渡阶段	支持重化工业发展	引进为主，注重消化吸收
20世纪80年代	投资驱动阶段	促进技术密集型工业发展	设立国家研发计划，鼓励核心战略技术开发
20世纪90年代	投资驱动向创新驱动过渡阶段	促进高技术产业发展	实施国家先进技术计划，努力攀升技术制高点
21世纪以来	创新驱动阶段	向知识经济、创造经济转型	Focus战略，技术研发聚焦新成长动力

资料来源：根据有关资料整理。

（四）延续出口导向型产业政策，大力拓展中国等市场

产业新增长点的发展，一头连着科技，一头连着市场和需求。对于以贸易立国的韩国而言，市场主要意味着国际市场。因此，韩国在进入新世纪以后，继续坚持贸易立国方针，延续其出口导向型产业政策，以打造全球"自由贸易轴心"为目标，积极推进自由贸易区（FTA，简称自贸区）建设，努力建设连接各大洲的自由贸易网络，特别是以韩国为重点的亚洲生产网络。这一区域生产网络的特点是主要依靠区域内贸易分工实现韩国生产制造价值的最大化，即日韩生产的零部件出口到中国，在中国进行加工组装，产品出口欧美国家。其合作的基础在于中国廉价的劳动力以及日韩较为高端的制造业零部件生产水平，实现区域内垂直贸易分工。依靠这一生产模式，韩国主要产业产品产量和世界市场占有率份额大幅增加，世界排名也快速上升，其造船、半导体产业全球市场占有率排名最高为世界第一，汽车、钢铁、石化产业全球市场占有率排名最高为世界第五位。

其中，最值得关注的是近年来韩国积极推进的中韩自贸区建设。根据韩国对外经济政策研究院提供的数据，韩国虽然在中国进口市场中占最大的比例（2014年为9.7%），但在中国内需市场中所占比例非常低（2014年为5.7%），低于德国、美国、日本等竞争对手，并且韩国对华出口的70%以上都是加工贸易产品。因此，韩国急需通过中韩自贸区建设把加工贸易型出口结构转为一般贸易型出口结构，抢占中国的内需市场。目前，中韩自贸区协定已经签订，韩国有望在扩大对中国出口的同时调整出口产品结构，刺激产业新增长点发展。

根据最新发布的《未来产业发动机：综合实践计划》，韩国希望到 2020 年新提出的 19 个产业新增长点的出口额从现在的 1 万亿韩元增长到 5.6 万亿韩元，年均增长超过 33%。

三、启示与建议

（一）调适产业政策支持理念和方式，推动政府与市场关系由政府主导向市场主导转变

韩国是推行产业政策较为成功的国家之一。自 20 世纪 60 年代以来，韩国开始实施五年计划，运用产业政策成功实现了经济起飞与快速发展，推动了汽车、电子、信息通信、造船、钢铁等支柱产业的快速崛起，顺利进入高收入国家行列。然而，随着韩国市场经济成熟度的提高，韩国产业政策的效果趋于减弱，韩国政府也及时调整了以往直接干预产业发展的产业政策支持方式，改为主要依靠市场主导、政府通过发布产业政策研究报告等方式引导产业发展的做法推进产业发展。特别是在产业新增长点的培育上，由于全球产业发展的新趋势、新动向的动态化调整特征日益明显，政府很难替代企业和市场去选择新的增长点，因此韩国政府逐步减少对产业发展的干预，主要通过发布研究报告、规划等方式引导产业发展，其目的是更多地发挥导向作用。

我国正处于产业转型升级的关键阶段，新旧增长动力更替青黄不接，迫切需要寻找到能够支撑未来一个时期产业发展的新增长点，在这一过程中要学习借鉴韩国培育产业新增长点的做法，注重调适产业政策支持理念和方法，不能直接替代企业选择产业新增长点，要更多通过政策引导、规划引导的方式，调动相关市场主体发展新兴产业的积极性，推动政府与市场关系由政府主导向市场主导转变。

（二）营造良好的产业发展环境，推动产业新增长点不断涌现

包括制度、市场透明度、基础设施等在内的产业发展环境的建设是推动产业新增长点蓬勃发展的重要因素。比如新兴产业的培育有赖于公平竞争、开放有效的制度环境和生态系统，现代科技研发越来越依赖于强大的信息网络基础设施建设等。韩国在这些方面的表现都非常突出，根据世界经济论坛最新发布的《2014—2015 年全球竞争力报告》，韩国在宏观经济环境、市场效率、创新投入、基础设施建设等方面的得分都远远高于我国。因此，营造更加透明、高效、公平的市场竞争环境，强化市场化机制在重点产业技术发展和产业新增长点培育中的作用至为重要。要转变政府选择产业发展重点的倾斜式产业政策扶

持方式，改为重点制定安全性、技术经济性、节能环保、知识产权等发展标准的竞争性、普惠性产业政策，并搭建有利于创新创业、提高政府服务效率、促进知识产权和金融制度完善的制度环境，引导和规范产业新增长点发展，而在重点领域选择上充分尊重企业和市场的选择权。

（三）调整完善创新政策，推动创新政策与产业政策的协调互动

韩国从一个原本落后的农业国迅速发展成为新兴的工业化国家，与韩国积极发展科学技术、提升本国制造业发展水平，进而提高其产品的国际竞争力息息相关，特别是其在产业发展不同阶段，根据产业发展重点调适科技和创新政策的做法值得我国学习借鉴。我国在促进产业发展和新增长点培育过程中也应采取推动创新政策和产业政策协调联动的做法，加强规划、重大攻关项目与政策的衔接，推动创新政策与产业政策的协调互动。主要包括两个方面的内容：一是要围绕产业发展重点，制定有针对性的产业技术创新引导政策，促进重点培育新兴产业领域关键技术的研发和突破；二是要加强对科技创新趋势的研判，根据产业和科技发展的最新进展动态调整我国产业新增长点的内容，建议在研究制定出台"十三五"产业新增长点培育计划的基础上，以五年为一个周期，逐步建立完善产业新增长点的动态调整机制。

（执笔人：盛朝迅）

"十三五"时期新能源产业发展潜力、问题和对策研究
——基于风电和光伏企业的调研分析

内 容 提 要

> 近年来伴随着技术进步、消费模式创新、应用领域不断拓展,我国以风电、太阳能光伏发电为主的新能源产业发展快速,产业集中度不断提高,行业的整体盈利水平持续改善。但在发展的过程中,我国新能源产业也存在着诸如并网难、成本高、技术创新能力有待提高、行业发展对政策的依赖性较高等问题和制约因素。为促进新能源产业健康发展,就要克服以上困难和制约因素,完善配套政策,营造良好的市场运营环境,提升新能源产业整体发展水平。

近年来,我国以风能、太阳能为代表的新能源技术进步持续深化、应用加速拓展,风电装备制造产业稳步发展,光伏产业经历了大起大落后,行业重新洗牌,于近期又迎来了一个新的发展阶段。近日,课题组成员围绕"十三五"时期我国新能源产业的发展现状和潜力、面临的问题与制约、对策建议等开展调研,通过座谈会、实地考察等形式先后与国家能源局、国家发展改革委能源所、中科院政策所、金风科技、英利集团、常州天合、洛阳中硅等政府管理部门、研究机构和企业有关人员进行了深入交流。现将有关情况整理如下。

一、发展现状及潜力分析

（一）发展现状

1. 产业发展进入稳步扩张阶段

过去几年，我国新能源产业在市场需求和国家产业政策支持下快速发展。从装机容量来看，2014 年，我国风电、太阳能发电、生物质能发电总装机达到 13645.88 万千瓦，分别占我国发电总装机容量的 7.1%、2.1% 和 0.7%，其中风电占我国发电总装机容量的比重由 2010 年的 3% 上升到 2014 年的 7.1%，增加了 4.1 个百分点，生物质发电增加了 0.1 个百分点。

截至 2014 年年底，光伏发电累计装机容量 2805 万千瓦，新增装机容量 1060 万千瓦，同比增长 60%，其中，光伏电站装机 2338 万千瓦，分布式装机 467 万千瓦；光伏发电年发电量约 250 亿千瓦时，同比增长超过 200%。2014 年光伏发电约占全球新增装机的 1/5，占我国光伏电池组件产量的 1/3，实现了《国务院关于促进光伏产业健康发展的若干意见》中提出的平均年增 1000 万千瓦的目标。2015 年上半年，光伏产业继续保持快速增长的势头，同比增长 30%，产品价格稳中有升，企业经营状况普遍好转。国内前 4 家多晶硅企业均实现满负荷生产，前 10 家组件企业平均毛利率超 15%，上半年全国多晶硅产量 7.4 万吨，同比增长 15.6%，进口量约 6 万吨；硅片产量 45 亿片，同比略有增长；电池组件产量 19.6GW，同比增长 26.4%；硅片、电池、组件等主要光伏产品出口额 77 亿美元。据初步统计，2015 年上半年我国光伏制造业总产值超过 2000 亿元。

2014 年，全国风电产业继续保持强劲增长势头，全年风电新增装机容量 1981 万千瓦，创历史新高，累计并网装机容量达到 9637 万千瓦，占全部发电装机容量的 7%，占全球风电装机的 27%，风电上网电量 1534 亿千瓦时，占全部发电量的 2.78%。风电设备制造能力持续增强，技术水平显著提升。全国新增风电设备吊装容量 2335 万千瓦，同比增长 45%，全国风电设备累计吊装容量达到 1.15 亿千瓦，同比增长 25.5%。风机单机功率显著提升，2 兆瓦机型市场占有率同比增长 9 个百分点。风电机组可靠性持续提高，平均可利用率达到 97% 以上。

2. 产业集中度进一步提高

随着新能源产业的发展，新能源企业规模不断扩大，产业集中度不断提高。2014 年风电整机企业装机方面，金风科技以 443.4 万千瓦新增装机容量稳居行业第一,第二名联合动力新增 260.05 万千瓦,第三名明阳风电新增 205.8 万千瓦。市场集中度进一步提升至前八大整机企业,中国风电产业基本结束了低价竞争的局面,风电产业制造能力和集中度进一步增强。国家能源局发布的《2014 年风电产业监测数据》显示,8 家企业风机吊装容量超过 100 万千瓦;根据中国风能协会的最新排名,金风科技、联合动力、明阳风电、远景能源、湘电风能、上海电气、东方电气、中船重工八家企业的装机容量占总装机容量的73%。2014 年风电整机企业新增装机前 10 家的装机情况见表 1。

表 1 2014 年风电整机企业新增装机前 10 家

序号	整机制造商	新增装机(万千瓦)	装机容量比(%)
1	金风科技	443.40	18.99
2	联合动力	260.05	11.14
3	明阳风电	205.80	8.81
4	远景能源	196.26	8.40
5	湘电风能	178.10	7.63
6	上海电气	174.36	7.47
7	东方电气	129.80	5.56
8	中船重工(重庆)海装	114.40	4.90
9	运达风电	89.80	3.85
10	华锐风电	78.90	3.38

专栏 1 新疆金风科技股份有限公司发展情况

金风科技股份有限公司(简称"金风科技")成立于 1998 年,是我国最早从事风电机组研发和制造企业之一。依托国家大力发展新能源的机遇和各项扶持政策的有力支持,长期坚持自主创新,发展至今,金风科技已成为国内第一、国际领先的风电机组制造商及风电整体解决方案提供商。自2000 年以来,金风科技一直保持经营业绩又好又快地发展,公司资产规模由 2000 年的 5400 万元增加至目前的 344 亿元,增幅超过 600 倍,2007 年、2010 年,公司分别在国内深交所和香港港交所上市。

2013 年,金风科技实现工业总产值 141 亿元,销售收入超过 123.6 亿元,累计纳税总额超过 45 亿元,累计装机 14585 台,机组总容量 1907.93万千瓦,占国内市场的 22.5%份额,行业排名第一,国内项目遍布 21 个省份,国际项目遍布全球六大洲 13 个国家和地区。2014 年公司营业收入1770421.80 万元人民币,同比增长 43.84%;实现营业利润 205231.86 万元人民币，同比增长 331.52%；实现净利润 185351.32 万元人民币，同比增长 327.44%；实现归属母公司净利润 182968.23 万元人民币，同比增长 327.85%。

从光伏产业来看，经过重组与调整，市场集中度也进一步提高，骨干企业凭借技术规模和品牌优势，市场占有率进一步提升。在光伏电池制造领域中，晶奥、英利绿色能源控股有限公司、天合光能等三家企业 2014 年光伏电池出货量为 903 万千瓦，占我国前十名光伏电池制造企业年总出货量的 54.7%，其中晶奥排名第一，年出货量达到 323 万千瓦。

专栏 2　我国主要光伏企业

保利协鑫。全球领先的多晶硅、硅片供货商之一，是一家专注于清洁能源、以新能源为主营业务的专业化能源集团公司，中国最大的非公有制环保电力控股企业，全球最大的光伏材料制造商。其主要业务有电力、光伏材料、新能源、天然气及绿色人居地产五大产业板块。保利协鑫光伏的多晶硅生产基地采用成熟的技术，利用改良过的西门子工艺生产多晶硅。2011 年 9 月与台湾富士康集团共同成立富士康协鑫大同新能源产业集团公司，并在山西省大同市共同投资 900 亿元建设 300MW 光伏电站，打造垂直一体的光伏发电项目。在硅片制造方面，积极打造立体化的硅片业务发展模式，通过与设备供应商签署长期合作协议、介入硅片生产辅料的规模化生产、对铸锭与切片生产设备的创新化改造，致力提升光伏材料业务整体竞争力。

英利绿色能源控股有限公司。英利集团成立于 1987 年，1999 年承担国家年产 3 兆瓦多晶硅太阳能电池及应用系统示范项目，填补了国家不能商业化生产多晶硅太阳能电池的空白。2007 年 6 月在美国纽交所上市。2012 年，集团组件出货量达 2300 兆瓦，位居全球第一位。

天合光能。即天合光能有限公司（TSL），是一家专业从事晶体硅太阳能组件生产的制造商。天合光能大量生产多种类型的单晶和多晶光伏组件，产品输出功率从 165 瓦到 230 瓦不等。2014 年 4 月，天合光能宣布，其单晶硅太阳能光伏组件（60 片 156mm×156mm 单晶硅电池）创造了 P 型单晶硅组件输出功率新的世界纪录。该项成果经第三方 TUVRheiland（莱茵）权威认证机构测试，峰值输出功率高达 326.3 瓦，表明其量产 PERC 单晶硅高效组件达到世界领先水平。此次天合光能研发的 HoneyUltra 单晶硅高效组件，拥有全部自主知识产权，作为新一代 HoneyUltra 组件产品，集成了多项自主研发的先进电池背钝化技术、组件减反射技术及组件低电阻连接技术。

3. 企业盈利能力持续改善

伴随着新能源产业的快速增长，新能源企业盈利能力也在逐步改善。从风电装备企业来看，通过对 29 家规范条件企业 2015 年上半年销售收入、净利润统计，2015 年上半年企业合计销售收入与净利润分别同比增长 8.9% 与 9.7%。29 家组件企业平均净利润率同比增长 6.5 个百分点，利润增幅最大的是金风科技和华仪风电，分别为 500% ~ 550% 和 600%。风电整机企业盈利增长的原因除订单增加外，更为重要的是中国风电行业基本结束了低价竞争的格局。2012 年左右，为获取开发商订单，风电企业竞相压价，每千瓦价格甚至低至 3000 元，造成风机质量下降。进入 2014 年，开发商逐渐意识到质量对于发电量的重要性，每千瓦价格维持在 4000 元以上，风电设备制造市场的竞争趋于理性。随着多条特高压输电线路开工及可再生能源配额制付诸实施，疏堵并举之下，风电场运行效率提升将获得有力保障，届时，风电场开发的内部收益率也将在目前 10% 的平均水平上全面提升。

随着市场回暖，我国光伏企业产能利用率已经得到有效提高，盈利情况趋好。2014 年主要组件商天合、英利、阿特斯的毛利率均在 15% 以上，整个行业盈利情况趋向好转。2015 年上半年，我国光伏企业盈利情况持续改善，多数企业扭亏为盈，29 家通过规范条件企业合计销售收入和净利润同比分别增长 8.9% 和 9.7%，29 家组件企业平均净利润率同比提高 6.5 个百分点。

（二）发展趋势

1. 基于前期产业规模和增速水平的初步判断

基于"十二五"时期我国新能源产业增长水平及未来我国能源结构调整的需要，新能源产业在未来五年内还将以较快的速度增长，产业规模将进一步扩大。能源和环境问题是 21 世纪最具挑战性的问题之一，为了应对这一挑战，开发和利用新能源成为世界各国的共同选择，中国自然也不例外。新能源一方面是传统能源的补充，另一方面可有效降低环境污染。中国可再生能源和新能源开发利用虽然起步较晚，但近年来也以年均超过 25% 的速度增长。预计到 2020 年，新能源发电装机达 2.9 亿千瓦。其中风电到 2020 年装机将达到 1.5 亿千瓦[1]，预计发电量为 2612 亿千瓦时[2]，风电企业主营业务收入为 1462 亿元左右[3]；2020 年太阳能发电装机将达到 5000 万千瓦以上，企业主营业务收入也

---

[1] 新能源产业规划中 2020 年风电装机为 1.5 亿千瓦。
[2] 按 2014 年发电平均时数和弃风率 8% 计算。
[3] 按上网电价每千瓦时 0.56 元计算。

将达到 500 亿元以上；从生物质能来看，到 2020 年生物质能发电总装机容量达到 3000 万千瓦，企业主营业务收入将达到 230 亿元左右[1]，因此新能源发电企业营业收入在 2020 年将达到 2500 亿元以上。另外从新能源上游产业来看，首先风电设备，以每千瓦装机容量设备投资 5000 元[2]计算，到 2020 年风电设备市场规模将达 5000 亿元左右；光伏发电按每千瓦 10000 元成套设备投资计算，光伏产业市场规模也将达到 5000 亿元左右。据《节能与新能源汽车产业发展规划（2012—2020 年）》，到 2020 年，纯电动汽车和插电式混合动力汽车生产能力达 200 万辆，累计产销量超过 500 万辆，预计销售收入实现翻番。综合来看，到 2020 年新能源产业（包括上游和下游产业）主营业务收入大概在 2.25 万亿元[3]以上。

2. 技术创新将进一步激发产业发展潜力

近年来，我国新能源产业技术进步很快。风电整机技术成绩明显，我国风电企业在引进国外技术的基础上通过消化吸收、委托设计、与国外联合设计和自主研发等方式，在大型风电机组及关键零部件设计、叶片翼型设计等领域获得了一批拥有自主知识产权的成果，掌握了 1.5MW～3.0MW 风电机组的产业化技术。在海上风电开发领域，我国自主研发了一系列海上风电场设计、施工技术，并研制了一批专用的海上风电施工机械设备。太阳能光伏发电技术经过多年发展已经成熟，从独立系统朝着大规模并网方向发展。商业化晶体硅太阳能电池光电转化率已经普遍达到 19.5% 的水平，而晶澳太阳能科技有限公司研发的 P 型晶体硅太阳能电池光电转换效率已提升到 20.5%，大大降低了企业成本，核心竞争力不断提高，这将推动大型光伏发电的发展，助推国内现在光伏产业升级，帮助光伏企业消化过剩产能。

3. 宏观政策有利于产业发展壮大

国家鼓励新能源产业发展政策将长期存在。我国已制定 2020 年非化石能源占一次能源消费比重 15%、单位 GDP 排放二氧化碳比 2025 年下降 40%～45% 的目标，而目前我国能源消费中新能源占比还很低，只有加速能源结构调整，才能实现该目标，这为我国新能源产业提供了广阔的发展空间。当前，我国已经初步形成较为完整的支持风电发展的政策体系。今后，随着风电并网技术的进步以及相关配套政策、标准、体系的完善，风电产业发展将拥有

---

［1］按上网电价每千瓦时 0.75 元计算。

［2］根据中国风电发展路线图测算的 2010—2011 年风电每千瓦装机容量投资成本为 8000～9000 元，其中风电机组投资成本占一半左右。产业前瞻研究所的测算是每千瓦风电装机容量的设备成本是 7000 元。

［3］此数据没有考虑出口情况，根据光伏产业两头在外的特点，预计数字可能低于实际数据。

更加广阔的发展空间。自国务院《关于推动光伏行业健康发展的若干意见》（国发〔2013〕24号）出台后，2014年光伏产业利好政策多点开花，包括规范光伏开发秩序、开展光伏扶贫工程、推进分布式示范区建设等一系列政策措施，大力拓展国内光伏市场空间。"十三五"时期，我国光伏产业在保证光伏电站稳步发展的同时，大力推进分布式光伏发电的发展，进一步加强分布式光伏发电应用示范区的建设，进一步做好光伏扶贫工作，随着即将出台的配额制度考核办法和光伏配套政策的不断落实，光伏产业将继续保持强劲增长势头。风电、太阳能光伏发电作为新能源产业的重要组成部分，对于优化能源结构、实现节能减排意义重大，未来政策扶持力度可能还会有所提高。

4. 新的消费模式将促使新能源产业稳步增长

分布式能源、光伏建筑一体化、光伏农业等新能源消费模式的不断创新与转变，将带动我国风电、光伏发电及风光互补式发电需求稳步增长。由于我国贫困地区大都分布在西部，这些地区远离常规电网，通过延伸电网来解决用电问题既不现实又不经济，而这些地区大都拥有丰富的风能、太阳能等可再生能源。因此，发展基于可再生能源的分布式能源系统，是解决我国边远无电山区、牧区、海岛居民生活和生产用电的有效途径。目前，我国各省市积极引进新分布式光伏，加快新能源建设的进程，促进新能源结构的调整。其中，离网式微型或小型风电机组具有节能环保、机动性好、安装便捷等优点，但同时也存在不稳定的显著缺点。风—光—储互补供电系统发挥了风能和太阳能的互补性，蓄电池则能够对缺电时起到补偿的作用，这套系统的存在减少了储能装置的容量，能够在一定程度上提高供电的可靠性和稳定性。风—光—储互补供电系统是今后相当时期内边远地区独立供电的发展方向。今后，随着分布式能源发电技术的不断完善，其系统成本造价将不断降低。届时，离网式的风电或风—光—储互补系统将会迎来广阔的发展空间。

专栏3　光伏建筑一体化

光伏建筑一体化是利用太阳能发电组件替代建筑物的某一部分，把建筑、发电和美学融为一体，相互间有机结合，在建筑物的外围护结构表面布设光伏阵列产生电力的一种绿色建筑形式。光伏建筑一体化可以划分为两种形式：光伏屋顶结构和光伏幕墙结构。对于一个完整的离网式光伏建筑一体化系统，需要配套蓄电池等储能装置；对于一个并网的光伏建筑一体化系统，一般不需要蓄电池，但需增加与电网的接入装置。由于技术性和经济性方面还存在一定的障碍，不管是欧美日还是我国，光伏建筑一体化总体还处于示范建设和规划发展阶段。

二、主要问题与制约

新能源产业共性问题包括体制机制、产品技术经济性等方面。此外，调研中发现，现有光伏产业企业尽管在行业大调整大重组中"幸存"下来，但发展仍举步维艰。具体情况如下：

（一）并网难成为制约新能源产业发展的重要因素

当前大家对风电的认识基本停留在"间歇性、随机性、影响电网安全与稳定"的水平上，在一定程度上影响了各电网对风电的接收。电网对接纳可再生能源电力缺乏动力，电网并网瓶颈造成许多地区和企业被迫放缓风电开发速度，许多已建成的风电场无法将全部电量输入电网，而且风电并网问题造成的负面效应也传导到设备制造业。随着最近两年太阳能发电装机量的扩大，太阳能发电并网问题继风电并网问题之后又开始出现，由于光伏并网发电系统不具备调峰和调频能力，它的接入对电网接纳能力提出了更高要求，国内的电网还未全面升级到能与其匹配的程度。因此，必须建立起能够适应清洁能源间歇式发电特点，具备信息化、自动化、互动化特点的智能电网。

受电网建设滞后的制约，我国近年来"弃风限电"现象非常普遍，由于风电发展很快，风电建设周期小于电网建设周期等原因，电网配套往往跟不上电站建设，导致发出的电根本输不出去，这是产生"弃风"问题的主要原因。继"弃风限电"之后，我国西北局部地区光伏电站"弃光"现象也逐步出现。受国家光伏扶持政策和光伏标杆电价调整的影响，我国三北地区大批光伏项目即将上马，大量光伏项目的集中并网可能导致原本就建设滞后的电网无法满足光伏电站的需要，进一步导致全国"弃光"限电地区规模呈扩大趋势，需要引起重视。

虽然近年来光伏应用的领域不断拓展，光伏农业一体化项目、光伏建筑一体化等发展前景也很广阔，但这些新的消费模式也同样存在着电网接入不够便利和快捷等制约因素。

（二）成本仍是制约我国新能源产业发展的主要因素

在不考虑常规能源外部环境成本的情况下，除太阳能热水器外，我国绝大多数利用可再生能源生产的电力、热力、液体燃料产品的成本均高于常规能源产品，缺乏市场竞争力，尚不具备自主商业化发展能力，限制了市场容量的扩大。目前我国风力发电和光伏发电的上网电价均高于火力发电上网电价，通过国家补贴也很难维持盈亏平衡。

就风电而言,高成本主要是由于以下原因导致:弃风限电导致开发商损失严重,每年造成发电收入损失上百亿元;可再生能源附加资金下发严重滞后,产业链中企业现金流紧张,导致财务费用上升;受欧债危机和经济大环境影响,导致前几年生意红火的清洁发展机制业务收益严重收缩,甚至有出现坏账风险;风电场征地成本持续上涨,各地风电项目用于水土保持、环境评价、检测验收和资源附加费等投入不断增加;国内整体物价和人工费上扬促使风电工程施工费和项目管理费大幅升高;融资利率上调也加大了风电融资成本。我国主要风电设备投资企业盈利情况见表2。

表2 我国主要风电设备投资企业盈利情况

投资企业	20年平均运行 (小时)	平均含税电价 (元/千瓦时)	项目资本金收益率 (%)
华电福斯	1827	0.523	5.62
华能新能源	1826	0.594	10.88
龙源电力	1900	0.583	11.83
大唐新能源	1801	0.596	10.44
华润电力	2023	0.583	14.84
京能清洁能源	1867	0.560	9.26
河北建设	2081	0.540	12.49
平均值	1903.57	0.568	10.77

(三)技术创新的制约

尽管我国新能源利用关键技术研发水平和创新能力有所提高,但总体来看,无论技术研究水平还是科研投入水平,我国与世界主要发达国家相比都存在明显差距。基础研究薄弱,创新性、基础性研究工作开展较少、起步较晚、水平较低,缺乏强有力的技术研究支撑平台,缺乏清晰系统的技术发展路线和长远的发展思路,没有连续、滚动的研发投入计划,用于研发的资金支持也明显不足,导致国内大部分企业的核心技术均来源于国外,技术上受制于人。分行业看,风电技术相对成熟,但我国风电单机容量偏小,发电能力差;陆地风电的开发和海上风电大型机组的自主研发技术比较落后,我国没有统一的智能电网,没有先进的电网调控和调度技术,再加上风电稳定性不强,因此我国风电的利用率并不高,造成了风力资源的极大浪费,建设智能电网以期实现电网的最优控制及解决风电上网技术等问题还有待于进一步研究。从风电装备来看,我国已具有 1.5MW 以下风机的整机生产能力，但是一些核心零部件如轴承、变流器、控制系统、齿轮箱等的生产技术难关却迟迟未能攻克。

我国太阳能光伏发电核心技术依赖国外，尽管少数高端设备国内可以生产，但质量差距还很大，晶体硅电池的转换效率不到20%。虽然我国在太阳能电池产能与产量方面位居世界第一，但行业核心技术大多掌握在其他发达国家的手中，产业核心竞争力不强，许多关键技术和设备对外依存度很高，如薄膜电池生产线、四氯化硅闭环回收装置、自动电焊机等设备都主要依赖进口。这种技术设备方面的差距，导致光伏产业发展缺乏稳定的基础，直接导致我国光伏产品的生产成本偏高，市场竞争力不强。另外我国硅矿尤其是优质石英硅矿储量丰富，可以为多晶硅的生产提供丰富的原材料，但生产高纯度多晶硅不仅对技术水平要求高，还需要大量的资金投入，存在着较高的技术壁垒和资金门槛。目前，生产多晶硅的主流技术是改良的西门子法，但是该方法的核心技术主要集中在美国、德国、日本的几家大型厂商手中，国内除少数大型企业突破了技术限制外，大部分厂商是从国外引进技术。核心技术的缺乏，直接导致我国大部分厂商所生产的多晶硅产品质量较差，生产成本略高，因此每年仍需从国外进口大量高纯度多晶硅。原材料的高进口依存度，使得我国光伏产业发展风险大增，制约着整个行业的健康持续发展。

（四）产业发展对政策的依赖性仍很高

新能源产业发展对政策的依赖度还比较高。伴随着全球对能源、环境危机关注的不断增强，光伏产业在过去十年中经历了快速发展阶段。但从中国光伏产业发展历程看，可以明显发现光伏产业对于补贴政策的依赖。主要原因在于：虽然光伏产业未来需求很大，发展前景被普遍看好，发展速度也非常快，但由于其产业化起步较晚，产业发展至今仍处于培育期内，产业的制造环境、配套环境、应用环境等仍处于逐步完善过程中，相对于传统能源生产成本仍相对较高。光伏产业目前是一个全球性政策引导型产业及市场，尚没有成长为一个真正的市场发展环境，我国新能源产业发展也是如此。

随着过去十年光伏产业的迅速发展和技术水平的提升，光伏发电效率不断提高，组件价格持续下跌，但是相比其他发电方式，光伏发电的成本仍然高居不下。我国目前每千瓦时的发电成本情况是：火力发电大约 0.4 元，水电发电成本为 0.2～0.3 元，核电发电成本为 0.3～0.4 元，风电发电成本为 0.6 元，而光伏发电成本却高达 0.9～1.0 元。因此，至少在目前的技术水平条件下，光伏发电仍然严重依赖政府的补贴支持，还没有具备脱离补贴、独立参与电源市场竞争的能力。

对于上游光伏制造业而言，补贴政策的变化也影响巨大。以光伏制造业特别是最上游的多晶硅制造业为例，它属于高度资本密集型产业，投资金额巨大。在光伏发电补贴力度增加和持续的阶段，由于电站投资活跃，对上游组件、原材料的需求旺盛，光伏制造业拥有相对稳定良好的收益空间，多晶硅产业甚至曾经经历暴利阶段。然而一旦补贴削减，电站投资会放缓节奏，或者要求上游产品降价。而在上下游的博弈中，由于上游巨大的产能摆在那里，制造商们与电站投资商之间的博弈高下分秒立见，风险很自然地就都转移到上游制造环节。在此情况下，光伏制造企业势必要调低价格，保障一定的销售量，维持资金链运转。但是，如果补贴调整过大，需求疲弱导致产品价格下跌到连变动成本都无法覆盖，制造企业会产生现金性亏损，必将导致企业亏损停产等问题。

（五）产业发展配套措施还需要进一步完善

我国新能源产业政策本身也还需要进一步完善。尽管我国《可再生能源法》已提出包括总量目标制度、强制上网制度、分类电价制度、费用分摊制度和专项资金制度等多种制度，但由于缺乏强制性目标要求，该法的出台只有原则性和指导性，缺少立法所必要的刚性，法律的象征意义远远超出了实际推动的意义，大量出台的配套政策难以解决可再生能源发展中遇到的实质性问题。政策措施不配套，不能适应可再生能源发展对政策的现实要求。缺乏市场监管机制，对于能源垄断企业的责任、权利和义务，没有明确的规定，缺乏产品质量检测认证体系，新能源的规划、项目审批、专项资金安排、价格机制等缺乏统一的协调机制，规划、政策制定和项目决策缺乏透明度，缺乏法律实施的报告、监督和自我完善体系。

体制机制及标准体系建设还需要完善，分布式光伏发展的体制机制尚不健全。根据现在项目建设运行实际，分布式光伏基本不存在送出通道和消纳受限问题，但是由于受资源、建设条件、环境等多方面影响，分布式能源发电具有投资不稳定、经济性相对较差的特点，未建立合理的商业模式，缺乏商业模式的创新，新能源发电项目主要依靠补贴机制促进行业发展，但是不同类型的项目的优化分配机制还在探索阶段，亟待完善，造成开发企业对分布式发电项目的积极性不高。

光伏技术标准和规范不全面、不完整，且发布滞后。在我国已经颁布的光伏技术标准中，大部分是光伏产品的技术标准，缺少规范光伏发电性能质量、并网技术标准和电网调度方面的管理规程，缺乏符合建筑要求的光伏产品质量标准。目前，国际上光伏标准出台速度加快，近年来出台了大量关于光伏发电系统方面的标准。而我国国家标准的出版每年都有一定的数目限制，许多已经制定校核完成的光伏标准发布迟缓。

（六）投融资渠道不畅通

新能源产业对资金的需求量一般较大，产业发展面临着融资难的困境。以光伏产业为例，光伏产业每年都是千亿的需求，资金的需求更是巨大的、长期的。相对于此，当前光伏产业金融市场品种单一，手段匮乏，通道不畅，舆论环境不好，更无规模化可言。企业的现状是资金链紧绷，财务负担过重，无法继续加大研发投入，而光伏产业不良贷款率偏高，截至 2014 年年底，银行所有贷款不良率只有 1%，但光伏产业贷款不良率平均达 7% 左右，较高不良贷款率使得让银行对光伏企业发放贷款的积极性不高。目前比较看好的分布式能源发展方式也由于要形成一定规模的、强大的电网系统还需要很长时间和巨额投资，融资问题的制约非常明显。

另外，光伏发电项目补贴基金目前仅来源于可再生能源电价附加，而电价附加征收难度较大，且难以完全补贴越来越多的可再生能源项目。太阳能电站上网电价较高，补贴标准也相对较高，企业对电价补贴的依赖度较高，补贴资金的拖欠给光伏企业带来了严重的资金压力。同时，受融资贷款难制约，光伏发电项目，特别是民营企业投资项目和小微项目融资难，融资成本高，程序复杂，企业资金紧张，导致一些小型项目推进缓慢。

（七）国际竞争日益加剧

经过多年高速发展，我国已成为光伏制造大国，但产品结构不合理，中低端产能过剩，高端产能不足，面对的国际竞争日趋激烈。在低端制造方面，马来西亚的生产成本相对较低；另外，印度光伏制造也在急速扩张，尽管目前其光伏组件产能总共是 3GW，但计划在 2022 年达到 100GW。我国光伏市场存在外资低价侵入的风险。

三、对策措施和建议

（一）拓展新的消费模式

加快推进分布式能源的发展进程，在部分新能源资源比较丰富的边远地区、山区等，广泛开展分布式能源发展试点。继续推进光伏农业示范项目的建设，同时要适时开展光伏建筑一体化试点。创新风电开发经营模式，加强和推进政府和企业的战略合作，以风能资源配置为主，采取企业和政府共同经营等方式，尝试将风能资源转化为风电场资源，将风转化为电，然后再配置给开发商，提高资源的附加值，从而提升风电装备的需求量，构建新的利润增长点，互惠共赢。

（二）多渠道筹措产业发展资金

拓宽融资渠道，加大银行对新能源产业的支持力度，提高直接融资比重，引导风险投资成为新能源产业融资的重要渠道，大力发展创业投资和股权投资基金。通过完善配套措施，引导保险公司和社保基金广泛介入光伏电站投资环节，用合适的钱做适合的投资，与前期已经投入的社会资金形成接力，促使光伏产业更为稳定和可持续发展。

政府要进一步加强与政策性银行、商业银行等金融机构的沟通协调，帮助优质企业继续获得贷款，缓解目前普遍面临的资金紧张局面。在风险投资和创新型企业之间牵线搭桥，鼓励风险投资机构对企业进行二次投资。创新金融投资方式，积极探索"互联网金融＋光伏"的新融资模式。

（三）加快推进技术进步与创新

面对我国新能源产业发展面临的困境，必须把加强技术研发与创新放在重要位置。要使太阳能发电成本和普通发电成本持平，光伏制造生产成本就得降低，这就要靠技术创新。继续推进光伏产业"领跑者"计划，进一步提高相关企业建立技术优势意识，推动全行业技术升级，淘汰劣质和低效率产能，让行业自然地形成技术和品牌壁垒。

整合我国现有科技研发资源，协调不同部门之间关系，统一部署、形成合力，进一步完善和发挥国家重点实验室、国家工程技术研究中心、国家公共研发平台与实验测试中心、各类新能源设备及零部件检测中心、公共数据库及信息服务中心等技术创新平台和技术服务平台的功能，加快新技术和新设备的设计、开发、验证、成果转化和推广的进程，实现成果共享，避免重复性建设、资源分散和浪费，建立链条紧密、结构合理的科技研发和公共服务体系。针对我国新能领域存在的薄弱环节和共性问题，设立专项资金，重点支持关键共性技术和前瞻性技术攻关，加强基础研究工作，推动新能源技术突破，制定和健全新能源发电设备、并网等产品和技术标准，提高我国可再生能源技术、产品和工程认证能力。

（四）完善配套政策体系

（1）政府补贴政策。进一步完善新能源发电补贴机制，建立适应风电、太阳能光伏分布式发电的电网运行和管理机制，根据资源条件制定光伏电站分区域上网标杆电价，对分布式光伏发电实行按照电量补贴政策，根据成本变化合理调减上网电价和补贴标准。在整合现有政策资源的基础上，加强光伏电价附加的征收，完善分布式发电补贴政策。适时提高电价附加标准，完善补贴标准，建立补贴管理长效机制，确保补贴及时足额到位。综合运用电价、财政金融政策、基础设施建设、消费刺激手段等配套措施，采取试点示范、经验推广等多种方式，完善新能源补贴政策体系。同时，要转变政策补贴方式，改善政策补贴效果。我国现有的光伏产业政策对产业链中制造环节起到了很大的激励作用，一方面直接导致我国光伏产业制造环节产能巨大，另一方面由于补贴政策而带来的产品超低出口价格，成为我国近几年多次陷入国际贸易摩擦的直接原因。因此，应尽快调整产业政策，把政策重点转到培育与扩大国内市场方面，如将补贴装机量改为补贴发电量、将补贴发电端改为补贴用户端等，促进光伏产业从生产到消费的均衡与全面发展。

（2）其他配套政策。统一协调新能源发展中的政策和投入，对全国新能源的开发和利用实施统一管理、统筹规划、整体部署，完善新能源产业发展配套政策，营造良好的市场运营环境，提高新能源产业发展总体效率。深化电力体制改革，解决新能源上网电价、电力运行与电网管理体制之间存在的问题，实施可再生能源发电配额制，落实可再生能源发电全额保障性收购制度。

（五）重视新能源产业人才培养

完善配套新能源产业发展人才政策，在新能源产业政策中增加关于技术人才培养等方面的内容，破解新能源产业发展的人才制约瓶颈；积极探索专业人才培养的新模式，建立与产业发展相适应的教学内容与课程体系，实行产学研结合，在加强理论知识培养的同时，更加注重实际操作能力的培养；加强科研平台建设，提高风电、光伏专业科学研究水平，为新能源产业人才的培养提供更多政策支持；充分利用国家公共研发机构及示范基地，加强学科人才梯队建设，通过国际互访、国际联合培养、与企业联合培养等途径，支持企业人才队伍建设；加快完善高校和科研机构科技人员职务发明创造的激励机制。加大力度吸引海外优秀人才来华创新创业。

（执笔人：李淑华）

参考资料目录

1. 国家能源局. 中国太阳能发电建设统计评价报告 ［R］. 2015 年 4 月.

2. 国家能源局. 中国风电建设统计评价报告 [R]. 2015 年 4 月.

3. 国电能源研究院. 新能源产业发展趋势研究报告 [R/OL]. 国家能源局网.

4. 国家能源局网. 2014 年光伏发电统计信息 [Z].

5. 国家能源局网. 2014 年风电产业检测情况 [Z].

6. 相关调研企业提供的资料。

我国轨道交通装备制造业"十三五"时期增长潜力分析

内 容 提 要

近年来，我国轨道交通装备制造业增长态势较好。在铁路路网建设、新型城镇化、"一带一路"战略及相关政策实施等因素影响下，"十三五"时期轨道交通装备制造业具备快速增长的条件，有望成为产业新增长点。

一、我国轨道交通装备制造业发展态势

（一）产业规模持续增长

在大规模轨道交通建设的驱动下，我国轨道交通装备制造业[1]实现了长足发展，2014年实现工业销售产值4121.9亿元。具体来看，在高速铁路及城市轨道交通大规模建设拉动下，动车组、大功率交流传动机车、城轨车辆增长强劲。2014年机车销售收入422.07亿元，客车销售收入132.51亿元，动车组销售收入739.38亿元，城轨地铁销售收入197.81亿元，分别比2008年增长了1.6倍、0.5倍、6.8倍、3.6倍，具体见图1。货车受宏观经济及货物运输的影响，销售收入

---

[1] 轨道交通装备是铁路和城市轨道交通运输所需各类装备的总称，主要涵盖了机车车辆、工程及养路机械、通信信号、牵引供电、安全保障、运营管理等各种机电装备。

稍有下降，2014 年销售收入 171.84 亿元，比 2008 年降低了 6%。2008—2011 年期间，在铁路及轨道交通基础设施投资的带动下，动车组、城轨车辆、机车、客车、货车销售收入都呈现强劲的增长态势。尤其是动车组和城轨车辆，2010 年销售收入较上年增幅分别达到了 128.5% 和 86.3%。2012 年以来，受轨道交通基础设施投资及建设项目的影响，销售收入增长放缓。2013 年货车、动车组和城轨地铁销售收入分别下降了 7.3%、3.4% 和 12.1%。2014 年，动车组、城轨及地铁销售收入止跌转增，增长速度分别为 74.2% 和 39.2%。

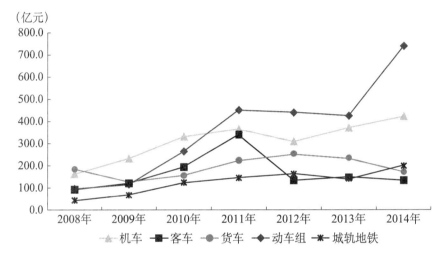

图 1　2008—2014 年我国轨道交通装备主要行业销售收入

数据来源：《中国南车年鉴》（2009—2014 年）、《中国南车股份有限公司 2014 年年度报告摘要》、《中国北车年鉴》（2009—2014 年）、《中国北车股份有限公司 2014 年年度报告摘要》。

同时，轨道交通装备整车产品制造能力持续提升。通过持续的创新能力建设和技术改造，我国已经形成强大的轨道交通装备产品批量制造能力，高端装备产品种类齐全，不但满足了我国铁路和城市轨道交通建设的需求，并能出口到西方发达国家市场。从生产制造能力来看，我国轨道交通装备尤其是高铁、城轨、地铁等产品已处于全球领先地位。2013 年新造及修理机车 3764 台，新造及修理动车组 6618 辆，新造及修理城际轨道、地铁 2596 辆，新造及修理客车 7211 辆，新造及修理货车 99604 辆，分别比 2009 年增长了 0.2 倍、3.7 倍、0.7 倍、0.2 倍和 0.6 倍。具体来看，动车组制造能力增长最快，年均增速近50%，近年来尽管增速有所下滑，但一直都保持在 10% 以上。城轨及地铁车辆增速也比较高，年均增速达到了 16%，但 2013 年增速也出现了大幅下降，新造车辆较 2012 年减少了 368 辆。2009—2013 年我国轨道交通装备主要产品生产能力见图 2。

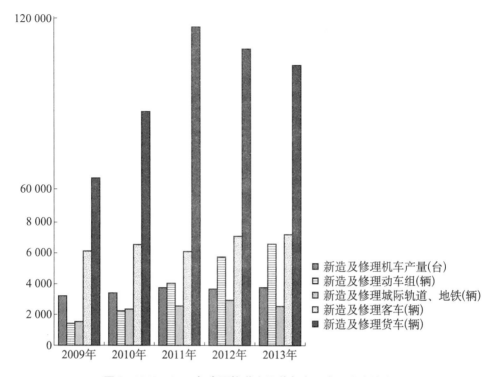

图 2　2009—2013 年我国轨道交通装备主要产品生产能力

数据来源：《中国南车年鉴》（2009—2014 年）、《中国南车股份有限公司 2014 年年度报告摘要》、《中国北车年鉴》（2009—2014 年）和《中国北车股份有限公司 2014 年年度报告摘要》。

（二）经济效益不断提升

我国轨道交通装备经济效益不断提升，利润水平稳步增长。2013 年实现净利润 107.7 亿元，比 2009 年增加了 2.5 倍，年均复合增长率达到了 36.4%，高于轨道交通装备产业规模增速。同时，在创新驱动及经营管理水平提升的带动下，轨道交通装备制造业利润率也呈现增长态势。2013 年利润率达到了 5.4%，比 2009 年提升了近 2 个百分点，具体见图 3。对比轨道交通装备制造业主要产品产量增加、销售收入增加和利润增长呈现一定的交互波动性，表明受技术创新和技术含量提升、部分核心零部件成本波动的综合影响，我国轨道交通装备利润增长也存在一定波动性。

从中国南车和北车节能减排与环境保护指标来看，近年来我国轨道交通装备制造业节能降耗取得明显成效。与 2010 年相比，中国南车 2012 年可比价万元增加值综合能耗下降 27.62%；SO_2（二氧化硫）排放量下降 24.3%，COD（化学需氧量）排放量下降 5.6%，氮氧化物排放量下降 7.95%，氨氮排放量下降 7.83%，

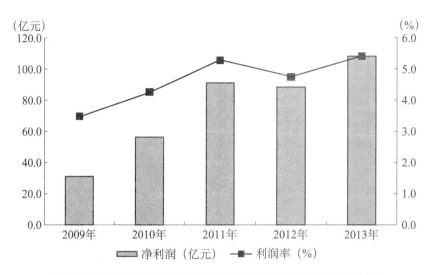

图3 2009—2013年我国轨道交通装备制造业利润增长及利润率

数据来源:《中国南车年鉴》(2010—2014年)、《中国北车年鉴》(2010—2014年)。

二氧化碳排放量下降10.28%。中国北车2012年每万元增加值的综合能耗为0.33吨标煤,比2011年降低6.41%,SO_2排放量降低2.13%,COD排放量降低6.5%。

(三)创新能力大幅提升

通过引进消化吸收再创新,我国轨道交通装备产业整体研发能力和产品水平大幅提升,核心关键技术不断取得新突破,重点产品开发取得新成果,不断推进从"中国制造"向"中国创造"转变。

1. 我国轨道交通装备产业依托市场需求构建了完整的产业供应链,为装备研发、生产发展提供了重要支撑,"产学研用"模式的技术创新体系不断增强,技术创新能力不断提高

一是企业不断加大科技投入力度,2014年北车、南车的科技支出分别达59.0亿元和66.3亿元,分别占其营业收入的5.7%和5.5%,大大超过国外著名装备制造企业的相关指标,为我国轨道交通装备技术的后续强劲发展夯实了基础。二是技术专利质量不断提升。2014年,北车全年共申报专利1102件,其中发明专利600件,PCT及国外专利62件,南车全年获得授权专利1769项,累计有效专利8057项。三是标准化工作不断加强,行业影响力不断提高。2014年,北车参与制定铁道行业国家标准31项,其中主持起草12项;参与制定铁道行业标准187项,其中主持起草89项。南车发布国际标准1项,主导制定国际标准6项,主持起草国家和行业标准78项,行业影响力不断提高。此外,2014年,南车牵头成立国际轨道交通车辆工业设计联盟及中国IGBT技术创新与产业联盟，标志着我国企业具有了整合全球科技资源、提升自身自主创新、引领创新的能力。

2. 关键核心技术不断取得新突破

高速铁路技术已达世界先进水平，城际铁路技术日趋完善，城轨铁路新技术不断推出并推广应用。2014 年，南车基于永磁电机的高速列车牵引传动系统、新一代列车网络控制系统和牵引传动控制系统、高速列车齿轮箱等核心部件自主研制成功，大幅提升了我国轨道交通装备产业的核心技术能力。国内首条（世界第二条）8 英寸 IGBT 芯片生产线成功投产，打破了国外技术和产业垄断。2014 年，北车围绕整机产品开发、制造，进一步提高了制动系统、牵引控制系统、网络控制系统、空气弹簧、齿轮箱等关键系统和重要零部件的国产化水平。尤其是采用自主开发的"北车心"NECT 牵引电传动系统和网络控制系统实现装车运营，标志着中国北车已完全掌握大功率交流牵引传动系统和网络控制系统的设计、制造技术。我国机车制动系统完成了装车运用考核，标志着被国外垄断的机车制动技术取得重大突破。

3. 重点产品开发不断取得新成果

2014 年，南车自主研制的高原电力机车和 HXN5B 型内燃机车实现批量生产，具有世界先进水平的 100% 低地板有轨电车成功研制，国内首列永磁高速列车成功下线，中国标准动车组研制进入试制阶段，高寒动车组和时速 140 千米双流制城际动车组样车完成试制。2014 年，北车市域动车组开始组装，中国标准动车组进入部件试制阶段，油电混合动力动车组完成首列组装，30 吨轴重大功率机车完成 1.2 万吨重载牵引试验，HXN3 型高原内燃机车登上世界屋脊。这些新产品市场研制成功，进一步完善了我国交通装备产品型谱。

（四）产业集群加快形成

随着轨道交通装备等高端装备产业列入国家战略，我国各地纷纷制定轨道交通装备发展战略，加快推动本地轨道交通产业发展。长春、株洲、南京、青岛、唐山、大连、常州等地围绕整车制造，已经形成比较完整的轨道交通装备产业链条，并基本完成了企业、人才、技术、资金等各要素的聚集。长春客车厂、株洲车辆厂、浦镇城轨车辆有限责任公司、四方机车车辆股份有限公司、唐山车辆厂、戚墅堰机车有限公司等企业所在地长春、株洲、南京、青岛、唐山、常州等城市充分借助本地原有产业基础，围绕龙头企业，大力推进园区建设，积极搭建创新平台，开发了一系列新产品（技术），有效推动了我国轨道交通装备产业集聚发展。此外，山西省政府确定建设太原、大同、运城三大轨道交通装备制造业基地，广东重点打造江门、珠海、佛山等三大轨道交通装备制造业基地,四川建设成都、资阳、眉山等三大轨道交通装备制造业基地,辽宁、河南、北京、河北、上海、黑龙江等省市也纷纷建设产业基地,大力培育城市轨道交通装备制造产业。我国轨道交通装备的主要产业基地分布情况见图4。

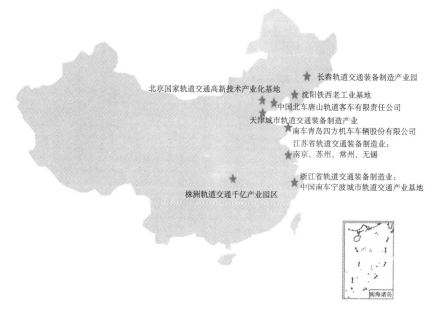

北京国家轨道交通高新技术产业化基地

长春轨道交通装备制造产业园

沈阳铁西老工业基地

中国北车唐山轨道客车有限责任公司

天津城市轨道交通装备制造产业

南车青岛四方机车车辆股份有限公司

江苏省轨道交通装备制造业:
南京、苏州、常州、无锡

浙江省轨道交通装备制造业:
中国南车宁波城市轨道交通产业基地

株洲轨道交通千亿产业园区

南海诸岛

图4 我国轨道交通装备主要产业基地分布

资料来源:德勤研究。

(五)国际竞争力逐步提升

目前,我国轨道交通装备产业已由最初单纯输出产品转型为"输出产品 + 服务 + 技术 + 建设基地"。经过多年海外市场拓展,以中车(南、北车)为代表的国内轨道交通装备企业在生产、销售、管理等方面实现了国际化经营,国际化运营能力得到了大幅提升,也促使我国轨道交通装备产业完成了从"技术跟随"到"技术领跑"的完美转身。尤其是随着自主研发的高端城际动车组及地铁首次出口,我国轨道交通装备产业正逐步告别低价竞争时代。近年来随着我国高铁"走出去"步伐的不断加快,以南车、北车为龙头的企业不仅加大海外市场产品营销力度,还更加重视统筹全球市场拓展,兼顾整合全球优质资源,推进海外产业布局,提升国际化运营能力。

在海外市场开拓方面,海外销售业绩和出口订单连年增长,各类轨道交通装备保持全面出口态势,出口签约额持续增长,产品出口覆盖80多个国家和地区,各种轨道交通产品全面进入发达国家。2014年,北车首批自主研制的高端轻轨列车出口欧洲，内燃机车首次进入欧盟市场。同年，南车海外市场完成35个机车车辆整车项目和多个铁路配件及新产业产品出口的签约，实现出口新签订单总额37.6亿美元，达到历史最好水平。

在加大产品出口的同时，我国轨道交通装备企业更加注重通过投资、并购、合资合作等方式，推动产品、技术、标准和服务"走出去"。目前北车设有境外投资企业12个，建立了3个海外技术中心。2014年北车投资并购了澳大利亚太平洋铁路工程公司，投资新设了北车先锋（印度）电气公司、北车（美国）公司、北车车辆（南非）公司等。2014年，南车斥资2.9亿欧元收购了德国采埃孚集团旗下的百年品牌BOGE橡胶金属与塑料业务。2015年9月3日中国中车麻省斯普林菲尔德生产基地举行奠基仪式，这是中国轨道交通设备制造商首次在发达国家投资建厂[1]。一系列代表性项目的取得，标志着我国轨道交通装备企业国际化品牌价值得到市场的检验和认可，海外贸易将朝着产品品种更高端、区域分布更全面、经营模式更灵活的方向发展。近年我国轨道交通装备企业设备领域海外并购情况见表1。

表1　近年我国轨道交通装备企业设备领域海外并购

时间	并购方	被并购方	被并购方所在国	收购股份	金额（万美元）
2008.10	南车时代电气	丹尼克斯	加拿大	75%	—
2011.01	南车时代新材	代尔克	澳大利亚	100%	250
2013.09	南车北京时代	E + M	德国	55%	—
2013.12	南车时代新材	采埃森	德国	100%	36340

资料来源：商务部、德勤研究。

（六）市场组织结构垄断加剧

经过多年资源整合，我国轨道交通装备制造业目前已经形成以中车为主、众多国内中小配套企业及几家外资企业组成的寡头垄断产业组织结构。2000年，中车与铁道部脱钩，由于担心中车造成垄断，同年9月又分拆为南车和北车，并逐步对国内资源进行整合，其下属的北车长客、北车唐车、南车株洲机车、南车青岛四方、南车南京浦镇等企业主要从事车辆的制造，共同垄断了中国铁路机车制造业95%的市场份额，同时也承担了绝大部分核心零部件的生产、研发工作。2015年6月8日，中国中车在上海证券交易所和香港联交所成功上市。至此，中车完全垄断了国内轨道交通装备整车业务市场。我国市场由

---

[1] 中国中车在美国投资建厂奠基实现行业突破［OL］. 新华网, 2015 - 09 - 04.

于产业政策和技术准入壁垒的限制，国外轨道交通装备制造企业无法在国内独立开展整车生产业务。以庞巴迪、西门子、阿尔斯通、通用电气、川崎重工等轨道交通整车装备和零配件生产商借助中国铁路跨越式发展的契机，通过合资设厂、技术输出、联合体投标等方式进入并拓展中国市场，成为国内轨道交通装备生产商的重要竞争者。我国主要外资轨道交通装备企业情况见表2。

表2　我国主要外资轨道交通装备企业

企业	BOMBARDIER	SIEMENS	GE	ALSTOM	Kawasaki	ABB	BOSCH
进入时间	1997年首个合资公司	1998年首个合资公司	1991年	1986年首家合资企业		1992年首家合资企业	1988年首家合资企业
主要产品	车辆、控制和运输系统	车辆、牵引和运行系统	机车、信号系统等	车辆、牵引系统、减震	高速列车	电力系统、信号设备	牵引和制动设备、安防系统
2013年收入	81.4亿美元	77.29亿美元	56.08亿美元	70.28亿美元	13.83亿美元		
主要合作伙伴	北国长客、上海申通地铁	南车株洲电力、西安铁路信号厂	重庆机电集团、时代新材	北车四方所、上海电气等	南车集团	北京交大微联科技	
是否有中国研发中心	是	是	是	是	否	是	是

资料来源：德勤研究。

二、我国轨道交通装备制造业"十三五"时期增长潜力分析

（一）铁路路网的继续完善将为轨道交通装备制造业发展提供广阔的市场需求

相对于我国经济的持续快速增长，铁路作为国内重要的交通运输方式，运力仍显不足，路网规模和结构仍与国民经济的发展不相适应。未来铁路建设将继续推进，路网密度进一步提高，铁路车辆装备的需求也将增长。铁路建设属于基础性产业，其投资规模大、工程复杂，涉及面广，其中车辆装备作为铁路产业链的重要一环，投资额约占总投资规模的16%。近年来，随着铁路投资的快速增长，铁路车辆装备制造行业发展迅速，铁路机车车辆年购置规模快速上升，从2004年的不足200亿元快速增长至2014年的1465亿元，年均复合增长率为23.4%。我

国历年铁路机车车辆购置投资规模及增长率见图5。未来铁路路网的继续完善，不但为铁路机车，还能为信号系统等其他轨道交通装备提供巨大的市场需求。从路网密度的角度看，我国的水平仅为美国的40%，在货运量和客运量均处于世界第一的背景下，我们的铁路网仍有较大的发展空间。根据调整后的国家《中长期铁路网规划》（2008年调整），到2020年，全国铁路营业里程将达到12万千米，中客运专线1.6万千米，主要繁忙干线实现客货分线，复线率和电化率均达到60%。专家预测[1]，我国高速铁路建设仍将维持大规模投入，客运专线的建成将释放既有线路的货运能力，带动货运列车及既有线路的重载化改造。另外，城际铁路的巨大经济效益日益为地方政府看重，各地围绕中心城市，纷纷推出关于城际铁路的投资规划，这也将成为轨道交通装备的增长点。

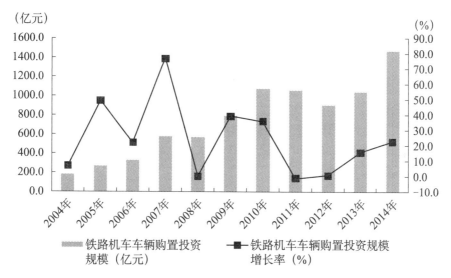

图5 我国历年铁路机车车辆购置投资规模及增长率

数据来源：铁道统计公报（2004—2014年）。

（二）新型城镇化带动轨道交通装备制造业快速发展

改革开放以来我国城镇化快速发展，2014年城镇化率已达到54.77%，拥有城镇人口7.5亿人。根据新型城镇化发展规划目标，2020年我国城镇化率将达到60%左右，"两横三纵"城镇化战略格局基本形成。随着城镇化水平提高以及城市群发展，人口和产业集聚的中心城市之间、城市群内部的客运需求也将日趋强劲。以城轨地铁为代表的城市轨道交通，是我国未来城市交通破解资源能源环境约束的重要选择。城轨地铁不但是城市交通高效利用土地的重要途

---

[1] 齐慧. 铁路装备市场"蛋糕"巨大 [N]. 北京：经济日报，2013－08－08.

径,也是绿色交通、破解城市拥堵的主要手段。我国城轨交通取得了长足发展,2014 年年末,全国 22 个城市共开通城市轨道交通运营线路长度 3173 千米(附表1),开通城市轨道交通的城市比上年增加 3 个(长沙、宁波、无锡)。目前对于一线城市北京、上海等而言,核心城区的地铁主干网陆续趋完善,但与国外主要城市相比差距巨大。以北京、上海为例,路网密度分别为每平方千米0.265 千米和 0.290 千米,远低于伦敦、东京、纽约等城市。从人均拥有量上来看,北京、上海的市区人口是巴黎的 2 倍以上,但轨道交通路网长度仅为其一半。因此,我国一线城市轨道交通仍然短缺,尚需建设。二线、三线城市及特大城市卫星城正在进入城轨交通快速发展期。根据中国城市轨道交通协会预测,2020 年我国各地规划现代有轨电车将达到 2000 多千米,市域快轨达到 2000 多千米。到 2020 年,轨道交通总里程要达到 6000 千米,即在"十三五"期间每年要完成 500 千米[1]。总体来看,"十三五"时期我国轨道交通建设处于高速增长阶段,网线供给呈现快速增加趋势,城轨车辆市场潜力巨大。

(三)"一带一路"战略加快"走出去"步伐

我国政府正在大力推动"一带一路"战略实施,将会加快轨道交通装备产能及相关企业"走出去"步伐。以高铁为代表的中国轨道交通装备面临"走出去"的历史机遇期,据德国 SCI Verkehr 公司报告分析[2],近几年尽管全球经济不景气,但轨道交通装备行业还是呈现出强劲的增长态势。产值从 2010 年的1310 亿欧元增长到 2012 年的 1430 亿欧元、2013 年的 1620 亿欧元。未来每年还将有 3.4% 的年均增长率,预计到 2018 年,全球轨道交通装备制造业的产值将突破 1900 亿欧元。从全球市场分布看,中国、美国、俄罗斯拥有全球最大的铁路网,是全球轨道交通装备制造业最大的市场,独联体、中东、南非、亚洲、南美等地区则快速呈现出轨道交通装备的巨量需求。随着"一带一路"海外重大工程项目的推进,我国轨道交通装备企业提供的订单有望接踵而来。"一带一路"战略区域辐射中亚、南亚、西亚、东南亚地区及俄罗斯、蒙古等国家,并延伸至东欧、北非,这些区域都对基础设施建设和互联互通有迫切的需求。据了解,中国目前正与俄罗斯、蒙古、印度、泰国等多国商谈铁路合作,并积极参与推动中老、中巴、中东欧、中吉乌及美国西部快线高铁等铁路合作项目[3]。作为绿

[1] 国家发展改革委."十三五"期间每年轨道交通项目超 500 公里[OL]. http://www. tranbbs. com/news/cnnews/news_ 165941. shtml.

[2] 中国北方机车车辆工业集团公司. 中国北车实现世界轨道交通装备行业"三连冠"[OL]. http://www. sasac. gov. cn/n1180/n1226/n2410/n314259/n315149/16068096. html.

[3] 南北车合并将助力中国高端装备"走出去"[OL]. 新华网,2015 - 03 - 25.

色环保、大运量交通方式，轨道交通将成为"一带一路"的先锋，"一带一路"沿线及辐射区域将形成庞大的轨道交通市场需求。我国轨道交通装备经过多年发展，已形成较为完整的产业链，培育了一批龙头企业，突破了一大批关键核心技术，"走出去"的条件[1]和时机已相对成熟，可以并能够成为"走出去"的先头部队。我国轨道交通装备主要产品主要海外市场潜力情况见表4。

表4　我国轨道交通装备主要产品主要海外市场潜力

产品	市场潜力	市场潜力说明	当前市场	市场状态说明
动车组		• 高铁的快速发展为动车组提供了坚实的需求基础 • 欧洲、中东、东南亚等地公布数千亿美元的高铁建设计划		• 高附加值的动车组出口量仍较少，在海外订单中占比不足25%
机车		• 基本饱和 • 没有增长空间		• 南车获得大部分电力机车订单，机车出口占到海外总订单的23% • 北车获得近一半的内燃机车订单，机车出口占到海外订单的44%
客车		• 市场潜力不大		• 客车出口在南北车海外订单中的价额分别只有8%和1%
货车		• 基本饱和 • 工业已经进入平稳发展阶段，为工业服务的货运需求不再具有增长空间		• 凭借较高的性价比获得很大市场份额 • 南北车的主要出口产品之一，占到北车海外订单的25%、南车海外订单的12%
地铁		• 不断加快的城市化进程和环境因素使得人们对城市轨道交通的需求大幅增加 • 新兴国家大城市不断增加地铁投资		• 已经出口到东南亚、美洲、中东等多个海外市场 • 地铁出口占到北车海外订单的24%，占到南车海外订单的16%

---

[1] 一是国家政策环境对轨道交通装备"走出去"十分有利。国家大力实施"一带一路"和"走出去"的战略，鼓励企业进入全球化的大市场中参与竞争。二是轨道交通装备产业配套体系相对完整，产业链较为齐全，具有了向海外市场提供"产品＋服务＋技术＋投资"的全方位国际化经营能力。三是技术水平不断提升，自主创新成果不断涌现，能够较好地支撑轨道交通装备"走出去"。四是装备性价比优势十分明显，与国外相比均具有明显的性价比优势，在国际市场上具有较强的价格竞争力。

续表

产品	市场潜力	市场潜力说明	当前市场	市场状态说明
维修保养	◔	• 售后服务是新的增长点，发展速度最快	◔	• 南车已经在向输出"产品＋服务＋技术"的模式升级，在海外开设多家4S店 • 北车在6个海外城市为5000余辆城市轨道交通车辆提供售后服务

资料来源：德勤研究。

（四）陆续出台的相关政策将会释放巨大市场需求

我国政府特别重视轨道交通装备产业发展，国务院及相关主管部门在出台规划、基地建设、资金扶持等方面制定颁布了一系列支持轨道交通装备产业发展的政策，推动轨道交通装备走上制造强国之路（见附表2）。尤其是进入经济新常态下，为发挥轨道交通装备产业对国民经济的带动作用，国家出台了一系列鼓励扶持政策。自2013年5月，国家发展改革委将城市轨道交通审批权下放给省级政府后，各地进入了一个地铁项目批复的高峰期。审批权的下放更是激发了一些二三线城市建设轨道交通项目的热情。审批权下放两年来，北京、上海、成都、重庆等17个城市共批准了39个项目，里程达到了840千米，投资额6000多亿元[1]。围绕轨道交通装备投融资问题，国家发展改革委在《关于进一步鼓励和扩大社会资本投资建设铁路的实施意见》、《关于实施增强制造业核心竞争力重大工程包的通知》等政策文件中，提出要对轨道交通建设及装备产业发展提供投融资支持。未来这些政策的逐步深入实施，将会推动我国轨道交通装备制造更好发展。

（五）"十三五"产业规模增长综合分析

"十一五"时期，我国轨道交通装备产业销售产值年均增长率约为31.9%，2010年实现工业销售产值2477.3亿元[2]，2014年实现工业销售产值4121.9亿元。从细分行业的增长情况来看，2008—2014年间，动车组和城轨地铁制造业规模增长最快，年复合销售收入增长率分别达到了40.8%和29.1%，超过同期轨道交通装备制造业总体增长水平[3]。在城轨车辆方面，"十三五"期间，地

---

[1] 国家发展改革委."十三五"期间每年轨道交通项目超500公里［OL］.http：//www.tranbbs.com/news/cnnews/news_165941.shtml.

[2]《轨道交通装备产业"十二五"发展规划》。

[3] 根据《中国北车年鉴》（2009—2013）、《中国北车年鉴》（2009—2013）及中国北车2014年年度报告、中国南车2014年年度报告相关数据整理计算。

铁车辆年均需求约为 4500 辆,预计整车产值规模 280 亿元[1]。在城轨列控系统方面,预计到 2020 年,信号装备的市场总需求量约 300 亿元[1]。到 2020 年,我国将建设城际轨道交通和客运专线约 1.5 万千米,需要投入 2 万亿元资金,其中各类技术装备的购置和安装费用占 35% ~ 40%。因此,城际客运专线的建设将为轨道交通装备制造产业提供 7000 亿 ~ 8000 亿元市场空间[2]。另外,根据中车海外开发战略初步计划,到 2020 年订单总量要在 2015 年 70 亿 ~ 80 亿美元的基础上翻番,达到 140 亿 ~ 160 亿美元[3]。综合分析,按照"十二五"末期规模基数和各领域保守速度估算,到"十三五"末期我国轨道交通装备制造业收入规模可达到 8000 亿 ~ 10000 亿元。

三、制约"十三五"时期我国轨道交通装备增长的主要问题

(一)轨道交通建设资金压力巨大

"十三五"期间,伴随着经济由高速增长转向中高速增长,经济下行压力的不断加大,经济运行中产生的风险,特别是财政收入增长放缓风险、地方偿债能力减弱的地方债务风险等可能增加,大规模的轨道交通建设投资将会给政府造成巨大的财政压力。瑞银证券预计,"十三五"期间,铁路的固定资产投资将较"十二五"期间高 12%。中国铁路总公司相关人士表示,"十三五"期间,铁路最终投资额极有可能超过 2.8 万亿元的预算。在国务院加快推进铁路建设的大背景下,"十三五"期间铁路完成 4 万亿元投资仍有可能[4]。根据国家发展改革委运输所《2012—2013 年中国城市轨道交通发展报告》数据,至2020 年,我国城市轨道交通累计营业里程将达到 7395 千米,以每千米 5 亿元造价计算,保守估计需要 3 万亿的财政投入。如此大规模的投资给政府造成巨大的财政压力。轨道交通所需投资额巨大、投资回收期长,因此长期以来财政资金是主力军。但金融危机以来政府的刺激性政策导致财政不堪重负,地方政府更是债台高筑,仅依靠财政的投融资模式难以为继,会极大限制城市轨道交通的发展。目前政府积极推动轨道交通建设向社会资本开放及引入 PPP(公共私营合作制)模式,由于社会资本对于投资权益信心不足,能否切实有效地去吸

[1]"轨道交通装备产业化发展重点研究"项目组. 轨道交通装备产业化发展重点研究 [R].

[2]中机院. 探讨我国轨道交通产业发展现状及前景 [Z]. 2014 年 10 月 24 日.

[3]中国中车计划 5 年内实现海外订单翻番 [OL]. 财新网, 2015 - 09 - 02.

[4]"十三五"将建铁路线 2.3 万公里, 投 2.8 万亿 [N]. 华夏时报, 2015 - 05 - 09.

引到有效的社会资本仍是未来面临的一个问题。正如德勤合伙人陈岚所说,铁路建设其实在很早以前就向社会资本开放,真正的社会资本的融入并没有原来预想的积极,因为它占用的资金很大,投资周期很长,回收的周期比较长,而且技术壁垒比较高,所以,怎么能够切实有效地吸引到有效的社会资本是未来面临的一个问题。

(二)"走出去"不会一帆风顺

我国轨道交通装备海外市场将随着"一带一路"战略的实施而逐步扩大,然而与机遇并存的挑战和风险依然不容忽视,墨西哥高铁招标的中途夭折、中泰铁路合作中的一波三折、印尼高铁的"爽约",凸显了中国铁路拓展海外业务的困境。我国轨道交通装备产业"走出去"依然面临诸多问题。首先,"融资难、融资贵"已成众多轨道交通装备企业"走出去"的软肋。我国轨道交通装备企业资本运营能力有待提升,融资模式较单一。轨道交通装备制造行业是资本技术密集型行业,我国企业如何利用境内外资本市场,促进资本价值最大化,是实现国际化经营目标的重要通道[1]。轨道交通行业具有投入资金量大、回收周期长且规模经济效应明显等独特的经济特征,而目前我国轨道交通建设项目大多是通过项目融资方式进行的,融资模式较为单一,需要向多样化、多元化发展。中国工程院院士王梦恕表示,中国企业"走出去"相对国外巨头的劣势之一是给对方的贷款融资利率太高。因此如何在产品、技术、服务、资产输出的组合中更加凸显金融的作用成为当务之急[2]。

另外,除原始创新能力仍需提升、服务能力仍然不足等问题外,国际标准成为我国轨道交通装备"走出去"的拦路虎。我国轨道交通装备无论是技术还是实际应用经验,都已走在世界前列,但标准的制定与推广工作却较为滞后,大部分装备制造和工程技术标准甚至无完整外文版本。我国标准与国际标准"对标"不足,国家之间缺少行业标准互认,导致在"走出去"的实践中遭遇各种国际主流标准的限制,而中国标准却不能得到世界认可,若重新进行国际标准认证,则会严重增加"走出去"成本[3]。另外,在轨道交通装备产业"走出去"的过程中,法律、风俗、政局、当地的就业、环保等也成为中国进入当地市场的阻碍,如何规避这些风险,对我国轨道交通装备产业也是一项挑战。

---

[1] 林莉,王咚. 提升轨道交通装备制造业竞争力的国际化战略 [J]. 城市轨道交通研究,2013 (11).

[2] 中国铁路借力"一带一路"重大工程 [N].21世纪经济报道,2015 - 03 - 17.

[3] 赛迪智库. 我国高端装备"走出去"还要过几道坎?[OL]. 新华网江苏,2015 - 05 - 15.

（三）关键核心技术及零部件尚需突破

轨道交通装备制造业尽管已成为我国高端装备制造领域自主创新程度最高、国际创新竞争力最强、产业带动效应最明显的行业之一[1]，但核心技术、关键零部件仍受制于人，自主创新能力有待进一步提升。中国制造业"三基"[2]产业虽然获得不小的突破，但仍然落后于轨道交通主机研发水平，产品的性能、质量和可靠性与国外差距明显[3]。关键系统和核心零部件产品性能质量、可靠性与国外知名品牌还有差距，基础工业体系制约了轨道交通装备产业的进一步发展。中国机械工业联合会专家委员会委员屈贤认为，"大量依赖进口不仅增加了整机的成本，而且出现了受制于人的尴尬局面。更为关键的是当前国际"三基"制造产品的价格越来越高，交货期却没有保证"。中国南车中央研究院院长王军指出，由于基础工艺配套支撑能力不足，导致基础工艺水平提升速度相对缓慢，已经成为制约整车制造质量的关键因素之一。此外，我国轨道交通装备基础材料研究由于起步较晚，在基础性、前瞻性方面与国外先进水平相比仍存在较大差距。比如高分子减振降噪材料制造工艺不稳，脱胶、裂纹等产品故障率较高，低温刚度变化率和回弹性还须完善等。高铁的制动装置、变流器、受电弓、控制系统等关键零部件，与国际一流水平尚存差距，部分核心产品仍需依赖进口。而正是这些核心产品占据了我国装备制造成本的绝大部分，降低了企业的竞争优势，使我国装备"走出去"始终处于受制于人的局面[4]。北京交通大学教授赵坚认为，中国的轨道交通技术水平仍然处在"表面繁荣"阶段，中国只掌握了约1/4的高铁技术，每生产一辆高铁，都要交给德国、日本等一定数额的海外知识产权费用。

（四）单寡头垄断的组织结构仍需优化

判断我国轨道交通装备制造业产业组织结构的优劣，关键在于产业链上的主机厂商和其他厂商之间是否形成契合度较高的配套协作关系。主机厂商中车集团能否以合理市场价格给予中小型配套企业"售台套"的机会，将会影响到

---

[1] 工信部．《中国制造2025》规划系列解读之推动先进轨道交通装备发展［Z］.

[2] 即轨道交通基础零部件、基础工艺和基础材料。轨道交通基础零部件是组成轨道交通装备的不可拆分或具有关键功能的基本单位，包括车体、轮对、列车牵引与控制系统、齿轮传动与基础制动装置等；基础工艺是指轨道交通装备生产过程中量大面广、通用性强的铸造、锻造、焊接、热处理、试验检测工艺等；基础材料指轨道交通装备工业制造中所需的小批量、特种优质专用材料，包括高分子材料及制品、轻合金等。

[3] 贺春禄．轨道交通装备："三基"的掣肘［N］. 科学时报，2013-11-27.

[4] 赛迪智库．我国高端装备"走出去"还要过几道坎？［OL］. 新华网，2015-05-15.

轨道交通装备能否真正做强。未来,如果统一规范的技术标准达成一致,则国内零部件厂商的产品线需跟随调整,其中产品技术、质量达标的国内供应商将有机会获取更大的市场份额,但国内为数众多的中小客户的议价能力将大幅下降。南车北车合并后,中国高铁设备在国际市场上"恶性竞争"的格局无疑可以迅速打破,但对国内市场来说却不一定是好事。两者合并后,事实上形成垄断,中铁总公司和各城市地铁采购很可能将面临不利局面,而竞争的减少对企业提高技术、经营水平是否存在负面影响也有待观察[1]。另外,也有相关人士对南北车合并一直持保留意见,认为两车占据国内市场九成以上份额,合并后恐在国内形成独家垄断,从而削弱铁路总公司、供应商、消费者的议价能力,竞争压力减弱将会导致研发动力不足[2]。

四、政策建议

(一) 鼓励企业拓展融资方式

加强政府与银行、进出口信用保险公司的战略合作,为轨道交通装备企业产品出口提供全方位金融、保险支持。鼓励国内政策性商业银行在大额中长期融资方面加强产品创新,同时强化政策性保险的功能,适当拓宽承保范围,提高额度,降低保费。在一些轨道交通装备企业上市公司里开展自由结算试点,允许企业直接通过商业银行结算国内外资金,同时要明确规定资金禁入股市、汇市、期货市场等非实体经济领域。鼓励企业进行资本经营,通过资产债务重组、股份转让、收购兼并、发行企业债权等方式有效运营,调整资本结构,达到实现资本价值最大化的目的。鼓励企业通过横向兼并的方式,避开被并购方轨道交通装备市场的贸易壁垒,完成公司向国际化、跨国化的转型。鼓励企业抓住国家重点实施的"一带一路"战略契机,积极开展海外业务,构建"产品+服务+技术+投资"全方位国际化经营能力。

(二) 大力提升自主创新能力

发挥政府的引导作用,实施激励自主创新的各项政策,建立以企业为主体、市场为导向、产学研相结合的技术创新体系,打通轨道交通装备制造业创新链条。鼓励主机企业研制中国标准高速动车组等满足国内外市场需求的标准型产品,进一步打造具有国际竞争力的平台化、谱系化、智能化和绿色节能轨道交

---

[1] 王敏. 南车北车的"前世今生"[N]. 中国企业报, 2014-11-11.

[2] 赵福帅. 南北车合并前景不明[J]. 凤凰周刊, 2015 (4).

通装备产品。研究车辆车体轻量化、高性能转向架、数字液压列车制动系统等技术，开发现代轨道交通装备新一代高效节能技术，研究基于以太网的网络控制、无线传输、故障灾害预警监测等技术。以突破制约产业发展关键核心技术为目标，组织实施轨道交通装备工业强基工程，重点研究开发碳化硅新型高效变流器等核心基础器件，重点开发先进、绿色的锻压工艺、焊接工艺等特种加工工艺，开展轨道交通装备制造基础研究和绿色智能装备研制。落实企业技改贷款贴息、研发费加计扣除、固定资产加速折旧等优惠政策，完善国产首台（套）重大技术装备风险补偿机制，优先支持轨道交通重点项目列入国家装备制造业重点项目、重点产品目录。

（三）建立健全产权保护机制

加强对新产品、关键核心技术、基础前沿领域知识产权保护力度，支持企业、产业技术联盟构建专利池。加强专利申请和知识产权保护。国家及地方知识产权机构提高服务水平，建立海外知识产权预警机制，为我国轨道交通装备企业"走出去"提供机制保障。注重技术输出知识产权合同审查，强化轨道交通装备技术输出的知识产权合同约定，合理评估输出的知识产权价值，约定双方知识产权侵权责任和赔偿。同时鼓励支持轨道交通装备企业组建专利联盟，重点支持轨道交通装备中小型配套企业开展专利质押和专利保险业务，对申请国内外专利给予重点支持。

（四）推进标准国际化进程

鼓励企业参与国际标准制定，增加国内企业在国际市场上的话语权和议价权。加强轨道交通装备"走出去"目标市场标准体系和准入制度研究，加强出口产品采用中国标准的推进力度，制定采用中国标准产品的推进策略。加强制定国际标准和国外先进标准翻译计划和审核制度，支持以企业为主体，联合国内标准翻译部门，加强分工合作，提高标准翻译文本质量。加大我国轨道交通装备标准的宣传，利用各种国际交流活动的机会及国际组织宣传中国标准，实现中国标准的国际化，为"走出去"项目建设市场有意识培训专业技术人员，提高技术人员对我国标准的认可度。

（五）优化产业组织结构

通过产业链的分解和重组，加快形成以整车车辆制造商为核心、以分系统承包商和零部件供应商等模块供应商为外围的模块化生产网络与开放式创新体系，最终形成"小核心、大协作"的富有竞争力的产业组织体系。充分发挥产业协会、产业创新联盟等创新服务平台作用,强化企业间的信任与合作,实现协同发展,协调各种公共服务平台向中小企业开放。支持交通装备主机企业做强,鼓励中车拓展在设计研发、试验验证、系统集成、认证咨询、运营调控、维修保养、工程承包等产业链前后端的增值服务业务,逐步向"服务型制造"转型,提升在世界轨道交通产业价值链中的地位。鼓励企业做大做强,大力发展与整车技术水平相协调的专业化、规模化配套企业,满足轨道交通装备的发展需求。积极推动电机、变压器、牵引变流技术、制动系统、冷却系统、高低压电气、轮轴、高分子材料及制品等产品产业化,提高产业关联度及上下游配套能力,形成优势互补的产业链。

(执笔人:杨威)

参考资料目录

1. 中国中车在美国投资建厂奠基实现行业突破 [OL]. 新华网,2015-09-04.

2. 齐慧. 铁路装备市场"蛋糕"巨大 [N]. 经济日报,2013-08-08.

3. 南北车合并将助力中国高端装备"走出去"[OL]. 新华网,2015-03-25.

4. "轨道交通装备产业化发展重点研究"项目组. 轨道交通装备产业化发展重点研究 [R]. 2014.

5. 中机院. 探讨我国轨道交通产业发展现状及前景 [Z]. 2014-10-24.

6. 中国中车计划5年内实现海外订单翻番 [OL]. 财新网,2015-09-02.

7. "十三五"将建铁路线2.3万公里 投2.8万亿 [N]. 华夏时报,2015-05-09.

8. 林莉,王咚. 提升轨道交通装备制造业竞争力的国际化战略 [J]. 城市轨道交通研究, 2013(11).

9. 中国铁路借力"一带一路"重大工程 [N]. 21世纪经济报道,2015-03-17.

10. 赛迪智库. 我国高端装备"走出去"还要过几道坎? [OL]. 新华网,2015-05-15.

11. 工信部. 《中国制造2025》规划系列解读之推动先进轨道交通装备发展 [Z]. 2015.

12. 贺春禄. 轨道交通装备:"三基"的掣肘 [N]. 科学时报,2013-11-27.

13. 南北车合并被指不利国内市场:采购成本提高 [OL]. 新华网,2014-10-29.

14. 赵福帅. 南北车合并前景不明 [J]. 凤凰周刊,2015(4).

附表1　2014年全国城市轨道交通客运情况表

序号	城市	2014年年末运营线路长度（千米）								其中：2014年新增运营线路长度（千米）							
		合计	地铁	轻轨	单轨	现代有轨电车	磁浮交通	市域快轨	APM	合计	地铁	轻轨	单轨	现代有轨电车	磁浮交通	市域快轨	APM
1	北京	604	527					77		62	62						
2	上海	643	548			9	30	56		16	16						
3	天津	147	87	52		8				8	8						
4	重庆	202	113		89					32	32						
5	广州	247	235			8			4	8				8			
6	深圳	179	179														
7	武汉	96	61	35						24	18	6					
8	南京	187	98			8		81		106	16			8		81	
9	沈阳	114	54			60											
10	长春	56		48		8											
11	大连	127		104		23											
12	成都	155	61					94		11	11						
13	西安	52	52							6	6						
14	哈尔滨	17	17														
15	苏州	76	58			18				18				18			
16	郑州	26	26														
17	昆明	59	59							19	19						
18	杭州	66	66							18	18						
19	佛山	21	21														
20	长沙	22	22							22	22						
21	宁波	21	21							21	21						
22	无锡	56	56							56	56						
	合计	3173	2361	239	89	141	30	308	4	427	305	6	0	34	0	81	4

数据来源：中国城市轨道交通协会．城市轨道交通2014年度统计分析报告［R］．

附表2　近年我国轨道交通装备相关政策

时间	相关政策	出台部门	相关政策内容
1995年	《暂停审批快速轨道交通项目的通知》	国务院办公厅	宣布"不再批准地铁项目立项",当时立项的青岛地铁、重庆一号地铁因缺乏资金,使工程半途而废
2003年	《关于加强城市快速轨道交通建设管理的通知》（国办发〔2003〕81号）	国务院办公厅	对申报建设地铁和轻轨的城市基本条件做出明确要求
2005年	《关于优先发展城市公共交通若干经济政策的意见》（国办发〔2005〕46号）	国务院办公厅	明确要求建立健全城市公共交通投入、补贴和补偿机制,鼓励社会资本通过实施特许经营制度参与城市公共交通投资、建设和经营,逐步形成国有主导、多方参与、规模经营、有序竞争的格局
2008年	《城市轨道交通技术规范》（GB 50490—2009）	住房和城乡建设部、国家质检总局	以轨道交通安全为主线,统筹考虑了卫生、环境保护、资源节约和维护社会公众利益等方面的技术要求规范
2010年	《关于进一步推进城市轨道交通装备制造业健康发展的若干意见》（发改产业〔2010〕2866号）	国家发展改革委	促进城市轨道交通装备制造业健康发展,防止盲目投资新建轨道车辆生产企业
2010年	《城市公共交通"十二五"发展规划纲要（征求意见稿）》	交通运输部道路运输司	具体目标为:300万以上人口的城市,到"十二五"末,建成以轨道交通为骨干,以城市公共汽电车为主体的城市交通服务网络
2012年	《"十二五"综合交通运输体系规划》（国发〔2012〕18号）	国务院	建设以铁路、国家高速公路网络为骨干,与水路、民航和管道共同组成覆盖全国的综合交通网络,发挥运输的整体优势和集约效能。具体目标为:城市轨道交通运营里程2015年达到3000千米
2012年	《国务院关于城市优先发展公共交通的指导意见》（国发〔2012〕64号）	国务院	高度重视轨道交通的建设、运营安全,强化风险评估与防控,完善轨道交通工程验收和试运营审核及第三方安全评估制度;对城市轨道交通运营企业实施电价优惠

续表

时间	相关政策	出台部门	相关政策内容
2012 年	《轨道交通装备产业"十二五"发展规划》	工信部	推动主机与关键系统协同发展，突破制约我国轨道交通装备产业发展的列车运行控制系统、安全监控检测等公共服务平台建设，认证检测等核心技术和关键零部件，完善试验验证，全面提升产业核心竞争力，将我国轨道交通装备产业打造成国际领先的高端产业
2013 年	《关于取消和下放一批行政审批项目等事项的决定》（国发〔2013〕19 号）	国务院	将企业投资城市快速轨道交通项目按照国家批准的规划核准下放至省级投资主管部门
2013 年 8 月	《国务院关于改革铁路投融资体制加快推进铁路建设的意见》（国发〔2013〕33 号）	国务院	推进铁路投融资体制改革，多方式多渠道筹集建设资金，全面开放铁路建设市场，对新建铁路实行分类投资建设。向地方政府和社会资本放开城际铁路、市域（郊）铁路、资源开发性铁路和支线铁路的所有权、经营权，鼓励社会资本投资建设铁路
2014 年 5 月	国家发展改革委《关于发布首批基础设施等领域鼓励社会投资项目的通知》（发改基础〔2014〕981 号）	国家发展改革委	决定在基础设施等领域首批推出 80 个鼓励社会资本参与建设营运的示范项目，涵盖铁路、公路、港口等；北京地铁 16 号线和深圳地铁 6 号线等入选。
2014 年 11 月	《国务院关于发布政府核准的投资项目目录（2014 年本）的通知》（国发〔2014〕53 号）	国务院	新建（含增建）铁路：跨省（区、市）项目和国家铁路网中的干线项目由国务院投资主管部门核准。国家铁路总公司自行决定并报国务院投资主管部门备案；其余地方铁路项目由省级政府按照国家批准的规划核准。城市快速轨道交通项目，由省级政府按照国家批准的规划核准
2015 年 5 月	《国务院关于推进国际产能和装备制造合作的指导意见》（国发〔2015〕30 号）	国务院	加快铁路"走出去"步伐，拓展轨道交通装备国际市场。以推动和实施周边铁路互联互通、非洲铁路重点区域高速铁路项目为重点，积极开展、扩大城市轨道交通开发和实施城市轨道车辆国家建立国家装配、维修基地和研发中心。在有条件的重点国家建立国家装配，维修基地和研发中心。加快轨道交通装备企业整合，提升骨干企业国际经营能力和综合实力

续表

时间	相关政策	出台部门	相关政策内容
2015 年 5 月	《国务院关于印发〈中国制造 2025〉的通知》（国发〔2015〕28 号）	国务院	加快新材料、新技术和新工艺的应用，重点突破体系化安全保障、节能环保、数字化智能化网络化技术，研制先进可靠适用的产品和轻量化、模块化、谱系化产品。研发新一代绿色智能、高速重载机动交通装备系统，围绕系统全寿命周期，向用户提供整体解决方案，建立世界领先的现代轨道交通产业体系
2015 年 7 月	《关于进一步鼓励和扩大社会资本投资建设铁路的实施意见》（发改基础〔2015〕1610 号）	国家发展改革委	进一步鼓励和扩大社会资本对铁路的投资，拓宽投融资渠道，完善投资环境，合理配置资源，推动体制机制创新，促进市场竞争，促进铁路事业加快发展
2015 年 7 月	《国家发展改革委关于实施增强制造业核心竞争力重大工程包的通知》（发改产业〔2015〕1602 号）	国家发展改革委	加快推进轨道交通装备关键技术产业化研发、示范应用及产业化，城市轨道交通车辆研发、示范应用及产业化，轨道交通控制系统研发、示范应用及产业化

资料来源：根据国务院及国家发展改革委等各部委网站整理。

调研报告六

我国医疗器械产业发展潜力、
主要困境及相关建议
——对北京、深圳、上海、淄博、丹阳和沈阳
六市部分企业的调研

内 容 提 要

　　我国医疗器械市场活跃，国家政策导向和国内医疗卫生机构装备的更新换代需求，使我国成为巨大的医疗器械消费市场，并呈现出竞争加剧和高端医疗器械价格降低等发展趋势。在市场需求的刺激和中国经济持续稳定发展的背景下，我国医疗器械产业发展迅速，但也存在核心技术难以突破、高端医疗器械难进三甲医院和行业监管滞后等问题。为此，建议：调整中小企业经营发展方式，通过并购和重组进行产业升级；积极制定和动态调整产业政策，保护和培育本土医疗器械企业；进一步深化医疗体制改革，缓解中国医疗资源分布不平衡程度；培育良好的创新环境，激励企业和相关人员参与创新；健全医疗器械监管体系，规范医疗器械行业的竞争秩序。

一、调研目的和调研情况简介

　　医疗器械产业是一个高附加值的产业，在我国具有广阔的发展前景，还能带动其他相关产业的发展，在未来具有潜在的拉动经济增长的作用。自东软集

团于 1997 年成立以来，我国医疗器械产业迈入了自主研发高端医疗器械产品的时代，经过近些年的发展取得了一定成效，但一直难以壮大，仍然是一个比较脆弱和幼稚的产业。为了解我国医疗器械产业的发展潜力，弄清制约我国医疗企业发展的主要问题，进而对症下药促进我国医疗器械产业发展，课题组在 2015 年 8 月 10 日至 26 日，深入北京、深圳、上海、淄博、丹阳和沈阳六个城市进行了为期半个多月的调研活动，分别与多家企业的负责人进行了深入的座谈，并实地调研了多家重点企业；除此之外，还与医疗器械行业协会的相关负责人进行了深入的探讨。调研企业的基本情况见表 1。高端医疗器械产品是本次调研的重点。共调研了 7 家企业，均为民族企业，均生产高端医疗器械产品；这些企业既包含成立于 20 世纪的成熟企业，如东软，也有在最近几年才成立、成长势头惊人的新贵企业，如联影。

表 1 调研企业情况一览表

企业名称	地点	主要产品
迈瑞	深圳	生命信息与支持、体外诊断、数字超声、医学影像
东软	沈阳	医用影像设备
新华	淄博	消毒灭菌设备、放射诊断治疗设备
鱼跃	丹阳	康复护理系列和医用供氧系列医疗器械
华润万东	北京	全系列医用 X 射线诊断和治疗设备、医用磁共振设备等
联影	上海	医用影像设备
迈迪特	深圳	医学磁共振成像系统，超导、永磁 MRI 设备，超导磁共振成像等

注：新华医疗现为中国医疗器械行业协会会长单位，因此我们也调研了医疗器械行业协会，找相关人员进行了座谈，搜集了一些行业资料。

资料来源：根据调研资料整理。

二、我国医疗器械产业发展现状

（一）世界主要医疗器械企业早已进入中国，中国本土品牌企业也开始崛起，中国医疗器械产业竞争激烈

受我国巨大的市场潜力吸引，目前世界主要医疗器械生产企业已经进入我国。这些企业主要包括美国 GE、德国西门子、荷兰飞利浦、日本岛津、东芝等。其中最有分量的是美国 GE、德国西门子、荷兰飞利浦三家公司。而经过近些年的发展，我国本土医疗器械企业也在不断发展壮大，部分品牌企业，如东软、联影等，在技术创新方面也取得了显著成果，并生产了一批自主研发的高

端产品，开始挑战国际知名品牌。传统豪强跨国企业和新兴势力本土品牌在中国市场展开激烈竞争，这使得中国的医疗器械产业竞争空前激烈。

（二）中国高端市场主要被 GPS 三家外资企业垄断

长期以来，通用电气（G）、飞利浦（P）、西门子（S）三家跨国企业，垄断了国内 CT、核磁共振、PET-CT 等大型高端医疗设备市场的 70%。凭借工业尖端优势、先发优势和科技创新，这些外资企业始终占领高端医疗器械的研发、生产、品牌和营销四重制高点。中国医药保健品进出口商会公布的《2014 年上半年中国医疗器械贸易报告》显示，我国正在使用的高端医疗器械中，80% 的 CT、90% 的超声波仪器、85% 的检验仪器、90% 的磁共振设备、90% 的心电图机、80% 的中高档监视仪、90% 的高档生理记录仪是外国品牌。在 GPS 的三重夹击下，我国本土医疗器械企业的高端产品发展严重受阻。

（三）我国医疗器械生产以中小企业和中低端产品为主

近年来，我国医疗器械产业的产品技术结构、产品质量发生了较大变化，特别是病人监护产品、医学影像仪器设备、临床实验室仪器设备和微创介入治疗产品令人瞩目，并涌现出立体定位超声聚焦治疗系统、准分子激光人眼像差矫正系统、体部旋转伽马刀、睡眠监护系统等一批具有完全自主知识产权的创新产品。但从总体上看，我国医疗器械行业目前处于仿创结合过渡期，整体实力尚不足以与欧美日抗衡，国内医疗器械产业链基本是由国外跨国公司主导高端价值链，国内企业仅占据低端价值链的一部分。据中国医药工业信息中心分析，以 2014 年医疗器械市场总量 2760 亿元计算，国产医疗器械生产企业的年平均收入仅 1700 万元左右，多数医疗器械生产企业都是中小型企业，且技术水平偏低，主要针对局部地区的区域市场销售。

（四）我国医疗器械产业集聚式发展特征明显

随着我国医疗器械产业的发展，全国已形成几个医疗器械产业聚集区和制造业发展带，珠江三角洲、长江三角洲及京津环渤海湾三大区域成为本土三大医疗器械产业聚集区。据不完全统计，三大区域医疗器械总产值之和及销售额之和均占全国总量的 80% 以上。因为本身所具有的条件不同，这三大产业聚集区又呈现出明显的地域特点。

（五）中国医疗器械出口在不断扩大，但主要还是集中在中低端产品

中国本土医疗器械企业逐渐发展壮大，近些年中国企业开始向海外进军，

并取得了一定成效，但这些企业的出口主要以中低端产品为主。国产医疗器械只能在非接触性设备和其他低端领域努力争得一席之地。2014年上半年，我国医疗器械贸易进出口总额为167.9亿美元，同比增长6.1%，但出口额达到上亿美元的产品依然集中在按摩器具、医用导管、药棉等一次性耗材和中低端诊断治疗器械上。

（六）国产医疗器械在基层医疗机构的需求扩大，但在大城市大医院依然存在进入壁垒

随着新医改政策和扩大内需政策的实施，尤其是基层卫生体系建设投入的大幅增加，基层医疗机构不断成长。这些基层医疗机构由于财力有限和医疗需求还处于较低水平，一般倾向于购买国产医疗器械。尽管国产医疗器械在基层医疗机构的需求扩大，但在大城市大医院依然存在进入壁垒。事实上，我国常规医疗器械已基本实现自主生产，高端医疗器械也已有涉足，但以低技术层次的中低档产品占主导的局面并未改变。大城市大医院虽然医疗服务需求旺盛，对高端医疗器械需求也随之水涨船高，但这些大医院主要还是进口国外的高端医疗设备，很少采购国产医疗器械产品。万东是国内知名医学影像设备供应商，早在1997年就已经上市，长期从事自主研发。2014年，万东持续对1.5T超导产品进行优化及完善，进一步降低成本，打造1.5T超导磁共振精品，并加大力度投入1.5T超导核心部件国产化研发，质量达到国内领先水平，但该产品也主要被中小医院采购，很少销往大医院。

三、我国医疗器械产业发展前景和趋势

（一）我国医疗器械产业发展前景

1. 我国医疗器械市场潜力巨大

我国医疗器械市场活跃，国家政策的导向和国内医疗卫生机构装备的更新换代需求，使我国成为巨大的医疗器械消费市场。在市场需求的刺激和中国经济持续稳定发展的背景下，我国医疗器械产业发展迅速。据中国医药物资协会医疗器械分会调查统计，中国医疗器械市场销售规模已经由2001年的179亿元增长到2012年的1700亿元，12年间增长了8.5倍。2014年全国医疗器械销售规模约2556亿元，比上年度的2120亿元增长了436亿元，增长率为20.57%。另外，医疗器械与药品是医疗的两大重要手段，发达国家这两大类销售额较为接近，而我国医疗器械销售额大约是药品销售额的1/3，医疗器械市场的潜力还可以进一步挖掘。

2. 全球对医疗保健服务需求剧增，我国医疗器械企业产品出口潜力巨大

随着经济的发展，全球居民生活水平逐渐提升，对医疗保健服务的需求也开始加速上涨。除此之外，更为重要的是，世界主要发达国家的人口老龄化日益严峻，老年人口急剧增加，这也引发了各国医疗保健服务需求的剧增。医疗保健服务需求的剧增，引发了对医疗器械的需求增加，这给我国医疗器械企业的发展提供了广阔的市场。中国很多医疗器械企业早已走上出口抢占国外市场的道路，尽管出口相比于国内自销规模还很小，但近些年来中国的出口正在不断增加，预计在未来十年，中国医疗器械的出口将会出现质的飞跃。2014 年中国主要医疗器械企业的出口都有很大的增长，最引人注目的是，新华医疗的出口营业收入同比增长了 44.48%。其他一些品牌企业也有一定增长，鱼跃医疗的出口营业收入同比增长 8.28%，万东医疗同比增速也达到 8%。另外，我国一些品牌企业的高端医疗器械产品不断取得国际权威认证，为销往世界扫清了障碍。如 2014 年 9 月，联影 uMR 560 获 TÜV SÜD 权威 CE 认证。CE 认证被公认为制造商打开并进入欧洲市场的"护照"。加贴 CE 标志的产品代表其已通过相应的合格评定程序，符合欧盟相关规定，有资格进入欧共体市场销售。这些都说明我国医疗器械企业已经开始迈出国门，医疗器械产业出口潜力巨大，具有广阔的发展前景。

3. 医疗体制改革将通过壮大中小医院扩大对国产中低端医疗器械需求

医疗体制改革会扶持和壮大小城市和乡镇地区的小医院，进而引发这些小医院对低端医疗器械的需求。而国产低端器械在性价比上与国际市场高端品牌产品相比拥有巨大的优势，这无疑会促进我国医疗器械产业的发展。具体而言，医疗体制改革会通过以下方面释放小医院对医疗器械，特别是国产医疗器械的需求：第一，我国未来的医疗体系将呈现层级结构布局，医疗器械的配置也将形成层级配置；第二，医改政策对城市社区和农村基层将有较大的倾斜，基层的医疗需求将极大地释放；第三，医疗机构以药养医的局面将大为改观，医疗器械在医院将更加准确有效地发挥作用；第四，医疗器械集中招标采购模式的覆盖品种将进一步扩大。政府对医疗器械行业给予了前所未有的重视，研发投入的增加，医疗卫生体制、医疗保障体制改革的推进，国家卫生计生委投资建立农村及社区医疗卫生体系政策的出台，都为我国医疗器械产业提供了巨大的发展动力。

4. 国内技术研发的重视和投入的不断加大使得国产高端医疗器械规模逐渐壮大

国内不少品牌医疗器械企业开始重视对研发的投入。2014 年东软研发开支占营业收入比例高达 9.31%，鱼跃医疗这一比例也占到 8.43%。尽管中国医疗器械企业的技术水平与国外知名品牌还有一定差距,中国的高端医疗器械产品的稳定性和功能性与进口产品还存在不可跨越的鸿沟,但经过这些年的发展,这一差距正在缩小,主要体现在:首先,对于一些高端产品,中国本土企业已经跨过了从0到1的过程。截至2015年5月,中国首台自主研发的96环超清高速PET-CT——联影uMI510已先后进驻上海市第十人民医院、中国解放军总医院和复旦大学医学院附属中山医院等多家权威医疗机构,这标志着中国高端医疗器械行业已经出现了质的飞跃。其次,对于有些高端产品,中国企业正在通过自主研发来不断降低生产成本,降低价格,增强这些高端产品的国际竞争力。本土医疗器械企业在高端产品上的突破无疑会给国产产品的市场份额带来正向促进作用,还会促进本土企业在海外市场的市场占有率,这都将促进我国医疗器械产业的发展。

(二)我国医疗器械产业的发展趋势

1. 产品将向数字化、小型化、智能化、自动化方面发展

在当今数字化时代,医疗器械产业体系的生产已不仅仅局限于硬件产品的生产,知识及知识部件的生产将成为生产环节中不可或缺的一个部分,而且所占比重会越来越大。数字化技术的应用可使原有众多医疗器械产品具有更可靠、更小巧、人机界面更好、性能更高、功能更强的特点。而且数字化技术完全可以将原来的多参数监护仪集成到掌上电脑上,并具有大容量存储、无线发送等功能。数字技术还使原来不易实现的一些需求得到实现。另外,借助数字化技术涌现出了新的医疗器械,大大地丰富了临床诊疗方法,如128排CT机(计算机断层扫描)。

2. 产业分工将不断深化、细化

随着产业集群的发展和产业链的延伸,社会分工将进一步深化,产品部件的生产将标准化。有些专业企业将以关键核心部件为主导,处在产业链中间位置,作为专业核心部件供应商,未来的部件将向标准化方向发展。如永磁磁共振成像系统,将由专业磁体生产商、梯度线圈生产商、谱仪生产商、软件系统供应商等构成产品集成系统。

3. 自主知识产权产品将不断增多

随着我国建设创新型国家的推进,医疗器械领域的自主知识产权将日益增多。目前,一批拥有自主知识产权的产品已投放市场,并占据了一定的市场份额。如3.0T磁共振磁体、112环PET-CT机、128层CT机、移动DR等产品。在此基础上,自主知名品牌将逐步成为市场主导。因为在医疗器械市场,知名品牌代表着产品的质量和可靠性,一旦有了知名品牌,就拥有了这一产品的客

户信任度，同时也就拥有了市场。

4. 更多跨国公司将进入中国，竞争更加激烈

我国是一个快速发展中的人口大国。随着经济社会的发展，我国城乡居民的生活水平和医疗水平不断提高，医疗器械市场潜力巨大，发展速度将快于国际市场。随着经济全球化的深化，医疗器械市场的竞争更加激烈，继 GE、西门子、飞利浦等公司之后，将会有更多的跨国公司进入中国医疗器械市场，如欧洲、韩国等地区与国家的企业早已关注我国医疗器械市场，未来将会有一些企业陆续进入我国。

5. 高端医疗器械产品价格将不断降低

我国"看病贵"的问题，在很大程度上源于过去几十年影像设备等高端医疗器械产品的高价格。未来这一现象将会改变，这主要是由以下几个方面的因素决定：首先，中国高端医疗器械市场竞争的加剧，以 GPS 为代表的跨国企业也开始感受到中国医疗器械市场的竞争压力，特别是中国本土企业在部分高端医疗器械产品上相继取得突破，迫使跨国企业开始降价以维持过去的市场份额。其次，随着医疗体制改革的深入，以药养医的局面将会逐步缓解，医生劳动服务费的比重加大，医院不需要变相从高端医疗器械诊断和治疗收取高额费用，从而会倾向于购买物美价廉的高端医疗器械产品。最后，中国医疗市场庞大，但中国居民收入还处于较低水平，对高端医疗器械产品的需求价格弹性较大，各品牌医疗器械企业为了扩大销售量，收回研发的前期投入，也会顺应中国居民的医疗需求结构特征，在成本控制上做文章，降低高端医疗器械产品价格。

四、我国医疗器械产业发展面临的主要困境及原因剖析

（一）医疗器械产业发展面临的主要困难

1. 核心技术难以突破，原创不足制约我国医疗器械企业发展

近年来，国产医疗器械创新水平虽有所提升，但还缺乏原始创新能力，这是制约国产医疗器械发展的最大瓶颈。2013 年我国心脏介入手术量超过 45 万例，使用支架近 70 万个，其中超过 3/4 的市场已经被国产支架占据，但原创性的东西并不在我们手中。尽管我们可能会有一些局部或细节性的改进，比如我们在世界上最早生产出有可降解药物涂层的支架，但还没有一个真正的整体上原创的产品。

更为重要的是，一些高端的影像设备产品，中国的产品质量仍落后于美国以及欧洲主要发达国家，产品的升级换代总是比国外品牌慢一拍甚至几拍。在第 73 届中国国际医疗器械（春季）博览会上，中国的联影展示了最新自主研发

的产品——128 层的 CT 机,这在中国已经是最先进的 CT 机,但世界上有一些企业早已能生产出 256 层的 CT 机,扫描更为清晰,医生赖此可以做出更为科学的诊断。

2. 高端医疗器械产品叫板跨国巨头却难进三甲医院

经过近些年的发展,中国企业的高端医疗器械产品研发已经取得成效,一些高端产品可与国外优秀企业产品媲美,但国产的这些高品质的高端医疗器械却很难进入三甲医院。以无锡祥生为例,国内现行局面造成祥生的产品大多数都在国际销售,国际与国内销售比例为 6∶4,而国内销售去向也只能集中到二级以及二级以下的医院。三甲医院的检查设备全被 GPS 垄断,而且大型设备一般有 5~10 年的使用周期,很难给后来者留出份额。其实无锡祥生在国内市场的低迷并不是因为质量问题,其高端医疗器械产品的高性能已经被国际权威认证机构认可,已突破欧美跨国公司的技术壁垒及在国际主流市场的垄断封锁,并顺利拿到了德国医疗保险的号码。

3. 本土一些医疗器械产品价格远低于国外却难进医保

过去很多年,国产医疗器械发展落后,我们不得不用跨国企业生产的医疗器械,因此在编制医保清单时也仅仅将一些国外产品列入清单。但经过近些年的发展,本土医疗器械不断开拓研发,产品质量不断提升,成本不断降低,但医保清单仍没有及时纳入这些国产的医疗器械,使这些产品进入国内医院碰到了一定的障碍,也严重影响了这些产品的国内销量。以脑起搏器为例,脑起搏器主要用于治疗帕金森等精神疾病,我国适应症患者就有上千万人。目前美国美敦力公司垄断了全球市场,产品价格加上手术费用共计 25 万~30 万元。经过十多年的努力,北京品驰医疗通过与相关科研单位合作研发,解决了这一产品领域一系列关键技术和核心部件难题,形成我国独立自主的技术体系,并且获得了国家食药总局注册证,产品已经在十几家医院应用推广,价格比美国美敦力公司的同类产品降低一半左右,每名患者双侧植入的器械费用降低了一半,大大降低了患者的经济负担。但该产品仍不能纳入医保清单,使公司十多年的科研投入难以转换成收益,这严重打击了本土企业对高端医疗器械产品的研发热情。

4. 医疗器械监管滞后,管理存在不合理

由于国家标准和行业标准跟不上医疗器械产品种类的发展,因此没有国家标准和行业标准,医疗器械注册是以企业标准注册的。使用企业标准注册存在以下问题:一是企业生产技术水平各异,导致同种产品对某些项目要求相差大,甚至对该项目不进行要求,这样不利于该类产品的发展,形成部分生产企业为降低产品价格的恶性竞争;二是不同省市对以注册标准注册的产品审批尺度不

一致，导致产品在上市后出现不良事件，按照企业标准进行检测，符合标准要求，而实际情况是该产品确实存在问题；三是外省进入当地市场时，当地医疗器械监管部门在进行市场抽样过程中很难拿到企业标准，而向生产企业所在地的食品药品监督管理局索取标准时会因企业信息需要保密而索取不到，导致不能对该类产品进行有效的监管，从而给市场监管带来漏洞。

（二）导致困境背后的深层次原因

1. 过去重视规模制胜的企业发展方式制约了本土医疗器械研发能力和原创能力

过去30多年，中国制造业企业利用劳动力成本廉价优势，采用人海战术，生产低端廉价的商品。尽管这样的商品单位赚取利润很低，但中国企业通过扩大规模，以量取胜，也能赚取一定的利润。尽管医疗器械具有较高的技术门槛，但从消费结构的角度看，中国是人口大国，也是医疗器械消费大国，消费结构异常复杂，客观上给低质量的医疗器械提供了生存空间。这导致中国很多医疗器械企业也采用这种发展方式。虽然我国有一些品牌企业不惜重金进行研发创新，但更多的中小企业却在模仿生产，他们生产大批量廉价的山寨产品，在贫穷落后地区替代国外低端产品。显然这种发展方式不利于我国医疗器械产业研发能力和原创能力的培育，也给国产医疗器械带来了"低端"、"廉价"和"低品质"各种帽子，不利于整个产业的发展。

2. 监管短板导致行业竞争秩序混乱，过度竞争不利于企业自主创新

我国医疗器械监管存在三大短板，主要表现为：一是目标设定模糊。国家药监局在成立伊始就确立了"以监督为中心，监、帮、促相结合"的多元工作方针。其不仅要确保医疗器械安全有效，同时要关注产业的效益。在某种意义上，药监部门还要保障患者能够使用既质优且价廉的医疗器械。显然，目标的多元模糊了公众利益与商业利益之间的关系，个别药监官员甚至单纯强调"帮企业办事、促经济发展"，从而影响到政策制定和执行的有效性。二是职权配置分散。尽管药监局致力于成为药品和医疗器械综合管理部门，但实现多元政策目标的职权散落在其他部门，尤其是在医疗器械使用、临床试验和价格管理等领域。一般而言，当不同部门的目标不一致且行为不协调时，监管者在决策时就不得不考虑其本职工作以外的因素，进而制约了自主性。三是专业水平薄弱。为应对大工业生产带来的高科技风险，监管机构势必强调专业化监管。但我国药品监管部门的专业化水平和执法能力尚显不足。许多基层药监部门组建时，人员多来自非医药系统，目前绝大多数市、县级药监部门没有专职医疗器械监管人员，具有相关专业知识的监管人员则更少。

我国对医疗器械产业的监管不足,加之产业政策缺失等原因,导致我国医疗器械产业呈现出数量多、规模小、分布散、集约化程度低的特点,自身质量安全管理能力不足。截至2012年年底,全国有医疗器械生产企业13876家、经营企业14万家,农村共有药品医疗器械供应网点55.4万个。这种过度竞争和产业集中度不高,不仅成为我国医疗器械安全基础薄弱的最大制约因素,还导致整个产业过度竞争,一些企业为了短期利益,不断削减成本,甚至砍去企业研发部分,给整个产业的技术研发和自主创新带来了极大的影响。

3. 医疗器械创新缺乏产业链互动,关键一环的医生成为看客

医疗器械行业涉及医药、机械、电子、材料等多个领域,其产品聚集和融入了大量现代科学技术的最新成就,是医学与多种学科相融合的高新技术产物。这种多学科交叉的要求决定了医疗器械的研发需要各种人才进行互动,需要产业链形成一种长效机制,为医疗器械的创新注入新的思路。而在医疗器械产品的创新上,医生是实际操作使用医疗器械的人,他们对医疗器械创新的思考最多,能有更好的创意,医生是医疗器械研发的最关键一环。但在现行医疗体制下,中国医生每天连病人都看不完,根本没时间搞创新,也缺少这种意识,更重要的是缺乏动力,比如如何保护知识产权、利益如何分配等等。医疗器械研发过程中,医生角色的缺失,使得医疗器械的创新不能充分解放思想,创新局限于传统思维,一直跟着国外品牌企业研发的路子走,肯定不能实现超越,也只能一直处于落后状态。

4. 我国医疗资源分布的不平衡和"中国式招标"决定了大医院倾向于购买进口的高昂医疗器械

大医院之所以倾向于购买进口的价格高昂的医疗器械产品主要有两个方面的原因:一是大医院的垄断地位造就了我国医疗器械市场是一个买方市场。我国医疗资源分布极其不平衡,三甲医院基本分布于大城市,而在中小城市特别是乡镇地区,医疗人员和医疗器械相当缺乏。这种医疗资源分布的不平衡,导致中国大城市的大医院人满为患,而小城市和乡镇地区的小医院相对冷清。需求旺盛的大医院对医疗器械的需求也水涨船高。但是大医院在购买医疗器械时往往有指标限制,比如一年只能购买多少台CT机,但对采购成本没有限制,在这种指标限制下,为了尽可能扩大产能,他们只能购买质量和效率最高的医疗器械产品。而进口医疗器械在这方面有不可替代的优势,这导致了大医院往往倾向于采购质量高的进口医疗器械,而放弃性价比高的国产医疗器械。二是大医院的"中国式招标"制度对这种现象推波助澜。在现行体制下,医院是非营利性的公立医疗机构,医院采购行为并不是自负盈亏的行为,而是需要一套完整的采购规范来规制医院对医疗器械的采购。但在采购指标的限制下,大医院的"不差钱"促使医院采购人员倾向于采购价格更高的医疗器械，以拿到更多回扣。而市场上价格高昂的医疗器械一般都是国外进口产品。

五、 我国培育发展医疗器械产业的对策建议

（一）调整中小企业经营发展方式，通过并购和重组进行产业升级

我国医疗器械产业总体仍以中小企业和低端产品为主。这些中小企业在过度竞争中为了缩减成本，压制了企业的研发需求，产品主要以模仿为主，甚至有些产品通不过市场的检验，个别企业的产品还有安全风险。因此需要调整中小企业的经营发展方式，使整个行业从过去恶性缩减成本的同质化竞争向注重质量的差异化竞争转变，通过增加研发投入和创新产品质量与功能来促进整个产业转型升级。在这一转变中，提高行业集中度，减少行业过度分散是一个必经之路。而并购和重组是提高行业整合度和集中度的一种非常重要的手段。具体而言，要以规模经营为目标，鼓励优势企业跨地区、跨所有制进行兼并重组，促进产品和技术、渠道等资源向优势企业集中，逐步形成一批富有国际竞争力和对医疗器械行业发展具有示范作用的大型医疗器械企业，以促进全行业的健康发展。

（二）积极制定和动态调整产业政策，保护和培育本土医疗器械企业

我国医疗器械产业仍然是一个比较脆弱和幼稚的产业。医疗器械产业不仅是一个高附加值的产业，具有潜在的拉动经济增长的作用，并且是一个民族生存发展所必须依赖的重要产业。长期以来，由于我国医疗器械产业发展缓慢，很多核心技术无法掌握，必须依赖进口，这造成医疗器械价格虚高，直接导致了我国"看病贵"的严重医疗问题，严重影响了国计民生。因此，我们必须积极主动实施产业政策，保护和培育还处于初级发展阶段的医疗器械产业，振兴民族工业，从根本上解决医疗器械价格虚高的问题。一方面，积极制定向本土医疗器械企业倾斜的产业政策，保护和培育本土医疗器械产业。例如，通过严格执行政府采购法，确保财政资金优先采购国产医疗器械；成立专项扶持基金，支持医疗器械重要领域的基础研究；建立医械科技产业基地和国家级创新医疗器械产品示范应用基地，并发挥产业集聚效应。另一方面，要及时动态调整过去不利于国产医疗器械企业发展的各种不合理政策，为本土医疗器械产业的发展扫平政策上的障碍。例如，及时调整医保清单，将价格合适、质量过硬的本土医疗器械品牌产品及时纳入医保清单；及时纠正在招标采购过程中对本土产品的歧视性做法，制定科学规范的专业化评价系统。

（三）进一步深化医疗体制改革，缓解中国医疗资源分布不平衡程度

我国医疗资源分布极不平衡，这导致了居于垄断地位的大医院在采购医疗器械时倾向于选择高质量的进口医疗器械，不利于我国医疗器械产业的发展。因此需要进一步深化医疗体制改革，缓解我国医疗资源分布不平衡程度，壮大基层医疗机构，扩大这些医疗机构对低端医疗器械和本土性价比高的医疗器械的购买，促进我国医疗器械产业的发展。在医改中可以从两个方面着手：一方面，增加财政支出对基层医疗机构的扶持力度，明确二级以下医院及社会卫生中心的责任，发挥好预防、处理和转诊的医疗角色。基层医疗机构的壮大会扩大对中低端医疗器械的购买，扩大国产低端医疗器械的需求。另一方面，放大私立医院在基本医疗服务层面建立与公立医院平等的准入条件和竞争关系，开放私立医院在高端医疗服务的市场空间。适当鼓励推进国内外社会资本投资我国医疗服务产业，逐渐打破大城市公立医院的垄断地位。私立医院对医疗设备有独立的采购权，直接从商业公司采购，完全是市场化运作，对价格要求比较严格，青睐质优价廉的产品。这样国产性价比高的医疗器械会有很大的发展空间。

（四）培育良好的创新环境，激励企业和相关人员参与创新

医疗器械产业是一个技术密集型产业，医疗器械产业竞争力靠不断的集成创新和自主创新来维持和获取。因此，相关部门要培育医疗器械产业创新的良好外部环境，激励企业和相关人员参与医疗器械的创新。具体可以考虑从以下四方面着手：

（1）提高研发人员的科研成果转化收入，激发和保持科研人员的创新热情。对科研人员采取基本工资和成果收入的灵活形式激励其参与创新，还可以给科研人员配备股权来激励他们的创新意识。

（2）加大知识产权保护力度，保障企业的创新收益。中国制造企业大都以仿制为主，知识产权保护意识不强，经常出现侵权的企业行为，但这种侵权行为却很难受到法律制裁，这会大大降低企业的创新收益，进而削弱企业的创新精神，不利于整个产业的创新发展。因此，要加大对知识产权的保护力度，使侵权难、维权易。

（3）缩减创新医疗器械的审批时间，降低企业的创新风险和成本。医疗器械是对人直接操作进行的检测和治疗的设备，设计和制造不当都会给病人带来很大的伤害，因此各个国家都加强了对医疗器械的专利审批力度，但这也耽误了专利投入市场的时间，不利于企业在国际市场上抢占先机，会加大企业的创

新风险和成本。因此，需要相关部门提高业务能力，既要保证对医疗器械的专利审批严谨度，又要减少审批时间，达到保质节时的双重目标。

（4）要加强企业与医生的互动建设，采取一系列措施激励医生参与医疗器械的研发。鼓励医生通过咨询和顾问的方式参与到医疗器械研发中；允许医生短时间在医疗器械研发部门借调工作，根据医生的创意和贡献给予医生创意产品股权；也可以与医院开展合作，派遣医疗器械研发团队人员到医院协助医生使用设备。

（五）健全医疗器械监管体系，规范医疗器械行业的竞争秩序

我国医疗器械监管机构和人员的不完善以及监管的不足严重制约了医疗器械产业的发展。因此要健全医疗器械监管体系，规范医疗器械行业的竞争秩序。首先，要推进法规标准建设。医疗器械产业的快速发展对法规标准提出了更高要求，应加快医疗器械监管的立法工作，及早修订《医疗器械监督管理条例》，尽可能出台《医疗器械监督管理法》，使医疗器械监管像食品、药品监管一样，具有较高法律位阶。与此同时，应建立和完善医疗器械标准管理机构，着力研究规划我国医疗器械标准体系，重点研究制修订急需的、高风险的医疗器械国家标准和行业标准，提高国际标准采用率。其次，要推进技术支撑建设。在人才队伍方面，要争取政府部门领导的重视和支持，在省、市、县药监部门增加编制，配备既懂医疗器械又懂市场管理的专业人员，建立和完善有关工作制度，切实提高医疗器械的监管能力。在信息化方面，充分利用现代信息技术，建立覆盖全国的医疗器械市场监管信息网和不良事件报告网络，在各级各地药品监管部门之间、相关生产经营企业之间实现监管信息互联互通，以提高监管的效率和水平。

（执笔人：任继球）

综述报告

关于未来我国产业新增长点的文献研究综述

——经济新增长点的产业视角

　　本报告从经济新增长点的产业研究视角出发，在概括产业新增长点的理论基础之上，较为全面地归纳了产业新增长点的内涵及特征、生成要素及形成条件、选择方法及识别标准的文献研究，梳理了2009年以来专家学者、政府有关部门和专业投资者对我国产业新增长点的研究领域和关注重点。本报告关于产业新增长点概念、特征、标准的综述，对课题组深入理解和研究产业新增长点的概念、影响因素和甄别标准提供了理论依据；关于我国产业新增长点关注重点的梳理，为课题组形成甄别"十三五"产业新增长点备选清单提供了重要基础。

　　一般理解，产业新增长点是指在经济发展和产业结构演变过程中新涌现的、能够支撑经济平稳较快增长或带动国民经济和产业结构优化升级的新兴产业或行业。在国内外文献研究中，少有将"产业新增长点"作为专有名词进行理论研究，更多地是对"经济增长点"、"新经济增长点"、"经济新增长点"、"潜在经济增长点"等[1]进行研究。其中，对"经济增长点"的研究有三个视角：一是产业视角，认为新的经济增长点是某些具体行业，如20世纪90年代的汽

---

　　[1] 本报告将"经济增长点"、"新经济增长点"、"经济新增长点"、"潜在经济增长点"等同简称为"经济增长点"。

车工业、房地产业,现在的信息产业、新能源产业等(徐升华、毛小兵,2004;简晓彬、冯淑霞、刘宁宁,2011),这种经济增长点的观点实质上就是产业新增长点的概念;二是区域视角,认为新的经济增长点在某些地区,如开发区、中西部地区等(孙志杰,1996),这种经济增长点的观点实质上是区域增长极的概念;三是领域视角,认为新的经济增长点是国民经济和社会发展中的某些领域,如民营经济、城镇化、改革等(潘一燕,1998;左晓蕾,2010;周天勇,2014)。鉴于此,本报告认为,基于产业视角的经济增长点也是产业新增长点的内容,相关文献研究纳入本文献综述当中。

一、关于产业新增长点的理论基础

产业新增长点本质是经济增长问题,产业新增长点的出现和成长壮大,将改变不同产业在国民经济中的比重和地位,促进产业结构不断演变。因此,关于产业新增长点的理论研究也是从经济增长理论的基础上发展起来的,主要是产业结构演进理论。产业结构演进的代表性理论研究主要是配第-克拉克定律、罗斯托的主导产业扩散效应理论和经济成长阶段论、钱钠里经济发展阶段理论、库兹尼茨的结构变迁理论。[1]

(一) 配第-克拉克定律

英国经济学家配第在《政治算术》一书中提出,制造业比农业、商业比制造业能够获得更多的收入。不同产业之间相对收入的差异,就会促使劳动力向能够获得更高收入的部门转移。克拉克研究得出,随着时间推移和经济发展,从事农业的人数相对于从事制造业的人数趋于下降,进而从事制造业的人数相对于从事服务业的人数趋于下降。劳动力之所以会从农业向制造业和服务业转移,是因为各产业间出现附加价值的相对差异,促使劳动力由较低收入产业向较高收入产业流动。学术界将随着经济发展,劳动力从农业到制造业再到服务业转移的观点称之为"配第-克拉克定律"。

(二) 罗斯托的主导产业扩散效应理论和经济成长阶段论

美国经济学家罗斯托把人类社会发展分为 6 个经济成长阶段:传统社会阶

---

[1] 关于产业新增长点理论基础的研究在许多经济发展理论、产业结构理论著作中有较多的、详细的阐述和评价,本报告只简要列出相关理论,不做详细论述。主要参考:周淑莲,吕铁.中国高增长行业的转型与发展 [M]. 北京:经济管理出版社,2010;赵弘.首都经济新增长点研究 [M]. 北京:北京出版社,2009;苏东水.产业经济学 [M]. 北京:高等教育出版社,2010.

段、为起飞创造前提阶段、起飞阶段、走向成熟阶段、大规模高消费阶段、追求生活质量阶段。其中，起飞是一个社会的历史中具有决定意义的时期，实现起飞需要 3 个条件：一是要有较高的资本积累率；二是要建立起能够带动整个经济增长的主导部门；三是要进行制度、社会、政治的变革。主导产业是经济增长中起主要作用的先导部门，不仅表现为自身能够高速增长，而且能够将这种增长扩散到其他部门去，对其他部门产生决定性影响。罗斯托认为，主导产业部门是根据不同的发展阶段和条件不断演化的。历史上，起飞阶段前的主导部门是食品、饮料、烟草、水泥等部门，在起飞阶段是纺织工业，经济持续增长阶段是中重工业和制造业，大规模高消费阶段是汽车工业，追求生活质量阶段是服务业和建筑业等部门。

（三）钱纳里经济发展阶段理论

钱纳里系统研究了经济增长过程中的产业结构变化问题，提出产业结构变化的三阶段动态发展模型，即初级产品生产阶段、工业化阶段和发达经济阶段，不同阶段中不同产业起到不同作用。其中，第一阶段和第二阶段的分界线在人均收入 400 美元时，制造业对人均 GDP 的增长贡献首次超过农业；第二阶段与第三阶段的分界线在人均收入 4000 美元时，社会基础设施对人均 GDP 的增长贡献超过制造业。服务业增长的贡献率一直较高，且变动十分平稳。工业化阶段也分为初期、中期和后期，制造业也按照三个不同时期划分为三种不同类型产业：初级产业是指经济发展初期对经济发展起主要作用的制造业部门，例如食品、皮革、纺织等部门；中期产业是指经济发展中期对经济发展起主要作用的制造业部门，例如非金属矿产品、橡胶制品、木材加工、石油、化工、煤炭制造等部门；后期产业指在经济发展后期起主要作用的制造业部门，例如服装和日用品、印刷出版、粗钢、纸制品、金属制品和机械制造等部门。

（四）库兹尼茨的结构变迁理论

库茨尼茨在研究经济增长问题时发现，人均产出和生产率的快速增长，总伴随着产业结构的快速变迁。他研究 1880—1948 年美国制造业的发展情况，依据单个产业占整个制造业的比重以及增长速度的高低，将全部制造业划分为 4 组：A 组产业包括石油、化工、火车、汽车、电力设备、金属制品等，该组产业 1880 年在制造业总产值中的比重低于 0.6，1880—1914 年 34 年间增长了至少 6 倍；B 组产业包括钢铁、造纸、印刷、玻璃、制陶等，该组产业 1880 年在制造业总产值中的比重高于 0.6，1880—1914 年 34 年间增长了至少 6 倍；C 组产业包括服装、棉花制品、烟草、珠宝、农具、制糖等，该组产业 1880—1914

年34年间增长了3~6倍；D组产业包括毛纺棉纺织品、制鞋、皮革、木制品和部分食品行业，该组产业1880—1914年34年间最多增长了3倍。1880—1948年，美国制造业总产值增长了15.17倍，上述四组产业分别增长168.77倍、26.08倍、14.01倍和4.07倍，导致其在制造业中的结构和地位发生了变化。

从经济发展史看，工业部门不断替代农业部门并超过农业成为GDP占比最高的产业，服务业部门不断替代工业部门并超过工业成为GDP占比最高的产业；制造业内部，资本密集型产业不断替代劳动密集型产业，技术密集型产业不断替代资本密集型产业。这些产业的替代过程，其实是一个或几个产业迅速发展壮大的过程，这些产业在不同的发展阶段成为当时的产业新增长点。从这个角度上看，产业结构演进过程，就是产业新增长点不断出现、发展、壮大、衰退的周而复始的过程。上述理论，不仅揭示了产业新增长点的出现是经济发展过程中的客观必然现象，也指出了不同经济发展阶段产业新增长点的具体行业和领域。

二、关于产业新增长点内涵及特征、生成要素及形成条件、选择方法及识别标准的研究

（一）内涵及特征

广义的经济增长点定义为所有能够直接形成经济增长并能够推动经济增长的因素。从有形的角度看，经济增长点可以是产业或部门，也可以是企业、产品，还可以是地区；从无形的角度看，经济增长点可以是制度、技术等等（张耀辉，2000）。更多的研究认为，经济增长点一般是指国民经济的中观层次，主要指向是产业，地区的增长点或增长极是具有主导作用或支柱作用的产业在空间上的集聚，制度或技术上的创新则是产业发展需要的要素和保障（罗亮，2003）。基于此，学者们关于经济增长点内涵及特征的研究多从产业视角出发，本质就是产业增长点。

傅德忠（1998）认为，经济增长点就是在一个经济系统中超越一般（平均）增长水平的具有潜在或现实较高经济增长率、并对整个经济增长起着举足轻重作用的经济支撑点。这种具有全局性意义的经济增长点，可以表现为若干产业部门的发展，也可以是某些区域经济的联动，甚至可以表现为不同层次市场的特殊作用。

农贵新（1999）认为，经济增长点是指某段时期内，一个国家（地区）的众多产业或部门中某个（或某几个）产业或部门的经济快速增长，对提供整个国民经济增长速度起着很大的推动作用，这些产业或部门就是经济增长点。经

济增长点具有以下特征：一是，经济增长点是集中体现在某个产业或部门的高速经济增长率；二是，经济增长点是指在一定的时间范围内经济增长快速的产业或部门；三是，经济增长点是某个产业或部门经济增长速度相对于其他产业或部门经济增长速度要快；四是，作为经济增长点的产业或部门必须在提高整个国民经济增长速度中起着很大的推动作用。

费培根等（2001）指出，经济增长点是以经济快速增长为主要特征的产业、企业、地区的集合。从产业角度分析，属于经济增长点的产业是现在和未来一定时期经济增长速度较快的产业，即现在市场和潜在市场看好的产业。经济增长点的产业可以是新兴产业，也可能是主导产业、支柱产业，也可能是成长中的非主导产业、非支柱产业。费培根等认为，经济增长点具有动态性和多层次性。前者指由于生产力的发展，资源及优势条件的变化，市场需求的变化，技术进步的加快，产业结构是不断变化和升级的，新兴产业不断出现并成长发展，夕阳产业不断衰退甚至淘汰，因此经济增长点是不断变化的；后者指由于各地区、各国经济发展水平不同，市场需求不同，市场优势不同，经济增长点有地区级的、全国级的和国际级的，不同级别的经济增长点可以交叉，也可以不交叉，主要取决于市场需求与优势条件是否重叠交叉，比如国家级的主导产业同时是国家级的经济增长点，但不是每一个地区的经济增长点。

简晓彬等（2011）提出，新经济增长点主要指在经济成长和产业结构演变过程中，具有较大的市场需求和潜在的未来需求、成长性好、资金和技术密度高、能够促进产业结构优化升级、带动整个国民经济跨越式发展的新兴产业或行业。其主要特征：一是产业关联效应强，具有回顾效应、前瞻效应和旁侧效应，能带动相关产业、行业和整个国民经济的发展；二是旺盛的市场需求和发展潜力，能成为主导的消费热点，并由消费需求市场作为支撑，拉动生产建设，推动国民经济迈上新的台阶；三是动态演变，新经济增长点是随经济成长阶段和产业结构的升级而不断发生变化的，只有当国民经济发展到一定阶段，条件成熟时，某一产业或行业才会成为新经济增长点。

张国富（2005）认为，经济增长点是指有效益、有市场、有前景、可持续发展，能够直接形成经济增长并能够带动经济增长的生产力及其经济增长空间。经济增长点是一个多层次、多方位、综合性的概念，对于产业来说，能够对其他产业产生带动作用的经济增长点成为主导产业。新经济增长点有以下三个特点：一是新经济增长点必须以高新技术为支撑；二是新经济增长点应该形成高风险、高投入、高回报、高效益的产业或产业群；三是新经济增长点应该具有明显突出的生产率和生产率增长率。

辛杨、赵英才（2007）提出，新经济增长点是指具有强劲潜在或现实市场需求，在未来具有持续高增长率和强大的经济渗透力和扩散效应，即对国民经济增长起着强有力的推动作用，引导国民经济发展方向的新产品及其集合。新经济增长点的主要特征如下：一是经济增长点具有比较优势。作为经济增长点的产业的机会成本（用其他产品来衡量）一般低于其他产业的机会成本，都具有较强的全行业劳动生产率、增加值贡献率、产销率等。二是经济增长点的选择具有阶段性。在一个区域里，经济增长点的选择不是永恒不变的，它会随着时间、环境、政策等因素改变。特别在产业结构不断调整过程中，经济增长点的培育对象也跟着改变，而且经济增长点通常与产业的周期性相适应，处于不同的周期阶段应该培育适合的经济增长点。三是经济增长点具有较强创新能力。经济增长点的培育对象应该具有超出平均速度的高增长率，需要伴随着创新过程。经济增长点所依托的产品具有较强的高新技术性、在不断更新换代中保持旺盛市场生命力的特性。作为经济增长点的培育对象必须具有较强的创新能力。四是经济增长点拥有潜在市场需求。在市场经济条件下，经济增长点的产业除了要有强劲的市场需求，而且还要有潜在的市场需求。市场需求的拉动将成为增长的主要源泉，如果没有潜在和强劲的市场需求，势必不可能有高增长率或持续高增长，也不会在本地区的经济总量中占有较大的比重，也不能逐步成为支撑和带动本地区经济发展和富国强省的重要力量。五是经济增长点的产业关联度高。作为经济增长点的培育产业的一个重要特征是产业链条长，不仅是链条长，而且要对产业前、后关联面宽，带动辐射作用大，能够推动区域中其他产业的发展，从而促进区域整体经济增长。所以，作为经济增长点的培育对象的产业关联度要高。

（二）生成要素及形成条件

不同时期、不同地区出现的产业新增长点是不同的，形成产业新增长点需要特定要素和条件的支撑。综合相关研究看，新经济增长点的生成要素和形成条件主要考虑了经济发展阶段、市场需求条件、产业结构和产品生命周期规律、资源禀赋和区域条件、对外开放和国际经济环境、政策因素等内容。具体有以下代表性研究。

傅德忠（1998）指出，新经济增长点的生成与以下因素有密切关系：一是一国经济发展水平及阶段特征。经济增长点与经济发展阶段有较大的相关性。在不同的经济发展阶段，由于消费水平、需求和供给水平及能力不同，在较大程度上决定了可能成为新的经济增长点的选择空间。一个国家在其经济发展过程的不同阶段，会形成不同的经济增长点。不同发展水平的国家，其经济增长点也完全不同。二是一国经济结构及形态属性。由于经济增长点是一国经济的内生变量，因此在较大程度上与一国经济结构及形态属性有密切关系。三是产品（产业）生命周期及产业结构演进规律。经济增长点是一个动态概念，存在着不断交替的过程。考虑经济增长点生成条件，要研究其生命周期的特殊形态及所处的周期阶段，而且还要研究不同经济增长点之间的交替关系，寻找出经济增长点演进的变化规律。四是一国经济开放程度及外部环境条件。一个开放经济系统中，经济增长点的形成受到外部力量的推动，特别是在国际经济一体化趋势中，承接国外产业转移、发挥动态比较利益优势、参与国际分工，会使经济增长点发生新的变化。

喻金田、刘国新（1999）提出，区域经济增长点的形成条件有市场、技术、规模效益、区域优势和政策保障五大条件。市场条件是经济增长点形成与发展的首要基础条件，主要包括市场需求量、市场竞争优势及市场带动力等；技术条件是经济增长点发展的保证，任何产业或产品的发展都离不开相关技术的支持；规模效益条件主要考虑是，经济增长点当前的实际规模可能很小，但预期的规模将会很大的提高，对经济增长点的规模要求不能绝对化，要有有效益的规模；区域优势条件包括区域资源、区位及区域经济水平等，不同区域的经济增长点培育和选择是不同的；政策保障条件主要是通过制定政策保障措施，吸引区域资源和各种生产要素促进经济增长点的成长发育。

辛杨（2006）认为，新经济增长点的生成和培育需要综合考虑市场需求、技术创新、资源、政策环境四类因素的作用。其中，市场需求是开发新经济增长点的动力和前提，技术创新能力是开发新经济增长点的科技保证，资源优势是开发新经济增长点的物质保证，政策环境优势是新经济增长点生成的政策基础以及发展的空间，新经济增长点的开发离不开上述四类因素的支撑，四类因素的综合作用促进了新经济增长点的生成。他系统性地研究了上述四类因素对新经济增长点的作用机理，例如，市场需求通过拉动作用、导向作用和诱发作用开发和培育新经济增长点；新技术的出现和商业化应用导致了新经济增长点的出现，从技术发展、演进的历程中可以找寻、发现经济增长点生成、转移、更替的轨迹；资源是开发新经济增长点的物质、技术保证，资源禀赋可以影响新经济增长点的开发方向；政策环境对新增长点的作用则主要表现给予新经济增长点的政策扶持、布局引导等。

（三）选择方法及识别标准

关于产业新增长点或经济增长点选择的研究，一般遵循"概念界定→基本特征→选择原则→识别标准→主要指标→甄别判断"的逻辑思路。从选择标准看，相关研究大致分为三类：定量标准、定性标准和综合标准。从选择方法上看，相关研究大致分为两类：一类是根据识别标准，结合定性或定量指标体系对产业新增长点进行识别和分析。这一类研究中，往往需要采取主成分分析法或德尔菲法来确定不同指标的权重。另一类是利用统计数据，通过统计方法计算并判断产业新增长点。总体上看，无论上述哪种标准、哪个方法，在选择和识别产业新增长点时，一般都要建立一套识别的指标体系，同时圈定一个产业新增长点的备选清单。

1. 关于产业新增长点的主要标准

（1）定性标准

傅德忠（1998）提出，经济增长点选择标准的理论设定至少应包括以下方面：①强劲的市场需求。在市场机制发挥资源配置功能的条件下，经济增长点的形成势必与市场需求联系在一起，市场需求的拉动将成为增长的主要源泉。如果缺乏市场需求或市场需求不足，经济增长势必趋于疲软，不可能有高增长率或持续高增长。当然，这里并不是限定在现实中已经存在的强劲市场需求，也包括是不远的未来将形成的市场需求。②富有弹性的能有效适应市场需求扩大的潜在供给能力。在市场需求条件具备的情况下，经济增长的水平就取决于潜在供给能力。这种潜在的供给能力，或者是来自于改变原有生产可能性边界的程度，或者是来自于现有实际供给水平与潜在供给水平的差距大小。如果潜在供给能力处于僵硬状态，不能对市场需求的变化，特别是需求规模扩大做出反应，形成严重的供给不足，经济增长便将停滞。③创新过程及良好的成长性。经济增长点的超出平均速度的高增长率，不仅源于强劲市场需求与弹性潜在供给能力的有机结合，而且更需伴随着创新过程，具有良好的成长性。也就是新的经济增长点必须与转变经济增长方式的要求相一致，有利于经济集约化。④强大的经济渗透性及带动效应。国民经济运行中的某一领域或方面成为经济增长点，除了其本身有较高的增长率和成长性外，还必须具备较强的扩散与带动其他领域或方面的能力，从而成为整个经济增长的支撑点。

张从发（2000）在罗斯托关于主导产业选择标准[1]的基础上，根据我国产业政策实施的内外部环境和产业结构变化的实际，将我国新的经济增长点选择标准和原则确定为：①一定的产品依托。这种产品由主导产品和优势产品群组成。②市场竞争力较强。这是现阶段选择新的经济增长点的基础条件。产品的市场竞争力主要体现为它的市场占有率和超值利润率，此外还包括品牌的知名度、已使用年限、在同类市场上的领导能力、超越地理文化边界的渗透能力。

---

[1] 罗斯托将主导产业选择的标准确定为：依靠科技进步获得新的生产函数；形成持续增长的增长率；具有极强的扩散效应，对其他产业乃至所有产业的增长起着决定性的影响。

③符合转变经济增长方式的要求，有利于经济增长向内涵型方向转变。④关联效应强。关联效应包括：回顾效应，即主导部门增长对那些向自己提供生产资料的部门产生影响；旁侧效应，即主导部门成长对它周围地区在经济社会发展方面起到的作用；前向效应，即主导部门对新兴工业部门、新技术、新材料、新能源出现的诱导能力。⑤能提供较充足的就业机会。⑥技术含量较高，有一定的创新能力。⑦有一定的出口创汇能力。⑧产业基础好，有明显的现实或潜在的发展前景。⑨有利于资源的开发与有效利用，在开发资源的同时能较好地保护自然与社会环境。

姚金武（2009）采取定性标准对长株潭区域新经济增长点进行了选择并指出培育路径，其选择新增长点的标准包括产业的关联效应、带动作用、创新成长、结构优化四项指标，抉择依据与培育方式见表1。

表1 新经济增长点的抉择依据与培育方式表

遴选的经济增长点项目	选择产业范围	抉择条件与标准							培育方式与提升途径
		约束条件			选择标准				
		资源约束	环境约束	产业依存度	关联效应	带动作用	创新成长	结构优化	
楼宇经济	三产	－	－	高	☆	☆	★	★	创新孵化
大学科技园		－	－	－	☆	★	★	☆	
会展经济		－	－	高	☆	★	★	☆	
旅游经济		－	弱	－	☆	★	☆	★	整合优化
人力资源服务		－	－	－	★	★	☆	☆	
物流经济		－	－	－	★	★	☆	★	
工业园区	二产	中	中	－	★	★	☆	－	强化提升
现代服务业	三产	－	－	－	☆	☆	★	★	
现代农业	一产	－	弱	－	☆	☆	☆	★	

注：★表示抉择所依据的最主要标准；☆表示抉择所依据的主要标准；－表示一般不存在。

（2）定量指标

刘先球（1997）从主导产业部门的角度出发，根据成为新经济增长点的产业必须具备的基本因素，确定了关联效应、收入弹性、生产率上升率和环境保护四项基准作为新增长点的选择基准。根据上述四条标准，构建了测定新经济增长点的统计指标，分别为产业感应度系数和影响力系数、产业需求收入弹性系数、产业生产率增长率和城市人均绿地面积（工业废水排放达标率、工业固体废物综合利用率、废气处理率等）。

张倩（2012）利用统计学理论的支持向量机（support vector machine）方法，建立了选择新经济增长点的指标体系，并根据统计数据和计算方法，计算并选择了陕西省未来产业新增长点。她认为，新经济增长点的选择应依据以下三项原则：①增长潜力及成长性。新经济增长点要有发展潜力和成长性，对经济增长贡献要大，能够成为拉动经济增长的主导力量。同时，具有技术进步带动作用，技术进步才能使得增长点由外延式增长转变为集约式、内涵式增长。②经济效益。所选行业应具有一定的经济规模和经济效益。③带动性。新经济增长点的推动作用和带动作用要大，能够促进相关产业发展。结合以上原则，根据理论指导及实际数据来源，选择如下指标：一是反映增长潜力与成长性的指标，包括技术进步贡献率、需求收入弹性系数；二是反映经济效益的指标，包括增加值贡献率、产值利税率、成本费用利润率、资产增加值率、全员劳动生产率；三是反映带动性的指标，包括影响力系数、感应度系数。根据上述指标体系，采用支持向量机方法，计算得出通信设备计算机及其他电子设备制造业、非金属矿物制品业、石油和天然气开采业、文教体育用品制造业、医药制造业、印刷业和记录媒介的复制、有色金属矿采选业、通用设备制造业、电气机械及器材制造业、专用设备制造业、纺织业、化学纤维制品业、非金属矿采选业为陕西省的新经济增长点。

还有研究设计了筛选新兴产业的指标体系，包括：比较优势，由比较利税率、比较劳动生产率反映；创新强度，由科技投入比重、科技人员比重反映；投资强度，由投资吸收率反映；产业市场规模，由需求收入弹性、产业产值贡献率反映（孙洪波，2007）。

（3）定量和定性相结合的综合指标

更多的研究力图采用定量和定向相结合的综合标准来选择和判断产业新增长点（农贵新，1999；武春友、邱成利，1999；张斌，2003；程淑佳，2005；辛杨，2006）。下面以农贵新（1999）的研究为例。

经济增长点选择标准的综合指标包含定量和定性两类指标。其中，量化指标包括：①行业产值增长率，即行业实际生产总值的增长率；②行业劳均产值增长率，即行业劳均实际生产总值增长率；③行业就业增长率，即行业实际就业人数的增长率；④行业全要素生产率，即行业产品和服务总产量与全部生产要素投入量之比；⑤行业技术进步率，即行业总体范围技术水平的提高；⑥行业净出口增长率，即行业产品和服务出口与进口差额的增长率；⑦行业消费量增长率，即行业产品和服务实际消费量的增长率；⑧行业消费效益，即在行业消费活动中消费支出与消费效果之间的对比关系；⑨政府对行业的可支出增长率，即政府可对行业的购买和转移支付的增长率。定性指标包括：①应与经济结构调整相一致。经济结构的调整包括产业结构、产品结构、进出口结构、所有制结构等的调整。作为经济增长点的行业应与经济结构调整方向相一致。②应与社会结构调整相一致。社会结构调整主要是指人口年龄结构、城镇结构、教育结构等方面的调整。作为经济增长点的行业应与社会结构调整的方向相一致。③应与意识形态调整相一致。意识形态调整主要是指宗教信仰、法律法规、思想教育等方面的调整。作为经济增长点的行业应与意识形态调整相一致。④应与各个发展阶段相一致。由于经济增长点有时间限定，不同经济发展阶段经济增长点各有不同。因此，作为经济增长点的行业应与不同的发展阶段相一致。⑤应供需平衡。供需平衡是指产品和服务的供给和需求处于一种动态平衡之中。作为经济增长点的行业应保持其产品和服务处于供需相对平衡之中。

2. 关于产业新增长点的选择方法及具体步骤

（1）采用主成分分析法

李文石（2008）根据经济增长点的选择和培育依据的具有较高的创新率或吸收创新率、具有较高的需求收入弹性和生产率上升率、具有较高的产业关联度、具有较高的经济效益四项原则，建立了经济增长点选择的指标体系，包括反映收入弹性的指标（收入弹性系数）、反映增长率的指标（部门经济增长率）、反映产业关联的指标（感应度系数、集中分散度系数、影响力系数）、反映技术进步的指标（全要素生产率、技术要素相对密度）、反映比较优势的指标（比较优势系数、输出诱发系数、区位熵）。在此基础上，计算出所有行业的上述 11 个指标值，利用主成分分析法，计算各产业的综合分值，确定各产业的重要性次序。在考虑各产业综合评价值的基础上，对产业进行聚类分析，将区域内产业分为主导产业、支柱产业、先导产业和一般产业四类。其中，主导产业是指自身发展潜力大、对区域其他产业发展的带动作用也大的产业，支柱产业是指自身发展能力大、对区域其他产业发展的带动作用稍低的产业，先导产业指对区域其他产业发展的带动作用和自身发展潜力较大、但还需进一步扶持的产业。选择先导产业作为区域经济增长点培育的产业选择方向。

按照上述方法，李文石对吉林省 42 个产业进行了遴选和聚类分析，最后得到如下结论：农业、石油和天然气开采业、石油加工炼焦及核燃料加工业、化学工业、金属冶炼及压延加工业、交通运输设备制造业、电力热力的生产和供应业、交通运输及仓储业、批发和零售贸易业、金融保险业，对吉林省经济发展带动作用较大，但自身发展能力还有待进一步提高，属于待扶持的先导产业范畴，也是吉林省经济增长点培育的产业选择方向。

（2）采用德尔菲法

李宝顺（2003）提出一套选择经济增长点的方法。具体做法如下：第一，设计经济增长点评价表，见表2。第二，指标分析和系统分析。表2中的分值可以运用德尔菲法求出，即利用专家的理论、方法和经验，对备选优势产业进行排序。备选经济增长点由根据技术进步率选择的先导产业、根据产业弹性和产业联系效应选择的主导产业、根据产业经济增长贡献率选择的支柱产业构成。具体步骤为：①专家对备选优势产业的各项指标给予某一分值（分值为1～100分），分值越高，该产业越能被列入经济增长点；②分别求出某一产业的各项指标之和；③求出每一备选优势产业的平均得分值；④按照平均得分值的高低，对备选优势产业进行排序。排序结束后，根据地区经济发展目标和产业结构的演变历史，再决定出先导产业群、主导产业群和支柱产业群。构成每个产业群体的产业个数，应根据地区范围的大小，宜多则多，宜少则少，但千万不能将过多的产业都列入产业群体内。第三，后续分析，即在产业群体内，遴选出主导企业。例如，构成主导产业群的每一产业是由主导企业来支撑的，没有主导企业的主导产业只是理论上的主导产业，没有现实意义，是应该从产业群体内舍去的。主导企业包括新建企业和现有企业。那些在技术水平、企业规模和信誉、市场占有率、经济效益等方面在区域内具有相对优势的企业，就是要选择的主导企业。在具体选取主导企业时，可运用市场占有率分析法、技术进步分析法等。主导企业是支撑产业发展的基础，其有无是判断新经济增长点是否可行的重要依据。

表2 李宝顺（2003）关于地区经济增长点评价表

指　标	内　涵	分值
经济发展阶段及产业结构水平	其决定着不同的经济增长点	a_1
产业生命周期	$V_1' > V_1$，$V_2' > V_2$ 成长期；$V_1' > V_1$，$V_2' < V_2$ 成熟期（V_1、V_2 分别表示现在和未来5年内总产出平均发展速度；V_1'、V_2' 分别表示某一产业同期平均发展速度）	a_2
内外部环境	经济增长点内外部力量共同作用的结果	a_3
产业结构政策	其促使经济增长点的形成	a_4
产业弹性	$E_{it} = \dfrac{\dfrac{Q_{it'}}{Q_{it}}}{\dfrac{\sum\limits_{j=1}^{n} Q_{jt'}}{\sum\limits_{j=1}^{n} Q_{jt}}}$　$(t' > t)$	a_5
生产率上升率	$a_i = Y_i - E_i K_i - (1 - E_i)t$　$(i = 1, 2, \cdots, n)$	a_6
产业的带动性	$b_i = a_{ij} - \sum b_{ij} a_{ij}$（$i, j = 1, 2, \cdots, n$）	a_7
产业经济增长贡献率	产值、利税、企业市场集中度等	a_8

王志宝（2009）提出了另一种确定新经济增长点的方法，该方法分成产业结构和产业空间两个阶段来实现：前一阶段，从产业结构的角度进行选择新经济增长点的指标体系构建和产业选择，而新经济增长点的具体评选公式为 $Y = \lambda \times \sum_{i=1}^{n} [a_i \times f(x_i)]$，其中 Y 代表新经济增长点评价的最终综合值，$\lambda$ 为修正系数，a_i 代表权重且 $\sum_{i=1}^{n} a_i = 1$，$f(x_i)$ 代表每个指标标准化之后的无量纲数值，n 为指标个数。公式的关键之一是权重 a_i 的确定，根据德尔菲法来确定各指标 $f(x_i)$ 的权重 a_i 的大小。具体数值见表3。公式的关键之二是修正系数 λ 的确定，将 λ 分解成经验修正系数 λ_1 和客观修正系数 λ_2，即 $\lambda = \lambda_1 + \lambda_2$，其中，$\lambda_1$ 的确定依赖于对于数据处理的专家经验打分（基本在 $0.3 \sim 2.1$ 之间），而 λ_2 则由各指标的简单加和值 $\sum_{i=1}^{n} f(x_i)$ 与权重值 $100 \times \sum_{i=1}^{n} [a_i \times f(x_i)]$ 的比值来决定。根据该指标体系并结合定性分析，确定未来深圳市的新经济增长点为现代制造业、高新技术产业、现代物流业、金融业、旅游业和房地产业等。

表3　王志宝（2009）关于新经济增长点的基本评价指标

原始评价指标	基本评价指标 $f(x_i)$	权重（a_i）
科布-道格拉斯函数	全要素生产率 $f(x_1)$	$a_1 = 0.05$
	全员劳动生产率 $f(x_2)$	$a_2 = 0.05$
	产业技术进步贡献率 $f(x_3)$	$a_3 = 0.2$
中间需求率	产业中间依赖度 $f(x_4)$	$a_4 = 0.05$
产业带动系数	产业关联度 $f(x_5)$	$a_5 = 0.15$
产业比重	产业自身规模 $f(x_6)$	$a_6 = 0.15$
每百元投资利税率	产业自身效率 $f(x_7)$	$a_7 = 0.05$
产业需求收入弹性	产业市场前景 $f(x_8)$	$a_8 = 0.1$
年均增长率	产业发展势头 $f(x_9)$	$a_9 = 0.1$
区位熵	产业区域专业化系数 $f(x_{10})$	$a_{10} = 0.1$

德尔菲法不仅用于指标体系权重的确定，还直接应用于产业新增长点备选清单的确定。例如，麦肯锡（2013）在研究影响未来的12项重大技术时，先根据学术期刊、出版著作、风险投资组合、相关专家访谈的方式确定100项可能的重大技术候选项，再直接运用德尔菲法对候选技术进行打分，形成12项重大技术清单。

（3）计量统计方法

张倩（2012）采用统计学的支持向量机方法选择和确定产业新增长点，是一种单纯的计量统计方法。支持向量机是由 V. Vapnik 和 A. Lerner 提出的一种新型的基于统计学习理论的机器学习算法,计算方法和计算应用可参见 Vapnik V (1999),郑治伟、孟卫东 (2010),张倩 (2012),此处不再叙述。

此外,还有研究采用调查研究的方法来确定产业新增长点。例如,埃森哲 (2011) 在研究未来的增长新浪潮时,邀请来自企业界、学术界、政府和非营利组织的全球知名专家,从人口、自然环境、技术、国际经济学等角度,揭示全球最新发展趋势后,根据这些访谈调查总结出未来可能的新增长点。

(四) 培育方式与主要措施

关于产业新增长点的培育方式或主要措施的研究,主要有以下两种思路:一种是从政策建议的思路着手,提出培育产业新增长点的对策建议。如张从发 (2000) 提出培育经济增长点的主要措施有:从体制创新的高度努力营造经济增长点成长的内外部环境,加快经济增长点生产要素培育力度,实施正确的宏观调控措施,根据不同产业特点制定相应的发展措施等。另一种是从影响因素的角度入手,提出培育新增长点的方式。如张耀辉 (2000) 提出三种不同经济增长点培育选择方式:一是促进需求形成,改变需求结构,为需求增长提供收入和环境条件;二是改变供给结构,为即将到来的需求创造供给条件;三是改变交易环境和条件,为沟通供求创造市场条件。

三、关于未来产业新增长点主要领域的研究

国际金融危机以后,国内外专家学者和研究机构纷纷提出促进经济复苏和推动未来可持续发展的产业新增长点。我们对 2009 年以来专家学者、政府有关部门和专业投资领域对我国产业新增长点的研究和关注重点进行了梳理,相关研究提出产业新增长点的角度,既有从国际和主要发达国家产业发展的趋势出发,也有从技术突破带来的新产业发展,还有从我国产业结构和消费结构升级、人口结构变化等的实际需要出发。国内学者提出了一些新经济增长点、产业新增长点的具体领域,主要集中在以下方面:

张建华 (2009) 提出,为应对金融危机冲击,目前全球产业发展的主流是寻求新的增长点。中国产业发展担负双重使命,第一是要把传统产业进行转型,第二是要培植新兴产业。培育新兴产业,就要寻找新的经济增长点。历次产业革命表明,能否在新兴产业发展中占据先导,将决定未来相当一段时期一国经济增长动力和综合国力。当前全球追逐的新兴产业主要集中在新能源开发、节能环保产品推广、智能电网建设、以 3G 为代表的新兴通讯产业等领域,这些领

域也恰是当前中国经济长期可持续发展比较迫切的领域。

吴垠（2009）提出，低碳经济发展模式将成为未来全球经济发展新模式，一种新兴的经济发展模式必然要求某种新兴产业或产业簇群为这种发展模式奠定产业基础，否则，这种新的经济发展模式必然成为无本之木、无源之水。从目前人类所掌握的技术条件来看，最有可能成为低碳经济发展模式下的新兴产业或产业簇群可能是生物产业、太阳能产业、核能产业、风能和潮汐能产业、海水氢能源产业等。

陈希伟（2009）提出，新能源和节能环保等新兴产业关系经济社会发展全局，既能有效刺激经济复苏，又有利于抢占未来产业发展的制高点，具有广阔的发展前景。因此，要着力发展节能环保产业，加快培育新的经济增长点。国务院副总理张高丽（2014）在中国环科院和环监总站调研强调，我国资源环境约束日益趋紧，大气、水体、土壤等污染问题仍然突出。要做大做强环保产业，推动环保产业成为新的经济增长点。

咨询管理公司埃森哲、牛津经济学研究院（2011）采用宏观经济模型，对后国际金融危机时期的全球经济进行了深入的分析研究，发表了题为《新一波的增长》的研究报告。研究发现，未来十年（2011—2020 年）全球经济在四大领域潜力巨大，即银发经济、资源经济、多样化的技术以及新兴市场。报告认为，若四大新增长点的潜力能够得到充分挖掘，美国经济未来十年的年均增长率预计将从 3.1% 提升到 3.8%，德国从 1.9% 提高到 2.8%，英国从 2.5% 提高到 3.1%，印度从 8.0% 提高到 8.7%。银发经济除了诸如旅游等休闲娱乐产品以及保健产品和服务等传统商机外，还包括老龄教育、无缝的信息化解决方案、终生金融服务，以及满足老年人生理需求的各种消费品等。由新兴市场强大需求而产生的经济增长点，包括对物美价廉的轿车、电信产品、药品以及消费品等的强大需求催生一种低成本的业务模式，移动金融、小额信贷和小规模保险业务等的不断推出产生的新型金融服务，受当地教育和培训能力不足的瓶颈、人力资本严重短缺而催生的远程教育、卫星校园等国际教育培训。

梁国强（2012）通过对国际金融危机以来美国、欧洲主要国家及日本、韩国、新加坡等亚洲国家针对全球经济形势变化和本国国情出台的新政策进行总结，提出世界经济新增长点在知识、咨询和生物科技领域，其主要特点是将高新技术、绿色环保产业、人才培养等人力资源储备作为重点。

刘松柏（2012）提出，海洋蕴藏着丰富的生物、油气和矿产资源，发展海洋经济对于促进沿海地区经济合理布局和产业结构调整、保持我国经济持续健康发展具有重要意义。中共中央总书记习近平（2013）在中共中央政治局第八次集体学习时强调，让海洋经济成为新的增长点。……培育壮大海洋战略性新兴产业,提高海洋产业对经济增长的贡献率,努力使海洋产业成为国民经济的支柱产业。

李佐军(2013)提出,未来经济增长的动因在需求动力、结构动力、要素投入、要素升级、生产要素价格、压低福利保障支出、刺激政策和制度变革。未来具有发展潜力的行业主要有节能环保产业、生态产业、海洋产业、信息产业、绿色制造业、文化产业、健康产业、生产性服务业、现代农业、与城镇化有关的行业。

李稻葵(2014)则认为,中国经济未来存在三个增长点,顺序依次为民生性、公共消费型基础建设投资(包括高铁、地铁、城市基础建设、防灾抗灾能力、农村的垃圾和水处理、空气质量的改善、公共保障性住房的建设等等),已有生产能力的绿化和升级,居民消费。

王莉莉(2014)提出,日益严峻的人口老龄化在给世界经济复苏带来挑战的同时,也带来新的发展机遇。庞大的老年消费群体推动形成新的综合产业——老龄产业(即银发产业)。日本在 2010 年公布了《21 世纪复活日本的 21 个国家战略项目》。其中,计划将"医疗和看护产业"发展成为新兴的服务业产业,并提出将在 2010—2020 年的 10 年内,将医疗、看护和健康相关产业的市场规模再扩大 50 万亿日元(约合 2 万亿人民币),并争取由此增加 284 万个就业机会。

国家发展改革委(2014)提出,需要通过创新引领产业结构升级,并在这一过程中发现培育新增长点。以增强核心竞争力为重点加快传统产业优化升级,以工业机器人、轨道交通装备、高端船舶和海洋工程装备、新能源汽车、现代农业机械、高端医疗器械和药品等领域为重点,培育制造业竞争新优势;加快培育新兴产业,支持云计算与物联网、移动互联网等融合发展,大力发展工业设计、融资租赁等生产性服务业。

王昌林(2014)从加快培育新的增长动力角度提出,随着收入水平不断提升和老龄化快速推进,以及环境需求强化和产业转型升级要求,未来一段时期值得高度关注的新增长点行业有健康产业,节能环保产业,以移动互联网、电子商务为代表的新型信息服务业,以高铁、通用行业为代表的高端装备制造业等。

宗良(2015)提出,当前我国已处于经济金融全球化的新时期,已经不能仅从国内考虑问题,必须从全球化角度进行全球布局,积极拓展新市场,这是未来可持续发展的重要保障。他指出,战略性新兴产业是经济增长的新火车头,未来几年中国战略性新兴产业有望继续保持 20% 左右的年均增长,逐渐成为经济发展的重要引领和拉动力量;现代服务业是经济增长的新领域,预计未来五年服务业对 GDP 增长的贡献率还将继续上升，到 2020 年将达 55% 左右，成为拉动经济增长的主动力；部分工业行业是经济增长的重要力量，预计医药制造业、废弃资源综合利用业仍将快速发展，非金属矿在国民经济各行业有着较为广泛的应用，预计其采选业仍将快速增长。以互联网金融为主导的产业集群可望成为推动经济发展的一个浪潮，移动互联网成为信息通信产业中发展最快、竞争最激烈、创新最活跃的领域。

李金早（2015）指出，经济发展新常态下实现速度、质量与效益全面协调，必须把存量调整与增量做优结合起来，让经济发展动力从依靠传统增长点转向新的增长点。旅游业正在成为新常态下新的增长点。我国环境承载力已接近上限，必须推动形成绿色低碳循环发展新方式。旅游业是举世公认的无烟产业，是建设生态文明最有优势、最富潜力的美丽产业。旅游业是最终消费、多层次多样化消费和可持续消费，是新常态下扩大消费的主要动力源，具有巨大的增长潜力。

综上，国内外专家学者及政府和各研究机构研究提出的我国未来产业新增长点主要分布领域见表4。

表4　关于我国未来产业新增长点的主要领域

学者和研究机构（年份）	采用方法或判别思路	提出的产业新增长点
张建华（2009）	全球产业发展方向、中国经济长期可持续发展的需要	新能源开发、节能环保产品推广、智能电网建设、以 3G 为代表的新兴通讯产业
吴垠（2009）	低碳经济发展模式的要求、现有技术条件	生物产业、太阳能产业、核能产业、风能和潮汐能产业、海水氢能源产业
陈希伟（2009）	中国经济结构调整和可持续发展的需要	新能源和节能环保
埃森哲、牛津经济学研究院（2011）	邀请企业界、学术界、政府部门与非营利组织的专家，列举推动经济增长关键领域；采用全球经济模型，从"供应面"视角，描绘产业业发展趋势	银发经济、资源经济（智能能源、生态伦理产品等）、多样化的技术（与生命相关的科技、新材料、移动技术等）、新兴市场（新型金融服务、国际教育培训等）
梁国强（2012）	美、欧、日、韩、新加坡等主要国家和经济体确定的新增长点	知识、咨询和生物科技，高新技术、绿色环保产业、人才培养等人力资源储备
刘松柏（2012）	中国海洋资源条件、现有技术条件	海洋产业

学者和研究机构（年份）	采用方法或判别思路	提出的产业新增长点
麦肯锡（2013）	通过学术期刊、风险投资报告、专家访谈等多种方式确定候选技术，结合"技术快速推进或突破、潜在影响范围广泛、产生显著经济价值、经济影响巨大"的判断标准，加以确定	移动互联网、知识工作自动化、物联网、云计算、先进机器人、自动汽车、下一代基因组学、储能技术、3D打印、先进油气勘探及开采、先进材料、可再生能源
李佐军（2013）	需求动力、结构动力、要素投入、要素升级、制度变革等	节能环保产业、生态产业、海洋产业、信息产业、绿色制造业、文化产业、健康产业、生产性服务业、现代农业、与城镇化有关的行业
李稻葵（2014）	中国居民生活和消费的迫切需求、产业结构转型升级的迫切需求	民生性、公共消费型基础建设投资，已有生产能力的绿化和升级，居民消费相关产业
王莉莉（2014）	人口老龄化形势的必然要求	老龄产业（银发产业）
国家发展改革委（2014）	产业转型升级、技术突破、国家政策支持	工业机器人、轨道交通装备、高端船舶和海洋工程装备、新能源汽车、现代农业机械、高端医疗器械和药品，云计算与物联网、移动互联网，工业设计、融资租赁等生产性服务业
王昌林（2014）	收入水平不断提升和快速性老龄化，环境需求和产业转型升级的迫切要求	健康产业，节能环保产业，以移动互联网、电子商务为代表的新型信息服务业，以高铁、通用行业为代表的高端装备制造业等
宗良（2015）	技术驱动、产业转型、人口老龄化和生活水平不断提高	战略性新兴产业、现代服务业、医药制造业、废弃资源综合利用业、非金属矿、互联网金融、移动互联网
李金早（2015）	万元产值能耗低、消费"永动机"、国际经验数据	旅游业

概述之，上述研究提出的未来产业新增长点主要领域集中在战略性新兴产业和服务业，前者包括新能源、节能环保、生物产业、新一代信息产业、高端装备、海洋产业等，后者包括文化创意、健康服务、养老服务、旅游业、人力资源培训、新型金融服务等，与居民消费、公共基础设施、城镇化和工业转型升级密切相关的行业也可能蕴含和产生新的经济增长点。美国等发达国家近年

来出现和培育的经济增长点也多与上述列出的领域相关（甄炳禧，2014）。

上述这些新增长点的产业层次有大有小，既有信息产业、健康产业这类横跨一、二、三产业的新增长点，也有移动互联网、老年无障碍式消费品这类细分行业的新增长点。许多新增长点可以归为同一产业，如移动互联和智能终端、物联网、云计算、电子商务等新增长点，都属于信息产业范畴；远程医疗、健康咨询、生物医药，均属于健康产业范畴。根据产业的基本特征，我们将专家学者、政府部门和投资机构提出的产业新增长点进行归类，形成我国"十三五"时期可能成为产业新增长点的备选清单，具体包括信息产业、健康产业、装备制造业、新能源产业、节能环保产业、海洋产业、生物产业、文化产业、养老产业、旅游业。

四、小结

从上述研究可以看出，产业新增长点的研究蕴含于经济新增长点或新经济增长点的研究当中。尽管经济新增长点的研究具有多种不同视角，但产业视角的经济新增长点研究是最系统、全面的，也是成果最多的，从本质上讲，基于产业视角的经济增长点即产业新增长点。大量关于经济新增长点的研究，在概念及特征、生成要素与形成条件、选择方式和识别标准、培育方式与主要措施等方面，形成了相对完整的观点、思路和方法，为我们深入理解和研究产业新增长点提供了坚实的基础。

尽管对经济新增长点的概念认识相对一致，但对内容、特征、标志的理解还不尽相同。一个重要因素是产业新增长点是动态变化的，不同时期提出产业新增长点的背景、目的不同，提出的产业新增长点的具体领域也不同，由此归纳总结的特征和标准必然不同。例如，刘鹤（1997）认为，"新的经济增长点有三个基本标志，一定要同时具备这三个基本标志，才可视为新的经济增长点。基本标志之一是结构性，而不是微观的、局部的、具体的某一种产品；标志之二是新的经济增长点的发展必须有利于解决就业问题，能够促进就业；标志之三是必须有利于建立国内市场体系，能够加快国企改革。"显然，这一观点是在1997年国企改革的大背景下提出的。这提醒我们，研究产业新增长点必须紧密结合当前实际背景，提出相应的选择依据、识别标准和政策措施。

总的来看，上述研究在选择新的产业增长点的依据多是从以下几个方面明确的：一是伴随新技术及其应用而产生的新领域；二是全球产业发展趋势或发达国家正在积极培育的新行业；三是符合消费结构升级方向的新需求；四是国家政策支持的新产业。遗憾的是，除了少数研究外，绝大多数研究在挖掘、选择、甄别和确定未来产业新增长点方面还缺乏系统性，所提出的产业新增长点的增长潜力和趋势判断也缺乏科学性，这成为我们研究"十三五"产业新增长点的努力方向。

在检索文献中，我们还发现关于经济新增长点的研究"高潮"集中在亚洲金融危机之后几年间（1998—2001年间发表了一批关于经济新增长点的研究成果）。一个重要原因是金融危机之后，各国纷纷寻找新的产业增长点以摆脱经济危机、促进经济发展。近年来，世界许多国家也纷纷提出了新的经济发展战略，寻找新的经济和产业增长点，也是在全球金融危机之后。从这个角度看，现阶段研究产业新增长点既有迫切性，也有必然性。

（执笔人：洪群联）

参考资料目录

1. Kuznets Simon. Economics Growth of Nations：Total Output and Production Structure，Harvard University Press，1972.

2. McKinsey Global Institute. Disruptive technologies：Advances that will transform life，business，and the global economy，www. mckinsey. com/mgi，2013

3. Vapnik V. The Nature of Statistical Learning Theory，2nd ed. New York：Springer Verlag，1999.

4. 埃森哲，牛津经济学研究院. 增长新浪潮：开启多极世界新机遇［OL］. www. accenture. cn，2011.

5. 程淑佳. 吉林省潜在经济增长点选择研究［D］. 长春：长春理工大学硕士论文，2005.

6. 费培根，杨爱玲，周宇红，钟利军. 21世纪经济增长点和湖北经济发展对策［J］. 武汉大学学报，2011（2）.

7. 傅德忠. 我国经济发展中新的增长点选择与培育［J］. 经济学动态，1998（9）.

8. 简晓彬，冯淑霞，刘宁宁. 基于新经济增长点视角的新能源产业生成要素分析［J］. 中外能源，2011（11）.

9. 李稻葵. 中国经济的新增长点在哪儿？［OL］. 新浪财经，2014－08－29.

10. 李海英. 我国新经济增长点理论研究综述［J］. 特区经济，2007（7）.

11. 李金早. 旅游业是新常态下新的经济增长点［N］. 中国青年报，2015－01－29.

12. 李文石. 基于区域经济增长点培育的技术发展模式选择与评价研究［D］. 吉林大学博士论文，2008.

13. 李佐军. 中国宏观经济走势及新的经济增长点［N］. 宣讲家，2013－04－09.

14. 梁国强. 世界新经济增长点：知识、资讯和生物科技［N］. 经济日报，2012－04－11.

15. 刘鹤. 新经济增长点应具备三个标志［N］. 经济学消息报，1997－09－07.

16. 刘松柏．海洋产业成为新的经济增长点［N］．经济日报，2012－09－12．

17. 刘先球．新经济增长点的选择基准及测定指标［J］．统计与决策，1997（7）．

18. 罗亮．国内关于经济增长点理论的研究综述［J］．经济学动态，2003（12）．

19. 罗斯托．经济增长的阶段：非共产党宣言［M］．郭熙保，等译．北京：中国社会科学出版社，2001．

20. 农贵新．论经济增长点的选择与培育［J］．经济问题，1999（4）．

21. 潘一燕．应把民营经济作为新的经济增长点［J］．宏观经济管理，1998（8）．

22. 钱钠里．发展的格局（1950—1970）［M］．经济科学出版社，1988．

23. 孙洪波．新兴产业的辨别与选择方法研究［D］．吉林大学硕士论文，2007．

24. 孙志杰．中国经济新的增长点——经济技术开发区［J］．中国对外贸易，1996（11）．

25. 王昌林．加快培育健康医药等五大方向的新增长点［EB/OL］．新浪财经，2014－12－14．

26. 王莉莉．银发产业 新的经济增长点［N］．北京：人民日报，2014－04－25．

27. 王志宝．确定新经济增长点的一种方法——以深圳市为例［J］．经济地理，2009（4）．

28. 武春友，邱成利．城市新经济生长点的选择与培育［M］．大连：大连理工大学出版社，1999．

29. 吴垠．低碳经济发展模式下的新兴产业革命［N］．经济参考报，2009－11－03．

30. 晓潮．如何选择新的经济增长点——关于新的经济增长点的讨论综述［J］．资料通讯，1997（3）．

31. 辛杨．新经济增长点开发理论与方法研究［D］．吉林大学博士论文，2006．

32. 辛杨，赵英才．新经济增长点及其形成之源［J］．经济导刊，2007（12）．

33. 徐升华，毛小兵．信息产业对经济增长的贡献分析［J］．管理世界，2004（8）．

34. 姚金武．长株潭区域新经济增长点的选择、培育与提升［J］．经济地理，2009（6）．

35. 杨希伟．着力发展节能环保产业 加快培育新的经济增长点［N］．北京：经济日报，2009－08－31．

36. 袁明鹏，刘国新，李勃．新经济增长点的产业选择模型［J］．技术经济与管理，1999（2）．

37. 喻金田，刘国新．论区域经济增长点形成的条件［J］．经济纵横，1999（7）．

38. 张斌．区域经济增长点自组织评价模型的理论与实证研究［D］．吉林大学博士论文，2003．

39. 张从发．我国现阶段经济增长点的选择和培育［J］．中南财经大学学报，2000（5）．

40. 张国富．河北省新经济增长点的研究［D］．河北工业大学硕士论文，2005．

41. 张建华．全球产业发展主流是寻求新增长点［N］．武汉：湖北日报，2009－07－14．

42. 张倩．基于支持向量机的新经济增长点选择研究［J］．统计与信息论坛，2012（6）．

43. 张耀辉．经济增长点的含义与培育方式选择［J］．汕头大学学报，2000（3）．

44. 郑治伟，孟卫东．基于支持向量机的重庆市主导产业选择研究［J］．北京：北京理工大学学报：社会科学版，2010（10）．

45. 中国改革报社．创新引领产业结构升级［N］．北京：中国改革报，2014－12－15．

46. 宗良．新的经济增长点从哪些领域培育［N］．北京：金融时报，2015－01－29．

47. 甄炳禧．美国经济性增长点与中国的应对［J］．国际问题研究，2014（4）.

48. 周天勇．中国经济新增长点：战略转型与推进改革［J］．天津：天津行政学院学报，2014（1）.

49. 周学．选择和培植经济增长点的理论依据与途径［J］．经济学动态，1998（4）.

50. 左晓蕾．城镇化是新的经济增长点［J］．上海：上海国资，2010（3）.

后　记

2016 年是"十三五"规划的开局之年。"十三五"时期，我国经济由高速增长向中高速增长转换，新旧增长点、新旧支柱产业进入更替时期，传统产业增速放缓、动力减弱，新的产业处于培育发展阶段，经济社会发展面临前所未有的挑战。加快培育一批具有发展潜力的产业新增长点，对支撑经济持续稳定增长极为紧迫，对全面建成小康社会、实现"两个百年"奋斗目标意义重大。

本书是中国经济学术基金资助的国家发展改革委宏观经济研究院 2015 年度重点课题《"十三五"培育产业新增长点对策研究》的研究成果，经过将近一年的研究，我们力图在理论研究和实践方法上有所突破，提出了一些研究结论和基本判断。从理论上看，我们概括了产业新增长点的内涵和特征，形成了产业新增长点影响因素的三维分析框架，提出了产业新增长点的甄别标准；从方法上看，我们利用大数据、雷达图、德尔菲法、专家访谈等手段，提出了一种甄别"十三五"产业新增长点的方法，并甄别出健康、文化、节能环保与新能源、新一代信息技术、高端装备制造和旅游业等六大领域是"十三五"时期最有可能发展成为新兴支柱产业的新增长点；从实践上看，我们既归纳提炼共性问题，又兼顾不同行业特点，分析了产业新增长点的制约因素，提出培育和壮大产业新增长点的关键是营造有利于产业新增长点涌现更迭的制度环境等。

在研究过程中，部分观点和中间成果通过各种形式及时得到了有关部门的应用和参考。例如，我们认为文化产业未来发展潜力巨大，是"十三五"重要的产业新增长点，国家战略性新兴产业"十三五"规划纲要将把文化创意产业作为重点产业领域之一。我们研判健康、文化、节能环保与新能源、新一代信息技术、高端装备、旅游等产业到 2020 年的潜在产值规模将达 60 万亿 ~ 80 万亿元，对"十三五"时期经济增长贡献率将达 32% ~ 45%，成为推动我国经济社会发展新的增长动力，上述研究成果经由《经济持续稳定增长的产业新增长点》一文提供上报中财办参考。同时，产业所联合中国电子信息产业发展研究院、财政部财政科学研究所在央视财经上发布了未来5年我国产业发展的六大新引擎，即文化和旅游产业、生物与健康产业、新一代电子信息产业，节能环保与新能源产业、高端装备制造业产业、互联网新业态等。……这些成果转化不仅鼓励了我们在曲折困难的研究道路上坚持不懈的信心，也增强了我们对相关研究结论科学性的信心。

研究无止境。本书的出版只是我们开展产业新增长点研究的阶段性成果，即便在付之印刷之际，仍有一些我们没有研究透、把握准、值得后续深入研究的问题：一是关于产业新增长点的内涵特征。产业新增长点是一个广义还是狭义的概念，其内涵和特征是否具有一般性，还是随着不同经济社会发展阶段而有所变化，值得思考。二是关于甄别产业新增长点的标准和方法。尽管学术界提出多种不同的标准和方法，我们也提出了一种甄别"十三五"时期产业新增长点的新思路，但哪种标准和方法更具科学性、系统性，值得研究。三是关于产业新增长点发展前景和趋势。我们做了大量实地调研，研究成果征求并吸收了许多专家学者、企业家和政府行业主管部门、行业协会负责人的意见，特别是关于"十三五"时期产业新增长点具体行业发展前景和趋势的判断，但面临局势多变、纷繁复杂的国际国内形势以及技术创新层出不穷、科技革命孕育兴起的大背景，这些判断是否准确，值得考验。四是关于产业新增长点的主要制约和关键举措。我们认为，营造良好的市场环境是培育壮大产业新增长点的核心。但究竟产业新增长点最大制约是什么、破解这些瓶颈的关键措施何在，特别是在市场发挥资源配置决定性作用的市场经济环境下，政府对产业新增长点发展的政策方向和着力点在哪里，值得探讨。

由于时间和能力所限，本书难免存在不足之处，恳请读者提出宝贵意见和建议。也期望本书的研究结论和相关建议能为"十三五"时期我国培育发展新动力、拓展产业发展新空间，提供有益的参考。

洪群联

2016年1月